新时期高等教育学的构建与改革探究

钟蔚梁　著

中国原子能出版社

图书在版编目(CIP)数据

新时期高等教育学的构建与改革探究/钟蔚梁著.
-- 北京:中国原子能出版社,2020.9 (2021.9重印)
ISBN 978-7-5221-0960-2

Ⅰ.①新… Ⅱ.①钟… Ⅲ.①高等教育学-研究
Ⅳ.①G640

中国版本图书馆 CIP 数据核字(2020)第 192083 号

新时期高等教育学的构建与改革探究

出版发行:中国原子能出版社(北京市海淀区阜成路 43 号 100048)
责任编辑:张书玉
装帧设计:王国会
责任校对:冯莲凤
责任印刷:潘玉玲
印　　刷:三河市南阳印刷有限公司
经　　销:全国新华书店
开　　本:787×1092 1/16
印　　张:11.5　　**字　数**:214 千字
版　　次:2020 年 9 月第 1 版　　2021年9月第2次印刷
书　　号:ISBN 978-7-5221-0960-2　　**定　价**:48.00 元

网址:http://www.aep.com.cn　　E-mail:atomep123@126.com
发行电话:010-68452845

前　言

我国高等教育在新中国成立以后才有了更快的发展，特别是改革开放以来，其积累和发展速度、成就以及影响之大为世人所瞩目。进入21世纪，随着我国社会经济的不断发展，高等教育在国家发展战略中的地位越来越突出，高等教育在经济社会发展中的作用也从间接推动转变为直接拉动，经济和社会发展比任何时候都更加依靠知识的更新、人们素质的提高、科技的创新及教育的发展。因此，世界各国均对高等教育改革予以高度的重视。高校在教育改革的浪潮中，不断完善本校的教育体系，以不断的适应社会的发展，从而促进高校自身和学生的发展。

时至今日，伴随着高等教育改革的全面实施，我国高等教育大众化提速，高校大量合并，高校招生体制改革引发了一系列问题，高等教育管理也面临着前所未有的挑战。同时，创新型国家建设与和谐社会目标的确立，科学发展观的实施与和谐文化的提出，也为我国高等教育发展提供了新的历史机遇。我国的高等教育与40年前相比，发生了许多具有历史意义的深刻变化。在计划经济向市场经济转型的大背景下，高等教育制度发生了根本性的改变，人才培养由计划走向市场，缴费上学、自主择业、市场机制在高校专业设置、人才培养方案制定、学生选择学校与专业等方面发挥着重要的导向作用。但是，我们也必须清醒地认识到，在我国高校教育整体水平大幅上升的前提下，还存在着一些问题有待解决，这些问题的存在，仍然制约着新时期我国高等教育的进一步发展。

本书立足于新时期高等教育学的建构与改革，从新时期高等教育学概论出发，分别对高等教育学的理论构建、思路构建及创新体系构建作了逐步分析阐述；在进一步阐明新时期高等教育学改革意义的基础上，重点从教师、学生、课程三方面较为详细地论述了新时期高等教育学改革的必要性及方法和策略等。全书思路清晰，理论阐释透彻，思想积极，富有正能量，具有较强的针对性和引导性。希望对从事高校教育、教学管理，以及进行高等教育改革研究工作的人员提供一定的指导，为新时期我国高等教育学的改革与发展尽一份微薄之力。

由于作者水平有限，本书在编写过程中借鉴和参考了一些专家和学者的研究成果，如有错漏之处，恳请批评指正。

作　者

2020年7月

目 录

第一章　新时期高等教育学概论……………………………… 1

第一节　全球化对高等教育的影响……………………………… 1

第二节　知识经济与高等教育的相互作用……………………… 8

第三节　新时期高等教育的发展趋势 ………………………… 18

第二章　新时期高等教育学的理论构建 ……………………… 24

第一节　新时期高等教育本质特征的基本理念 ……………… 24

第二节　新时期高等教育制度建设的基本理念 ……………… 28

第三节　新时期高等教育发展道路的基本理念 ……………… 35

第三章　新时期高等教育学的思路构建 ……………………… 41

第一节　新时期高等教育的思想基础 ………………………… 41

第二节　新时期高等教育的制度保障 ………………………… 47

第三节　新时期高等教育的路径选择 ………………………… 55

第四章　新时期高等教育学创新体系构建 …………………… 64

第一节　高等教育创造性教育模式的构建 …………………… 64

第二节　高等教育创造性人才培养模式的构建 ……………… 72

第三节　高等教育创新体系的构建 …………………………… 80

第五章　新时期高等教育学改革的意义 ……………………… 87

第一节　新时期高等教育改革现状 …………………………… 87

第二节　新时期高等教育改革的必要性 ……………………… 91

第三节　新时期高等教育的改革方向 ………………………… 98

第六章　新时期高等教育学的教师改革…………………… 103

第一节　高校师资管理体制的界定与特征………………… 103

第二节　当前高校师资管理体制存在的问题……………… 106

第三节　高校师资管理体制的改革策略…………………… 111

第七章　新时期高等教育学的学生改革…………………… 125

第一节　当前高校学生管理体制的现状…………………… 125

第二节　高校学生管理体制的发展趋势…………………… 129

第三节　高校学生管理体制的改革策略……………………………… 134
第八章　新时期高等教育学的课程改革……………………………… 149
第一节　高校课程改革的目标与价值取向……………………………… 149
第二节　当前高校课程管理体制存在的问题…………………………… 156
第三节　高校课程管理体制的改革策略………………………………… 162
参考文献………………………………………………………………………… 174

第一章　新时期高等教育学概论

现代意义的高等教育如果从意大利的波隆尼亚大学创立算起，至今已有900多年的历史。我国现代高等教育是以1895年北洋学堂（即今天津大学）的创办为肇始，时至今日已有一百多年的历史。几百年来，高等教育的职能、结构、内容发生了许多变化，每次变化都与社会的政治、经济、文化变化密切相关。

如今，处在时代变革的大背景下，高等教育从来没有像今天这样受到诸多方面的挑战，在全球化浪潮的冲击下，知识经济的兴起、市场经济的建立、新公共管理运动的实践都使得高等教育正在向更密切的外部联系和更复杂的内部结构的方向演变。我们必须清醒地认识到，新时期高等教育的本质、内容、形式、理念等也在发生着深刻的变化。

第一节　全球化对高等教育的影响

全球化作为一个新的现象，是20世纪末期以来整个世界范围内正在发生的一个巨大变化，它对人类社会的许多方面产生深远的影响，受到全世界的普遍关注。全球化最初以世界经济一体化为外在表现和终极目标，随着全球化潮流的推进，它逐步波及思想文化、价值观念、意识形态乃至人的发展等人类社会生活的各个领域，对高等教育产生十分深远的影响，衍生出高等教育全球化的话题。

一、全球化的内涵

全球化一词，是一种概念，也是一种人类社会发展的现象过程。对于什么是全球化，迄今并没有统一的定义。一般认为，全球化是指超越民族国家界限、在全球范围内发生的相互融合的现象，包含经济、政治、社会、文化等多方面内容。不同领域的人对全球化有各不相同的理解，甚至存在明显的分歧和争议。从目前国内外理论界关于全球化的概念看，我们可以了解到政治、经济、文化、技术、信息、历史、地理、文明等方面的众多见解，每一种见解都揭示了全球化的某种质的规定性，但每一种见解又不足以概括全球化的总貌。因为，全球化是一种十分复杂的现象，它既是一种状态，更是一个过程；它既突出地表现在经济、政治领域，也反映在文明、文化领域；它既是物质层次的，也是精神层次的；它既是人类社会系统中各单元要素的同构，也是同构中各单元要素的确证。因此，我们对全球化只能以描述的方式加以表述，将之看作是全球范围内各地域、各民族、各国家之间联系的日益紧密和相互作用的日益加强,从而影响和改变着人类运动方式,特别是生活方式和思维方式。

全球化现象最早始于20世纪40年代末的经济领域,由于经济全球化最为明显,因此全球化有时常常是指经济全球化。经济全球化首先是以部分国家将部分经济权力为共同利益而让渡给经济一体化组织,根据共同利益,按照一定的规划来行使权力的经济一体化。最典型的经济一体化例子是欧盟。1951年,法国、德国、意大利、荷兰、比利时、卢森堡六国政府在巴黎签订了为期50年的《欧洲煤钢共同体条约》,建立了煤钢联营,1957年《罗马条约》签字,1958年欧洲共同市场诞生,此后欧洲在经济一体化的道路上努力前进,经济实力与美国相当。20世纪90年代,欧洲形成统一大市场,1999年欧洲货币交付使用,欧盟在经济一体化的道路更上一层。与此同时,北美的美国、加拿大、墨西哥组成的北美自由贸易区,南美洲秘鲁、智利等五国组成的拉美经济共同体,东南亚多国组成的"东盟"都是经济一体化的代表。而国际和地区经济组织也日益发挥着越来越重要的作用,1946年建立的国际货币基金组织,正日益成为金融领域的超国界领导。1948年成立的关税与贸易总协定(GATT)和1995年1月1日取而代之的国际贸易组织(WTO)通过制定与落实国际贸易规则,而发挥着越来越广泛的作用,其涉及的领域遍及与贸易相关的一切领域。此外,亚太经合组织等地区性组织也发挥越来越重要的作用。

20世纪80年代以来,由于科学技术的突飞猛进,特别是现代通信及信息网络、大规模现代化运输工具的发展,跨国公司的生产和投资活动拓展到全球。跨国公司是经济全球化的主体,其生产和投资活动的全球化,带动了资金、技术、信息、人力资源等生产要素在全球范围的流动和服务向全球的扩展,促进了资源在全球范围的有效配置,最终导致了全球一体化市场的形成。因此,国际货币基金组织将全球化概括为:通过贸易、资金流动、技术创新、信息网络和文化交流,使各国经济在世界范围高度融合,各国经济通过不断增长的各类商品和劳务的广泛输送,通过国际资金的流动,通过技术更快更广泛的传播,形成相互依赖关系。

经济全球化过程自然不是全球化的全部,由于经济过程离不开与之相适应的制度、文化和权力结构及其演变,因而全球政治、社会、文化等也出现相应的变化。与经济一体化进程相伴随着的是政治一体化的进程。从第二次世界大战之后的两大合约组织:北大西洋公约组织和华沙条约组织到华约解体之后的欧盟、东盟、拉盟、非盟等集经济一体化组织与政治一体化组织一身的地区性政治组织在国际政治事务中作用日益明显。而战后成立的联合国及其所属安理会、经社理事会等在国际政治经济事务中的地位也日益显得重要。从国家关系的角度说,全球化是对传统民族国家的挑战,表现为国家界限的突破,国家和其他政治力量的整合和重组,部分国家权力的丧失。一些超越国家的政治经济组织,如欧盟、七国集团、经合组织、亚太经合组织等,在协调国家利益方面,发挥着日益重要的作用。

20世纪末开始的以互联网为代表的信息技术,使各国政府、各国人民之间的联系日趋密切。以跨国公司为推动力的经济全球化,以金融创新为主体的金融技术因素所导致的金融全球化和以信息技术推动的信息全球化,最终推动经济全球化和政治全球化。随着人类的互动程度越来越高,联系越来越密切,全球化成为不可逆转的一种趋势,是世界历史的进程。

二、全球化对高等教育的影响

全球化对高等教育及文化等领域的交流与发展也产生深刻影响。各国通过教育的国际交流、教学和科研合作、跨国办学、扩大留学生规模等手段,提高本国高等教育在国际范围内的竞争力,争夺全球范围内的人力资源。20世纪末21世纪初世界各国纷纷调整本国的高等教育发展战略,力争在全球的教育市场中发挥重要作用。

潘懋元先生在论及教育的外部规律时认为,教育一定要适应社会的发展。"适应"有两层意思:一是制约,二是服务。制约因素主要体现在政治、经济和文化三方面,因此我们可以从这三个层面了解全球化对高等教育的影响。在政治层面,全球化对政治的影响明显体现在政治权力的扩散、联合和多层管理等新型国际关系中。第二次世界大战后,在环境保护、经济增长和维护和平等很多方面的问题都超出了任何单个国家力所能及的范围,因而许多国际的和超国家的组织,如联合国、欧盟、绿色环境保护组织、经协组织等相继建立,并对国家内部的传统政治组织构成了挑战,使得政治舞台的构架超越了民族国家。在此背景下,国家的角色和作用正在发生变化,即从游戏的操作者转变为监护者。国家直接介入市场和社会的模式逐渐由向社会和经济发展提供制度保证和宏观调控的新机制所取代,这种角色变化也体现在高等教育中。

从历史上看,国家的一个重要作用是为高等教育制定规范,而相关政策则直接体现了高等教育在国家发展中的优先地位。从20世纪50年代末到70年代初,国家在保持高等教育与社会发展的一致性方面担负着主要责任。到70年代之后,除国家的愿望外,社会需求也对高等教育寄予更多期望。在此背景下,高等教育不得不充分考虑不同社会群体的利益,因此,高等教育政策方面也体现出了权力、利益和联盟的变化。有时政策直接来自政治考虑,有时反映社会的现实需要,多数情况是两者的结合。在全球化的影响下,高等教育将更多地受到外部社会的影响,这些来自外部的力量要求中央政府减少对高等教育的直接控制,但由于高等教育对国家发展的大局举足轻重,因此国家仍希望控制高等教育。面对两种影响,无论是国家还是高等教育部门都需要改变传统的管理和运行模式,引入市场机制,构建新的国家、社会和高等教育间的关系。其中，社会以市场为媒体与高等教育实现互动，其作用日益重要。为此，国家在完善市场，特别是跨国市场管理规则的同时，也必须制定高等教育和社会互动的适当政策，提供适宜的制度环境。在全球化的背景下，国家对高等教育的领导主要应是宏观调控、政策引导。

在经济层面，全球化促进了时间和空间的压缩，进而促进了商品、资本、劳动力、服务和信息的国际化流动，并导致新的劳动力划分、国家与市场之间的权力变化、跨国界的生产系统和激烈的国际竞争。在这种新的经济模式下，经济的网络化、全球化和知识化强烈冲击，并更新了传统的产业结构，导致劳动力结构的重新划分和对劳动者技能的新要求。所有这些，都从社会需求的角度迫使高等教育进行根本的改革。对国家而言，国际经济竞争不能永远依赖廉价劳动力和低成本的制造业，必须同时发展知识含量高、产品附加值高的制造业和服务业。为此，各国在制定政策时都把提高其人力资源的质量摆在重要位置，以期在全球经济竞争中赢得最大利益，因而高等教育已经成为国家经济发展的关键所在。

在新的高知识含量和高附加值生产系统和提高生产力、竞争力渐成主题的经济形势下，劳动者依照其接受教育的多少和质量高低，分为可自我设计的（高技能的）劳动者和普通的（低技能的）劳动者。尽管低技能的劳动力用非常低的费用就可以雇佣到，但商品的生产以及经济活动的决策越来越多地需要高素质、可自我设计的人员。经济活动中这两类劳动力之间的比例成为决定国家和企业国际竞争力的一个主要因素。为此，一个紧迫的需求就是增加接受高等教育的人数。当然，要提高劳动者的素质，塑造出可自我设计的劳动者，更重要的是学校教育要满足社会对劳动者技能不断提高的要求，包括那些能使年轻人适应不断变更的工作环境的能力、社会交往能力、处理信息能力、团队工作能力以及运用所掌握的知识和信息在不同环境中解决新问题的技能。因此，传统的高等教育和大学学习方式正面临着严峻挑战。大学仍然是教学和学习之地，但是学习本身的概念发生了变化。学习已不仅是获得定义、事实等现成的知识，更主要的是创造知识的过程。鉴于知识正在成指数增长，大学能给予学生最好的教育就是让他们学会学习，包括不断重新定义工作中所需新技能的能力，以及为掌握这些技能寻找和学习相关知识的能力。

经济全球化的另一个结果是制造业从业人数的减少，与信息相关的经理，专业人士和技术人员等从业人员和“白领”阶层的增加，服务业逐渐成为经济结构中的重要组成部分。除数量增长外，服务业的内容也在趋向以客户需要为中心，服务业的工作机构要依照工作任务、客户类型和项目对工作人员进行管理。为此，工作人员必须根据不断变化的工作需求，及时学习新的知识和技术。服务业结构的这种变化将会结束“固定工作”或“长期工作”的观念，因为人们不仅要经常更换工作岗位和工作任务，甚至很可能更换他们的职业。在这样的形势下，就业能力就不仅是找到一份工作的能力,更重要的是维持这份工作,并因需要而随时更换工作的能力,因而终身学习已成为社会的紧迫需要。高等教育不仅要为不同的职业筛选和培养人才,更要为人们今后不断变动的工作或职业打好基础和提供服务。

全球经济竞争从一定程度上制约了国家共用经费支出,为满足日益膨胀的高等教育系统的需要,国家试图去寻找其他的经费来源,而不是一味地增加教育公用经费。相当多的政府在高等教育中引进市场机制并鼓励私立教育发展。另外,政府也尝试用扩大招生和调整院校结构等办法来提高教育资源的使用效率和效益。国家在把更多权力赋予高等院校的同时,也会要求高等院校承担起更多的责任,包括分担教育经费的责任。

在文化层面,崭新的电子通信系统营造出全球范围内的虚拟社区。在此基础上,不同社会群体的兴趣、政府的政策、商业的运营策略等能更为便捷地传播,由此导致世界文化的广泛交流和融合。由于国际的共同利益和人类文化的交融性,世界文化正在趋同。例如,麦当劳文化已经被世界多数国家的民众所接受。另外,通过全球性和本土文化间的相互影响和渗透,一种或显或隐的新的杂交文化正在形成。在此过程中,民族国家常常被夹在文化全球化和保持自身文化本色的对抗中。一些地方民族主义的复苏使得这种对抗张力不断升级。近年来,不同国家和地区间的文化差异以及相互不理解导致的冲突和矛盾的例子屡见不鲜。为保障全球经济的正常发展,一个和平的政治环境是不可或缺的重要前提,为此,一个国家在保持自身文化本色的同时,理解他国文化和尊重和平就显得尤其重要。高等教育的文化功能之一,就是帮助人们认识不同民族文化的特性和人类文化的共性。全球化在文化领域对高等教育的影响远比其在政治和经济领域的影响复杂,因为世界文化的多样性大大超过了政治和经济模式的纷繁多样。虽然与政治、经济相比,文化并没有在高等教育发展中起支配性作用,但它渗透到高等教育的方方面面,并且以潜移默化的形式,影响到人们的价值观和意识形态。有学者称,文化传统或促进或阻碍高等教育的发展,取决于高等教育的需求是否与文化传统一致。因此,在高等教育中,采取思想自由、兼容并包、百家争鸣、百花齐放的态度,是回应全球化挑战的必然选择。

全球化是全方位的历史性变革,在政治方面的影响引发了国家、社会和高等教育关系的重新定位,在经济方面的影响进一步表明了市场在高等教育中的价值,在文化方面的影响唤起了公民的自由意识和反思意识,有助于兼容并包的高等教育环境的形成。与此同时,我们也应认识到,虽然多数国家都受到全球化观念的影响,但是由于每个国家的政治体制、经济结构以及文化传统各不相同,因此回应全球化趋势的方式也各有特色。目前还没有任何一种模式的高等教育改革,可以完美地应用在两个以上的不同国家,这也是高等教育研究人员必须认识到的。

三、全球化对我国高等教育的冲击

与世界高等教育的发展相比,我国高等教育起步较晚,但是发展迅猛,具有鲜明的中国特色。全球化对我国高等教育的冲击可以从经济全球化、政治全球化、文化全球化和科技全球化四个方面概括。

(一)经济全球化对我国高等教育的影响

经济全球化使人才市场趋向国际化,一个世界性的人才流动市场正在形成。由于经济周期的作用,未来我国大学生就业市场会随全球经济周期的波动而波动;另外,发达国家或跨国公司为吸引发展中国家的优秀人才尤其是高校的人才,将会制定优惠措施。这对目前缺乏市场化运作经验和人才的我国来讲是一大挑战。经济全球化对我国高等学校人才培养目标提出了更高的要求,我国高校的人才培养目标亟待调整。为适应全球经济一体化,大学生必须懂得国际上有关的经济规则,具备相应的经验和能力,才能在就业市场上取得成功。过去,我们高校的人才培养缺乏全球化的眼光,我们的毕业生缺乏走向世界的素质和才能,这对不断融入全球经济一体化的中国来讲非常不利。另外,经济全球化对我国高校的教学内容和方法必然产生影响。由于目前全球化中通行的游戏规则大都是由曾经主导、现在依然控制着全球化进程的西方国家所制定的,这些规则、制度、惯例、标准等不仅苛刻,而且不为我国所熟悉。我国高校有必要也应该及时改革教学内容和方法,让我们的学生了解这些规则、程序和技术标准,以适应我国参与全球化的需要。同时,经济全球化将使我国高等教育投入的渠道多样化,科研经费来源国际化。跨国公司为追求利润最大化,扩大影响,会直接要求在我国投资办学或合作办学,开设研究所。另外,许多发达国家的非义务教育早已通过市场化来运作,他们适应市场的能力远远超过我们。这将促进我国一些高校加快与国际接轨,但也对我国政府提出了一个如何从宏观上促进高等教育发展的新课题。

(二)政治全球化对我国高等教育的影响

政治全球化是指政治在全球各国和地区的互动、交流、渗透的过程。今天的世界,无论哪里发生了政治事件,都会对全球政治活动产生影响,它将在发展中形成某些为大多数主权国家所承认、维护的共同政治标准,如民主、平等、人权等。政治全球化进程不是资本主义政治全球化,而是多种政治观相互交流、渗透和交锋的过程。政治全球化的发展将有助于培养我国高校大学生适应现代政治的思维方式,其互动也将对我国大学生民主理念的培养产生积极的影响。但是我们也应清醒地看到,现代民主制度的建立和民主观念的形成,都不是历史发展链条的断裂而是继续,现代民主化道路完全是社会内部各相关因素发育成熟的结果,它与其民族性格相契合,有深厚的历史根基。长期的封建人治和专制的消极影响使我们的大学生对现代民主政治缺乏正确了解。为建设社会主义市场经济下的中国政治文化,我国高校的政治思想教育应进行创新,以培养现代民主意识。高校的管理也将进一步趋向民主,如何以人为本、以学生为本,发挥教师和学生广泛参与学校管理、决策监督,都是我们今后需要解决的。另外,政治全球化也非常有助于我国大学生国际政治意识的培养,使他们具备活跃在国际舞台上的能力,如双赢妥协等政治谈判策略及政治沟通传播等技巧;同时也应教育我们的大学生,让他们看到民主随着时代而发展,没有一成不变的僵死的民主模式。西方的民主并不能解决资本主义内在的矛盾,社会主义所倡导的平等和民主等价值理念仍将是21世纪人类追求的目标。在政治全球化的进程中,我们也应清醒地看到,西方国家善于运用多种手段对高校师生灌输他们的政治观,如通过各种基金会、互联网等方式,其中某些负面宣传会使一些大学生的思想偏离我国社会主导政治文化的要求,这要时刻加以注意。

(三)文化全球化对我国高等教育的影响

当代多向的、多层次的文化互动冲击着各个国家、地区和个人。文化全球化进程不都对等,其中也有许多不平等的互动,但其趋同性和多样性、世界性文化和民族性文化并存的规律依然在发挥作用。高等学校是人类文化的传承地,文化全球化将使高校成为世界各国文化交流的中心,如翻译介绍外国文化,开设外国文化课程,互派留学生,建立各种文化宣传网站等措施,将促进我国社会主义文化的发展和创新,增加我国大学生对不同文化的理解和适应。但是良莠不齐的文化信息将使大学生的价值选择和判断的难度增大。文化全球化意味着不同地区、国家和社会制度的文化、思想、观点、信息将在我国高校迅速传播;外籍教员、外国留学生人数将迅速增加,我国大学生与外国的交流将大量增加,大学生的视野将更加开阔,这对缺乏成熟价值观的大学生来讲,是一个难以驾驭的问题。因此,过去我国高校单一集 中的教育模式在多元文化环境里受到了挑战,如何创建和运用开放有序的校园文化环境来潜移默化地感染学生、教化学生,是值得我们教育工作者深思并需解决的问题。

我国高等教育作为文化发展的先导和民族文化的捍卫者,在文化的发展中负有极其重要的责任。在全球化的背景下,我们一方面要将文化全球化和本土化更加有机地结合在一起,这是我国高等教育进行文化创新的一个重要课题。我国是一个历史悠久的文化大国,我国高校在全球化的机遇下,更应积极地向全世界介绍我国优秀的民族文化。另一方面,在我国确立社会主义市场经济体制的过程中,在全球化大潮的冲击下,我们应在社会主义精神文明原则的指导下,重塑现代中国文化,把优秀的西方文化和中国文化对接起来,形成"开放的、民族的、科学的、大众的"现代化的中华文化。只有这样,我们才能消除文化全球化过程中的负面影响。

(四)科技全球化对我国高等教育的影响

随着我国不断融入全球化的大潮之中,作为世界大家庭中的一员,我们有必要从多角度运用多种理论和方法,认识和解决全球性的环境、社会、经济和政治等问题,从而有利于我们在国际舞台上的竞争与合作。这便要求我国高校设立跨学科的新专业,培养各类人才。同时,我们还要关注和研究这些高新科技会对整个世界的社会结构、道德伦理、政治关系、法律体系、生活方式和人们的心理带来什么样的冲击和变革,我们应采取什么样的对策来维护我国的科技安全。

信息技术的迅猛发展使高等学校的教育与管理方式发生深刻变革,同时使虚拟大学(远程教育)的出现成为可能,远程教育将大大加快我国高等教育大众化和终身化,改变传统的高等教育模式,其意义非同一般;全球互联网也使全人类的优秀文化、科技资源真正成为共享,给我国不同地域更多需要教育和培训的人提供了前所未有的机会。如何根据现代信息技术的发展来整合教育资源,实现我国高等教育的大众化,如何处理现代信息技术背景下的师生关系,如何改革教学模式等,都有待我们解决。

高等教育的发展不仅意味着数量的增加、质量与效益的提高,更意味着适应性的提高。面对全球化,我国高等教育应着眼于国际市场的供需状况,处理好全球化与本土化的关系,处理好保护、引进与输出的关系,合理地配置教育资源,调整专业设置、培养目标与课程体系,建立与国际接轨的高等教育质量认证制度、建立和完善我国高等教育市场体制,提高我国教育服务的竞争力。为此,我们需要建立一批高水 平的高等学校,更需要建立促进高等学校主动适应社会发展的体制与机制,培养有中国特色的高素质人才。

第二节　知识经济与高等教育的相互作用

知识经济的悄然兴起,既是一场巨大的经济转型,更是一场深刻的社会变革,必然对整个人类的价值观念、思维方式、生产方式和生活方式产生重大影响,也必然对高等教育产生全方位的冲击。知识作为高等教育的逻辑起点是联系高等教育与知识经济的纽带。从教育的外部关系规律来看,知识经济引导和推动高等教育的改革与发展,高等教育的改革与发展又促进知识经济的发展,两者存在互动性;从教育的内部关系规律来看,高等教育的育人活动需要知识经济的物质保障,知识经济实现可持续发展需要高等教育育人活动的精神保证,两者存在互补性。

一、知识经济与高等教育的相关性

知识经济是以知识为战略主体的经济,是以信息化、网络化为发展基础的经济,是以创新为内在动力的经济,是以人才为关键要素的经济,是以高科技产业为支柱产业的经济,是以科技园区为新的社会构成要素的经济。这些特征决定了它与教育,尤其是高等教育之间必须具有极为密切的相互信赖、相互促进的关系。高等教育不仅孕育了知识经济,而且成功地推动了知识经济的发展。与此同时,知识经济的发展也进一步 推动着高等教育的革新与发展。时代的发展需要创新,知识经济在创新中不断对高等教育提出新要求;高等教育在不断地改革与创新中,适应和促进知识经济的发展,两者正是在这种相互依存、相互促进的过程中,形成一种良性互动关系,共同推动人类社会的进步与经济的繁荣。

(一)知识经济与高等教育的关联性

从高等教育的逻辑起点分析,知识经济与高等教育具有紧密的关联性。首先,知识是高等教育的逻辑起点,这是高等教育与知识经济联系的可能性。任何一门学科都有一个相对独立的逻辑起点,该门学科的内在规律都围绕该逻辑起点运行,诚如经济学以商品为逻辑起点,生物学以细胞为逻辑起点,教育学是以知识为逻辑起点,高等教育学作为高等教育科学的理论形态,同样也有一个逻辑起点,这个逻辑起点不是其他,还是知识,只是这种知识相对于普通教育的基础性知识来说具有专业性。也就是说,这种知识没有本质上的变化,只有程度上的变化,而且,这种程度只是相对的、历史的,不是绝对的、永恒的。例如,原始社会人们的某些言传身教所表达的或许就是高深知识,在物质文明和精神文明高度发达的未来社会,目前的高深学问在那时或许算不上高深知识。

知识是高等教育的逻辑起点,可以从两个方面来说明。一方面,从高等学校的教学过程来看,教学过程既是一个认识过程,也是提高受教育者各方面素质的过程。前者表现为教师通过一定的教学手段,将加工整理的教学内容传授给受教育者,这实质上是知识的整理和传播过程;后者表现为受教育者在教师的指导下,将一定的教育内容转化为自身内在素质的过程,这实质上是知识的内化过程。在这两个子过程中,虽然会出现多项任务和多种矛盾,如掌握"双基"、发展智力、培养道德品质、增强社会实践能力等多方面的任务及其相互关系,但其中心问题仍然是知识的选择与传承、知识的领会与掌握。可见,教学过程实质上也是知识的整理、传播和内化的过程。如果说以上从高等学校的教学过程来分析,是从纵截面考察高等教育的逻辑起点,那么从高等学校的社会职能来分析,则是从横断面来考察高等教育的逻辑起点。从高等学校的社会职能来看,高等学校的社会职能主要有三:

培养人才、发展科学和直接为社会服务。另一方面，从培养人才来看，受教育者在受教育前后个体素质有所差别，这种素质的差别正是知识内化的结果。一个人在受教育前，是一个劳动者；受教育后，也是一个劳动者，但两者却有质的不同，前者可能是一个简单劳动者，后者却能成为一个复杂劳动者，实现简单劳动者向复杂劳动者转化的根本原因是，受教育者接受了一定的科学文化知识，并将其内化为自身相对稳定的个体素质。所以，知识是实现人力向人才转变的根源和内在逻辑。发展科学在高校主要体现为科研活动，这本身就是知识的生产活动。从直接为社会服务来看，这种服务不同于其他社会机构提供的简单劳动力或一般的加工制造品的服务，而主要是利用高校的人才优势、智力优势、科研优势为社会直接提供的教学与科研服务，这实质上是知识的传播与应用活动。可见，高等学校的社会职能在本质上表现为知识的生产、传播和应用过程，表现为知识的选择、传承和内化过程。

知识经济针对农业经济和工业经济提出来，其划分标准是依据该种经济形态赖以存在和发展的基本资源与生产要素的结构及其特点。例如，农业经济对土地、劳动力依赖最大，对知识和资本依赖较小；工业经济对土地、劳动力依赖较大，对资本和知识依赖更大；而知识经济对土地和劳动力依赖最小，对资本尤其是知识的依赖更大。从前面的分析可以得知，高等教育活动实质上是一项知识的传播与内化活动，是一项知识的生产、物化与应用活动，知识是高等教育的逻辑起点。因此，高等教育与知识经济能够通过知识达成联姻，知识成为两者联系的纽带。高等教育的逻辑起点是知识，但不是一般的知识，而是高深知识，其中包括高新科技知识，这是高等教育与知识经济联姻的必然性。高等教育是建立在普通教育基础之上的专业教育，它所传播的知识是在普通教育传播知识的基础上的再选择、再深入，它所生产的知识是促进现代生产发展的高新技术知识和反映当代学术热点的高深理论知识，它所物化的知识是造就高精尖专门人才的知识和创造面向现代化的科研成果的知识。高等教育的逻辑起点是知识，但不是一般的知识，而是高深的知识，其中最具有时代精神和现实价值的知识是高新科技知识。

知识经济中的“知识”在经济学界虽然没有统一明确的界定，但普遍都默认为高新科技知识，许多关于知识经济的界定都提出了知识经济是一种以高科技为基础、以创新为灵魂的经济。而在教育学界，知识经济中“知识”的含义变得泛化和混沌，往往还成为争论的焦点和研究的重点。确定知识经济中的“知识”到底所指什么知识，可以从两方面来分析。首先，从知识经济提出的历史背景来看，知识经济是在信息技术和高新科技的快速发展对社会产生了重要影响的情况下提出来的。许多人把比尔·盖茨的成功看作知识经济出现的标志，因而它强调的不是知识的经济行为，而是知识的经济作用，即不是从把知识作为商品的角度而提出，而是从知识在生产力发展和经济发展中的作用和地位的角度而提出。其次，从知识经济的对立面或对应方来看，它是针对农业经济和工业经济提出来的。三种经济形态划分的标准是各生产要素和基本资源在经济发展中的构成和作用，知识经济是以知识为最基本的资源和核心的生产要素的经济，知识成为推动和牵引经济发展的先导力量和决定性因素。也就是说，这种知识不是一般知识，而是能够纳入生产函数，并且作为第一生产函数的知识，是推动生产力发展的最具决定性和关键性作用的知识，因而它同样是强调知识在促进生产力进步和经济发展中的作用和地位。“科学技术是第一生产力”，从这个意义上来说，知识经济指向的知识是高新科技知识。可见，知识只是实现高等教育与知识经济联姻的可能性，只有高新科技知识，当然也包括现代管理科学知识，才能实现两者内在的、固有的和必然的联系。

在知识经济时代，知识经济和高等教育中的高新科技知识既有共同之处，又有不同之处，但两者是统一的。知识经济中的高新科技知识不是一般的科技知识，而是对现代化大生产起决定性和革命性作用的应用性科技知识。高等教育中的高新科技知识包括对现代生产起决定性和革命性作用的应用性科技知识，也包括不能直接纳入生产函数的基础性高新科技知识。从某种意义上讲，基础性理论与应用性、技术性理论是源与流的关系，高新科技知识的不同理论形态，都属于科技知识的范畴。因此，在知识经济时代，知识经济与高等教育的高新科技知识是统一的。

农业经济时代，大学游离于经济社会之外；工业经济时代，大学处于经济社会的边缘；只有到了知识经济时代，大学才被推向经济社会的中心。知识经济是特定历史时期的一种经济形态，高等教育却在三种不同的经济形态中存在，而且在每一种经济形态社会，尤其是工业经济与知识经济社会中，高等教育提供的科技知识在当时历史条件下都可谓高新科技知识，但是，为何只有在知识经济社会条件下高等教育才成为经济社会的中心呢？这是因为不同的经济形态中高等教育提供的高新科技知识对生产力发展和经济进步的作用和地位不一样。高等学校能否和是否提供一定的高新科技知识，既取决于社会发展的需要，又取决于高等教育的价值取向，但归根结底取决于社会生产力的发展水平。因此，高等教育步入社会的中心不仅需要一定的历史条件，同时也是历史发展使然。在农业经济时代，由于生产力水平低下，人们认识世界和改造世界的能力不高，因而不能超越历史的限制而形成反映客观物质世界的科技思想和成果，即科技知识，高等学校也难以从社会吸纳这些知识，转而成为专注于探究治世之法和天理人伦之道的“象牙塔”。由于社会与高校之间几乎没有科技知识的交流活动，高校也就无法向社会贡献科技成果和科技人才，那时社会的科技创新几乎大都产生于各种物质生产部门，如作坊、厂矿等。工业经济时代，生产力有较大发展，人们认识世界和改造世界的能力有较大提高，形成了许多反映客观物质世界的科技思想和成果，高等学校吸纳这些科技知识转变为教学内容，并内化为学生的个体素质。高校在从社会吸纳一定数量科技知识的基础上,又通过高校和学生的继承和创新,最后以科技知识增量的形式回馈社会,随后又进入下一轮循环。但是,那时科技知识还没有成为推动生产力发展的决定因素,生产力的提高和经济的发展很大程度上还依赖于资本和劳动力,高等学校中各种以知识形态、物化形态或个体素质形态存在的科技知识也就不能成为工业经济发展的核心要素。只有到知识经济时代,生产力获得了空前提高,人们认识世界和改造世界的能力有了空前提高,形成了许多能够决定生产力提高和经济社会发展的科技知识,这些科技知识所蕴藏的生产单位和生产因子是传统生产资料和生产要素的上亿倍、亿万倍,因而成为生产力提高和社会经济发展最重要的资源和核心的生产要素。高等学校通过吸纳这些高新科技知识,转化为教学内容,内化为学生的个体素质,或者在继承的基础上进行创新,形成物化形态的科技成果进入社会。生产力不是单向地支配高等教育,即高等学校不是单向地从社会吸纳科技知识。高等学校是“思想库”“人才库”,它能在吸纳和反映的基础. 上创造新知识,继而转化为生产力,推动社会发展,这些继承的知识和创造的知识达到一定程度,就会由量变引起质变,从而进一步推动社会的发展。高等学校作为高新科技知识的传播基地、生产基地和孵化基地,成为高新科技知识的“摇篮”,成为知识经济社会的“发动机”,成为知识经济社会的轴心。

(二)知识经济与高等教育的互动性

从教育的外部关系规律分析,知识经济与高等教育具有良好的互动性。

知识经济引导和推动高等教育的改革与发展。知识经济必然要求确立新的教育观,诸如新的教育哲学观、教育功能观、教育本质观、教育产业观、教育发展观等。但是,观念的转变是建立在人们认识到知识经济对高等教育改革与发展的冲击与促动的基础上。从整体来看,这种冲击和促动主要体现在三个方面。

首先,高等教育外部关系规律显示,高等教育自身的发展需要适应社会,为社会进步和经济发展服务。知识经济本质上要求经济知识化,且指向高新科技知识,这就要求高校必须为经济发展和社会进步提供高新科技知识,要求高校调整教育理念,确立新的教育价值观,培养掌握现代高精尖科学技术的专门人才,以及创造一流的科研成果。新的教育理念和教育价值观要求高校在教育目的、培养目标、课程目标、教学内容、教学方法以及社会服务等方面进行改革,以迎接知识经济的挑战,适应知识经济的发展。知识经济不仅要求经济的知识化,而且要求知识的经济化,这既是知识经济的内在要求,也是知识经济发展的客观需要。知识经济时代,教育产品的商品性凸显,高等教育的产业化运作,促使高等学校进行管理体制改革与创新,使高校成为讲究成本效益、责权利明晰的知识商品生产部门和法人实体。这就要求人们转变思想观念,明确知识的经济价值和商品特性,明确高校的法人地位和产业属性。

如果说农业经济是手工化时代,工业经济是机械化时代,那么知识经济则是信息化时代。信息化不仅影响教育价值的转变,影响教育管理体制的改革,还会导致教育教学形式的变革。知识经济将大大推动和促进远程教育、网络教育以及多媒体教学的发展,全面改变传统的教师与学生面对面的教学形式和以书本介质为知识载体的传播途径,促进教育技术的革命,推进教育终身化和教育国际化,赋予高等教育理论与实践新的内涵和外延。

其次,高等教育的改革与发展拉动和促进知识经济的发展。高等教育不仅要适应知识经济的发展,还要在适应的基础上拉动和促进知识经济的发展。高等学校促进知识经济的发展,以促进高等教育与知识经济两者联系的纽带高新——科技知识在质和量两个方面的增长来实现。量的增长主要表现为通过培养科技人才来传播高新科技知识,因为掌握一定科技知识专门人才的数量越多,以生产力形态存在的科技知识在社会上的数量就越多,这种人才主要是职业型、应用型及技术型人才;质的增长不仅表现在培养更多富有创新精神和创新能力的高精尖科技专门人才,还表现在创造更多一流的科研成果,这些人才和成果所具备的科技知识都高于社会现有的科技水平,是促进生产力发展最重要的潜在因素,是推动知识经济发展最活跃的因素。这种质的增长实际上也是量的增长,但前者量的增长主要是从知识广度的增长来说,而这里质的增长则是从知识深度的增长来说。高等学校在一定教育理念和教育价值观的指导下,通过改革和调整,培养大批高素质专门人才和创造高水平的科研成果,从高等教育与知识经济的联系来看,也就是创造了更多更好的高新科技知识,进而推动了以高新科技知识为最革命生产要素的知识经济的发展。

最后,高等教育促进知识经济的发展,不仅是通过高等学校的育人职能和科研职能间接实现,而且高等教育活动本身也成为一种经济活动,高等学校也成为一种经济部门,它能够直接实现经济价值,直接促进知识经济发展。高等教育的逻辑起点——知识,本身就成为一种商品。高等教育领域同样存在知识商品的生产、流通、交换和消费四个环节,其中商品生产表现为科学研究或教师的备课,商品消费表现为科研成果的应用与知识内化为学生的素质。由于高新科技知识成为知识经济最重要的资源和生产要素,生产高新科技知识的高等学校也就成为知识经济时代最重要的资源和生产要素的生产部门。可见,知识经济时代,高等教育不仅是一种教育活动,也是一种直接的经济行为,而且成为知识经济发展重要的组成部分。

(三)知识经济与高等教育互补性

从教育的内部关系规律分析,知识经济与高等教育具有高度互补性。高等教育的育人活动对知识经济的物质依赖性。培养人才活动是教育者将一定的知识传授给受教育者的过程，这一过程包括知识的生产、整理、传播及内化等环节，但每个环节都不直接创造物质财富，形成的科技知识也只是以知识或者个体素质等形态存在，它的外显活动表现为消费活动，而不直接表现为经济价值取向的生产活动；而且，这种消费活动对教育者和受教育者双方来说，周期长，智力和体力投入大，是一种成本代价较高的消费活动。所以，这种育人活动必须建立在一定的物质基础上，没有经济保障，这种消费就不能实现，育人活动就无法进行。

知识经济对高等学校培育人才这种高消费活动的经济保障和物质补给，主要从两个方面来实现：一是高校内部的经济收入。高等学校的产品之一——高新科技知识是高利润商品，因而高等学校能够通过出售科技知识来获取利润，这表现为收取学费、转让科研成果以及创建校办企业等；二是高校外部的经济投入。高等学校作为“社会中心”，高等教育的战略地位以及培育人才的高消费活动，必然引起政府及社会各界对高等教育的高度重视，从而促使政府及社会各界对高等教育加大经济投入力度，这表现为政府拨款、企业资助、社会及个人捐资和投资、银行贷款等。

知识经济的可持续发展对高等教育育人活动的精神依赖性。有一种观点认为，知识经济强调的是普遍提高人的全部精神能力，使理性精神能力与非理性精神能力得以和谐发展。笔者认为，这种观点主观地扩大了知识经济的内涵，把这个从经济学领域引用过来的概念泛化了。从前面的分析可以得知，知识经济的提出是强调知识对生产力和经济发展的作用和贡献，突出高新科技知识的中心地位和经济价值，知识经济实质上是高新科技知识经济。也有人提出，追求经济利益是知识经济的本性。从人类社会发展史来看，由于我们以前过分强调科技的作用和物质的价值，出现了许多严重的社会问题，诸如生态环境恶化等。人既是知识经济社会活动的主体，又是教育的对象；高新科技知识既是知识经济社会的决定性生产要素，又是高等教育的逻辑起点。因而，减少高新科技知识对知识经济的负效应，扩大其正效应，实现知识经济的可持续发展，成为高等教育承担的重要历史使命。

高等教育之所以能减少高新科技知识对知识经济的负面效应，主要在于高等教育的育人功能。虽然高新科技知识本身就包含了一种科学精神，一种追求真理和注重事实的精神品质，一种实现经济社会公平和公正的精神支柱，但高新科技知识如果以物化形态存在，它作为一个非生命体就会失去这种精神，成为任意的工具和手段。因而，人的问题就成为能否实现知识经济可持续发展的根本和关键。高等学校作为人才培养的基地，作为人才的摇篮和精神的家园，能够实现人在智力因素与非智力因素、科学精神与人文精神、个人信念与社会关怀等方面的和谐统一。它所培养的人才在认识、评价、生产或应用高新科技知识和成果时，能够形成正确的价值判断,综合考虑近期利益与长远利益、局部利益与整体利益、个人利益与社会利益等方面的关系,做出符合人类社会发展的理性选择,实现知识经济的可持续发展。

二、知识经济对我国高等教育的影响

知识经济对我国高等教育的影响与冲击是全方位的,既带来了发展的机遇,也提出了严峻的挑战。知识经济给我国高等教育发展带来的机遇主要表现在四个方面。

第一,知识的经济化与经济的知识化趋势,使高等教育的地位提升。在知识经济中,知识的拥有同社会经济发展及个人财富与地位升迁紧密相关,国力竞争与个人竞争在很大限度上变成知识创新和信息运用的竞争。高等教育已被国家纳入优先发展的战略与现代化建设的整体布局之中,知识因素对国民个人发展的影响日趋明显。有调查显示:知识水平较高的人拥有更多流向职业声望较高的科研、金融与计算机服务等行业的机会;在单位中拥有更多的职务升迁机会。文化程度的差异对收入差距的影响正呈扩大趋势。

第二,高教、科技、经济一体化与学习终身化趋势,使高等教育的功能扩张。这种功能扩张,首先反映在高等教育基本功能的扩张:一是时间上的扩展。为适应个体学习终身化的要求,高等教育正在从阶段性教学转向终身性教学,各种类型的成人高校、老年大学蓬勃发展。二是空间上的扩大。为满足日益增长的高等教育需求,高校正在从封闭走向开放,各种形式的校外教学、网络教学、合作办学应运而生;三是内容上的扩充,教学的功能已不仅是知识的储存与传递,而是集创造、加工、处理、传播与应用为一体。科研也不仅注重基础研究,开发研究与应用研究越来越占有更多的比重,不少高校结合科研兴办科技企业,高校社会服务的面越来越宽,包括企业培育服务、科技攻关服务与参与政府咨询决策服务等。不少高校与企业联合建立了一大批技术开发中心、生产力促进中心、产学研合作示范中心。其次,反映在新功能的产生。高校凭借人才资源与科研优势,广泛参与社会经济活动,在多方面都发挥着刺激经济增长、引导文化变迁、扩大国际交往、提升人类文明等功能。

第三,综合化与信息化趋势推动高等教育的改革深化。知识经济是一个高度综合的时代,它表现在知识的形成与发展、信息的加工与传播、新产品的设计与制作、商品的生产与流通等各个方面。这种综合化的特征也反映在对人才的要求和高等教育培养目标的确立上,进而影响到学科结构的调整、专业与课程的设置,以及教学方法、考试方法等各个方面的改革。从对我国当前高等教育改革的影响看,必须确立综合化教育思想已渐成共识;“厚基础、宽口径、强技能、善创新”的高素质的复合型人才的培养目标已被广泛接受;按综合化的思想合并学校、调整专业、重组学科、优化培养模式等方面的改革已取得相当的成就。以电脑化、网络化、数字化为主要内容的“信息化”趋势对我国现行的高等教育的影响不仅是教育技术与教育手段的变革,还是从教育观念、教育体制、教育模式到教育管理的全方位的改革。伴随着教育信息化的进程,传统的“传道、授业、解惑”的教育观、“博闻强记”的学习观正发生改变;注重正规的一次性的学 校教育制度和强调整体的同步的班级授课模式也将逐步瓦解,取而代之的将是以适应信息化要求的弹性化教育制度与个性化的学习模式。

第四,产业化与社会化趋势使高等教育发展的环境不断优化。为满足强劲的社会需求,近年来,我国迅速调整了高等教育的布局结构、专业结构,扩大了招生规模,提高了办学效益。知识经济的高增值性所积累的巨大财富又可以为高等教育的进一步发展提供坚实的经费保障。再次,反映在高等教育的发展将获得日益广泛的社会支持。随着产业化带来的开放、竞争、质量与效益等观念的增强,以及人们对高等教育社会经济功能认识的深化,人们越来越关注高等教育,尊重知识、尊重人才、支持高等教育的社会氛围将进一步形成。这一切都可以为高等教育发展创造良好的物质环境与精神环境。

与此同时,知识经济也对我国高等教育发展提出了一系列挑战,这主要表现为五个方面。

第一,国际竞争加剧对高等教育培养目标的挑战。知识经济与高新技术的发展对人才素质的要求越来越高,高素质的人才已成为新的国际竞争的关键因素。这就对传统的高等教育培养目标及培养方式提出了严峻的挑战。近期,某高校就大学生的教育质量问题在全国范围进行的一次抽样调查结果显示,我国高等教育在培养目标及培养方式上存在着下列“六重六轻”:重成才教育、轻做人教育;重专业教育、轻基础教育;重书本教育、轻实践教育;重科技教育,轻人文教育;重共性教育,轻个性教育;重继承教育,轻创新教育。社会对毕业生的评价是创新能力不强;敬业精神、合作精神不足;身体素质、心理素质相对较差。

第二,知识高度综合对高等教育人才培养模式的挑战。高度综合的知识经济社会最需要的是具有广博知识和综合能力的通才。国外的研究发现:有成就的科学家多是靠博才取胜;当今诺贝尔奖的获得者中,有不少既是某门学科的“专才”,又是善于进行综合性研究的“通才”,这对我国长期以来注重专才培养的教育模式提出了挑战。人才培养模式由培养目标、专业设置、教育方式、学习方式与评价方式等要素构成。我国传统的人才培养模式的特点可概括为五个字:一是“专”,即强调按统一 的计划与要求培养人才,培养目标过专;二是“窄”,即专业划分过细,专业口径过窄;三是“灌”,即教学重灌输,轻启发;四是“死”,重记忆,轻思考,学习方式过死;五是“偏”,即评价指标片面,评价方法单一,评价结果偏颇。这种模式培养出来的学生在计划经济体制下容易对口安排,但综合素质较差,适应面较窄,创新能力较低。在知识经济时代,这种人显然不能适应。

第三,功能迅速扩张对高等教育体制的挑战。知识经济条件下的高等教育承担着时代赋予的多种社会功能,高等教育能否实现这些功能,关键在从事高等教育活动的主体——人的积极性、主动性与创造性的发挥,而人的主体性的调动又取决于制度和体制。近年来,我国在高等教育体制方面的改革已取得重大进展,但面对知识经济的挑战,仍然存在着许多不相适应和阻滞功能实现的缺陷。仅就校内管理体制而言:从人事制度看,仍带有一定的“管、卡、压”特征。例如,在管理上重管“人”、轻管“事”,在职称评定上重指标、轻条件,在职务聘任上重任命、轻竞争。在人才流动上重安排、轻自愿,忽略了人的主体性。从分配制度看,在很多方面仍反映出重身份、重资历的色彩,离知识、技术、管理等生产要素和按贡献进行分配的要求还有较大距离,影响人的积极性;从教学科研的评价制度看,既缺乏分类型、分层次、合理的评价指标体系,也缺乏科学的评价方法,更缺乏健全的评价组织,不能激励教师积极开展教学与科研,压抑了人的创造性。

第四,网络自由传输对高校德育的挑战。教育是培养人的活动。高校德育既是高等教育的重要组成部分,也是培养有理想、有道德、有文化、有纪律的一代新人的重要手段。知识经济时代,网络传输的自由度大大加强,这有利于信息资源共享,有利于加速国际合作与交流的进程;同时也对高校德育提出了挑战。随着网络的发展,各种思想文化的交融、碰撞将愈来愈激烈,西方的文化,包括影视、音响、书刊等将大量进入我国高校,各种意识形态和生活方式必将对大学生的价值观念、思维方式产生极大影响,有可能造成观念的冲突与思想的腐蚀。知识经济条件下高校德育工作将愈来愈重要,也将愈来愈复杂。

第五,教育资源共享对高等教育市场的挑战。这种“共享”既有利于我们引入优质的教育资源,以提高教学质量,也有利于拓宽生源市场,以提高办学效益。但“共享”带来的挑战也是严峻的。首先是高校人才资源的争夺已成为不争的事实。许多发达国家通过制定一系列优惠政策来争夺全世界的尖子人才,而中国被他们视为抢挖人才的宝库。其次是学生资源的争夺。当今,欧美许多国家的高校自然科学专业的本土招生出现迅速下滑趋势,研究生生源更是严重短缺,这些国家正把生源市场的目标转向中国。近年来,我国生源流失已相当严重,而且正在出现由研究生层次向本科生层次、由高龄向低龄、由小批量向大批量发展的趋势。可以预料,21 世纪的高校生源争夺将会更加激烈。

第三节　新时期高等教育的发展趋势

随着经济全球化和知识经济的发展,世界高等教育正在发生着深刻的变化。这主要表现在规模速度、结构形式、资金筹措、绩效责任和对经济发展贡献等方面。世界高等教育发展的基本趋势是:办学体制多元化,社会功能日益突出,高等教育终身化以及与企业界密切合作。在此背景下,我国高等教育也发生了翻天覆地的变化。面对新的形势,我国高等教育要不断提高高等教育质量、提高人才培养质量、提升科学研究水平、增强社会服务能力,优化结构办出特色,以适应我国经济社会发展的需要。

一、世界高等教育的发展趋势

近年来,世界高等教育在各方面都有重要发展,虽然各地区及各国的情况有所不同,但仍然出现了全球范围内高等教育所共有的变化。世界高等教育发展的基本趋势是:办学体制多元化,社会功能日益突出,高等教育终身化以及与企业界密切合作。

(一)高等教育办学体制由单一向多元转变

教育和人才已经成为当代世界经济增长的决定性因素,以往那种靠政府为主出资办教育,或者由全日制正规学校独揽教育职能的格局,已无法满足社会经济发展对教育和人才的需要。各国高等教育大众化的发展过程,都有一个共同的特点,那就是鼓励多种形式办学,发展新的办学形式,如开放大学、广播电视大学、成人继续教育学院,以及跨国界联合办学等。可以预见,无论在发达国家,还是在发展中国家,都将或早或晚地出现普及高等教育的发展态势。中等教育的普及、社会的普遍公正,以及全民终身教育的客观要求,是推动高等教育这一趋势的重要因素。此外,开放式学习方法,以及信息和传播新技术等均为扩大高等教育的机会,尤其为一些新的社会群体接受高等教育提供了更多的可能性。这种普及意味着将有更多的人接受某些形式的高等教育或中学后教育,意味着扩大每个公民获得高级培训、技能和知识的机会;其普及方式往往很新颖,而且会日益多样化。

(二)高等教育社会化功能愈加突出

随着高等教育从社会的边缘走向社会的中心,其在不同领域发挥社会服务功能,包括决策咨询的智囊作用、经济和社会发展的技术服务和智力支持作用,乃至直接为社区建设和不同人群提供各种服务,使高等教育在推动社会全面进步的进程中,不断实现自身的变革和创新,更新和完善教育形态,从而在更高层次上树立社会发展的使命感和责任感,增强全面服务社会、引领社会的自觉性和前瞻能力。

(三)高等教育将成为终身教育的一个组成部分

随着科学和经济的飞速发展,科学和知识也在快速增长。据国际权威机构的调查,当今世界科学门类已多达两千多种,人类科学知识每3—5年增加一倍,人类知识更新的速度也在空前加快。这意味着大学生在读期间学到的知识在毕业时就必然产生老化、过时的问题。因此,大学毕业不再是个人受教育的终结,而只是另一种学习的开始,接受不同形式的高等教育将贯穿以后的生涯。目前,在欧美和亚洲一些国家和地区,终身学习体系已经发展到相当普遍,颇见成效的水平。因此,对高等教育来说,这一深刻的变革意味着高等教育必须变得更加多样化和更具灵活性,以此来适应社会的需求和愿望的变化。多样化和灵活性也意味着学校将具有下述能力:迅速满足甚至预测新需求的能力,使结构灵活多变的能力,改变录取标准,以考虑职业生活经验的能力。而开放式学习方法、远距离教学,以及信息和传播技术等,均大大增加了高等教育实践终身教育的可能性。

(四)高等教育将进一步国际化

高等教育日益国际化首先是教学与科研全球性的一种反映。由于知识具有普遍性,因而知识的深化、发展和传播,使学术生活和学校、科学协会及学生组织具有了国际特征。高等教育进一 步国际化,体现在课程内容世界化、交换办学经验、交换情报资料、参与世界学术活动和合作研究与开发项目、交换学者和互派留学生、国际互联网的建立等方面。高等教育进一步国际化将有助于缩小国家之间、地区之间在科技方面的差距,有助于增进人与人之间和民族与民族之间的了解。

(五)高等学校与企业界密切合作

传统大学虽然经过几百年的发展,具备了教学、科研和服务的职能,但是长期以来它们总是坚守自己的学术堡垒,与企业界少有联系。可是到20世纪七八十年代,这种情况有了很大的改变。其主要原因是:科学技术的快速发展把高等学校推到了科技革命的前沿,承担国家科技创新体系的主力军的任务;国家支撑的教育经费却在不断地减少。因此,从1981年开始,英国的大学率先扔掉“反商业”的观点,积极与企业界联系。例如,成立于20世纪60年代的英国沃里克大学,先后建立了沃里克制造业集团、工商管理硕士和行政官员训练课程、会议中心、沃里克科学园区等单位,创收大量资金,同时学科得到很大发展,成为“英国最受人欢迎的大学”。法国、美国等国的大学也在20世纪七八十年代加强了与企业界的联系。

法国 1989 年的《高等教育法》强调,大学要重视把科研转变为生产力,政府鼓励大学面向社会,通过提供科技服务满足工业界的需要。美国白宫科学委员会在 1986 年提出了《重建伙伴关系》的报告,指出美国要重建大学与工业相互关系;在这个思想推动下,国家基金会在大学建立了一批工程研究中心(ERC)。正是由于大学积极与企业联系,出现了教育机构(尤其是科技人才密集的名牌大学)对产业活动的主动介入,校办科技型企业的兴起、对学校品牌和收益的主动追求、教育界"产业意识"的觉醒和"企业家精神"的增强。这不仅开拓了高等教育的财源,同时拓展大学的教学和研究领域,促进了大学的发展。

二、我国高等教育的发展趋势

面对 21 世纪新的形势和任务,我国高等教育的改革面临新的任务。在发展方向上,未来我国的高等教育要以提高质量为导向。提高教学质量是各级各类学校办学的永恒主题。新时期高等教育结构要更加合理,特色更加鲜明,人才培养、科学研究和社会服务整体水平全面提升,建成一批国际知名、有特色、高水平高等学校,若干所大学达到或接近世界一流大学水平,高等教育国际竞争力显著增强。

在发展路径上,要以加强世界一流大学和高水平大学建设为重点。我国要实现长时期持续健康发展,增强自主创新能力,建设创新型国家和人力资源强国,必须以更加广阔的视野、更加开放的姿态、更加执着的努力,加快推进建设世界一流大学和高水平大学的步伐。要采取强有力的措施,集中国家力量,加大投入,促进我国世界一流大学和高水平大学建设的新的发展。

在发展机制上,要注重自我约束、自我发展,构建高等学校可持续发展良性机制。目前,一些高校仍注重在数量上发展,注重规格升级,注重更改校名。这反映了我国高等学校仍然在不断地发展、改革、调整和转型之中;也说明高等学校内部尚未完全建立良性的、以质量提高为主的机制。为防止和限制过度的外延式发展,不仅需要必要的管理和限制,更需要通过制度建设,促使高等学校产生自我约束和自我发展的机制,推进高等学校的健康发展。

在人才培养上,要牢固确立人才培养在高校工作中的中心地位,着力培养信念执着、品德优良、知识丰富、本领过硬的高素质专门人才和拔尖创新人才。加大教学投入。教师要把教学作为首要任务,不断提高教育教学水平;加强实验室、校内外实习基地、课程教材等教学基本建设。深化教学改革。推进和完善学分制,实行弹性学制,促进文理交融;支持学生参与科学研究,强化实践教学环节;推进创业教育。创立高校与科研院所、行业企业联合培养人才的新机制。全面实施高校本科教学质量与教学改革工程。严格教学管理。健全教学质量保障体系,充分调动学生学习积极性和主动性,激励学生刻苦学习,奋发有为,增强诚信意识。改进高校教学评估。加强对学生的就业指导服务。

在改革内容上,着重处理好政府依法管理与学校依法自主办学的关系。深化高等教育体制改革,明确中央政府和地方政府在高等学校的管理和投入上的职责权限;改进高校自主权和政府行政权之间的关系,规范政府及其职能部门、高等学校主管部门与高等学校的管理职责权限,落实高等学校办学自主权;深化高等学校内部体制改革,加大推进依法治校的力度,进一步推动高等学校制度建设,促进高等学校形成法律治理结构;坚持和完善党委领导下的校长负责制。健全学校的领导管理体制,健全高等学校的决策、议事、监督机制,发挥教授在治学中的主导作用,保障教职员工和学生参与学校民主管理的权利。同时加强对高等学校的法律监督。

在组织功能上,明确赋予高等学校繁荣社会主义先进文化的重要任务。高举中国特色社会主义理论伟大旗帜,强化高等学校的综合研究力量和哲学社会科学研究力量,对于世界形势发展、国际政治经济文化教育现象阐述自己的观点,对于当代中国社会主义的重要问题进行深入的研究,形成中国特色的社会理论体系和文化解释体系,努力掌握当代文化展和意识形态的话语权。同时,促进大学文化发展,倡导大学精神确立,形成高等学校良好的思想政治和文化建设氛围,为推动社会主义文化繁荣和创新做出自己的贡献。在新的历史条件下,我国高等学校也发生了新的变化。

(一)高校功能发生了巨大的变化

探讨高校管理体制变革,最基本的前提就是要准确把握高校新的功能定位。不了解高效的功能,就无法思考高校管理体制改革的必要性,更无法创新高校发展模式。现在普遍认同大学具有四大功能,这就是人才培养、科学研究、社会服务和文化传承创新。但大学从其诞生以来,聚集大量科技、文化精英,通过知识传播、知识创造,以及与社会的互动而对社会文化有着巨大的影响。也就是说,大学具有与生俱来的、更为独有的、影响更为深远的引领文化的社会功能。高校不仅具有传统的传播学术思想和知识体系的学术功能,维护和宣传意识形态的政治功能,提升公民整体素质的社会功能。同时,在市场经济体制下,高校还具有以人力资源培育为主导目标的经济功能。高校管理体制改革的目标之一,就是要建立调动教师教书育人积极性和学生学习积极性的良好运行机制,达到提高教师、培养学生的最终目的,进而实现大学的四大功能。

(二)高校管理权力主体发生了重大变化

计划经济体制下,政府对包括高校在内的教育事业长期实行集权式管理。随着经济体制改革向纵深发展,各类市场主体逐渐介入一直相对保守的教育领域,政府的教育垄断地位受到动摇。高校管理权力主体的变化,使社会可利用的教育资源迅速增多,传统的精英教育向大众教育回归,作为公共服务形式的高等教育也从纯公共产品向准公共产品回归,提供高等教育服务产品的生产和供给途径,不仅有政府的公共途径,而且有非政府的市场途径。“政府的公共教育权力受到市场机制的牵制和制约”“市场的介入正促成一种新的教育资源分配方式和人才培养模式的产生,教育政策创新需求也随之而生”。

(三)高校教育效用发生了根本性改变

作为服务产品的高校教育效用即指大学生的求学目标,但用教育经济学的话语体系来讲,它包含了更广泛的含义。计划经济体制时期,人们上大学毕业后即成为国家干部,接受的高校教育是“公共产品”,大学生当然得为“公家”工作一辈子,即使转换工作单位,也不是“跳槽”而是“调动”。大学生在高校学到的知识,不是个人的“智力财产”,而是没有知识产权的非营利品。那个时期接受高校教育的个体,并不考虑自己一生中教育的投入产出效益。但今天的大学生,他们求学的目标具有多元性,高校教育不再只是“公共产品”。今天大学生接受教育服务的“效用”,除具有一般的提升为社会服务的公民素质之外,更重要的在于职业技能的需要、创业能力的培养,并把其为个人自我价值实现的某种手段。高校教育作为一种“准公共产品”,与传统的“公共教育”相比,不仅在效用形式上由单一化向多元化转变,而且在实现效用的方式上也由长期性向非长期性转变,个人教育投入产出还受到边际报酬递减或递增规律的制约。

(四)高校教育形式发生了新的变化

除传统的校园式高校教育之外,诸如成人教育、远程教育、网络教育等新的教育形式不断创生。高校教育形式的变化,还突出地表现为改革传统的教学形式的要求越来越紧迫。传统的“满堂灌”教学,注重知识本位培养的“逻辑推理式”教学,偏好于“通用”教材的“本本主义”教学,强调教师中心地位的考试制度等,在高校扩招速度加快、教育资源十分紧缺的客观条件下已不适应。自由式的课堂讨论、案例教学、多样化的课程体系和教材体系、开放式的考试制度等,给高校教学形式改革带来了新气象。这些新的教育形式变革及在探索过程中引发的争鸣,也为进一步推动高校教育形式变革提出了更高的要求。

总之,当今高校管理体制改革是立足于高校管理实践的基础之上,其目的在于,在高等教育理念革新的指引下,努力推动高校管理体制实现“三个转变”,即在高等教育理念上,把高等教育当成人们的公共服务需求,而不只是政府单一管制下的社会管理工具;在高等教育的社会功能作用上,把高等教育当成社会公共事业,而不只是政府的行政职能;在高校的社会地位定位上,把高校看作一个拥有充分自主权的组织,而不再只是政府的一个部门或附属机构。高等学校的这些变化,对高等学校管理体制改革提出了新要求。

第二章　新时期高等教育学的理论构建

现代高等教育在发展中曾经发生过许多次对其本质认识及发展理念的讨论，其中的许多思想最后经过实践的检验而被世人所肯定、推崇并沿袭下来，形成了新时期高等教育的一些主要特征，这些特征理应是后进国家在现代化过程中学习和效仿的标杆。在近千年的历程中，所形成的高等教育思想和积淀的高等教育特征灿若星空，本章在解构新时期高等教育的理论构建之时，将借鉴前人观点，并结合高等教育的当代发展和其他一些思想大家的论述，以新时期高等教育的发展特点为依据，从思想、道路和制度三个层面进行简单阐释。

第一节　新时期高等教育本质特征的基本理念

新时期高等教育的本质特征包括对高等教育内涵、形态及最终归宿方面的凝练，是高等教育在长期发展进程中在保持其根本性质的情况下，对社会的现代化高度适应和调整而形成的历史积淀和总结，是高等教育的灵魂，也是后进国家在达成现代化高等教育时所必须学习和掌握的。

一、新时期高等教育的本质内涵：高深学问

从世界范围来说，对高等教育这一概念的界定经历了一个历史的过程。各个国家之间也曾存在不同的理解，定义也五花八门。维基百科的解释为：高等教育，又称专业教育，是一个关于教育层级的概念，一般指中等教育之后的专业教育。涵盖大学、学园、学院、理工学院、神学院、技术学校以及其他能颁授专业证书或学位的教育。而我国《高等教育法》中的规定则为："在完成高级中等教育基础上实施的教育，是一种培养高级专门人才的活动。"联合国教科文组织在1962年对高等教育做出的定义是："高等教育是指大学、文学院、理工学院和师范学院等机构所提供的各种类型的教育而言，其基本入学条件为完成中等教育，一般入学年龄为18岁，学完课程后授予学位、文凭或证书，作为完成高等学业的证明。"这个定义主要侧重从世界高等教育的事实和现象的角度对其某些特征进行概括性的描述。因此在1993年，联合国教科文组织又将高等教育的定义界定如下："高等教育指的是国家主管当局批准的，作为高等教育机构的大学或其他教育机构提供的各类中等教育后水平的学习、培训或研究性培训。"这一界定主要从高等教育的供需双方，即教育机构和教育对象两个方面对高等教育进行了一个更加直观的概括。伴随着社

会的发展,高等教育形式变得更加多样,层次也日益复杂。因此 1997 年 8 月 8 日,联合国教科文组织又提出了“第三级教育”的概念,将非高等的中等后教育也囊括进来,这种提法实际上混淆了大家对高等教育的理解。为了进一步地澄清高等教育的概念,联合国教科文组织在 1998 年 10 月召开的首次世界高等教育大会又重新采纳了其 1993 年的定义。以上表明,当前仍未形成一个世界范围内的、公认的统一定义。实际上,从高等教育功用的角度出发,并不一定必须在形式上有一个统一的标准或定义;而深入高等教育的内部,从其本质的角度对其进行理解或把才是我们最该做的事情。

众所周知,无论是生物界还是人类,要保持一代又一代的繁衍和发展就需要将其在生存过程中积淀的经验或信息传递下去,这个过程除了遗传还需要教育,而且越是高级的生物就越需要后天的教育,这样才能使新生代保持和掌握前辈们由实践而来的经验或知识,这对于我们人类来说就叫文化传承。文化可以说是人类在生存过程中与自然、社会及人类自己所产生的一系列物质交流并由此而形成的一些思想、观念及价值判断的总和。

知识却是人类对自然、社会及人本身的认识成果,是对某个主题确信的认识,它来自社会实践而又服务于社会实践,意指透过经验或联想,而能够熟悉进而了解某个事物或某件事情,是文化的一部分,属于更理性、更高级的文化。普通文化或知识人们可以在日常的生活中通过交往和影响而习得,但属于高深学问的知识则必须进入专门机构进行系统的学习才能掌握。伴随着人类社会的进步和发展,由现代高等教育带动而产生的教育体系正发挥着越来越重要的作用。可以说,在当今社会,无论是什么样的政治体制、经济制度或宗教信仰,都必须要有一个适宜的机构或组织来传承传统、批判现实以及创新未来,这样的机构一般就是大学或学院。

在高等教育发展的历史长河中,学者们曾从高等教育所发挥的功能的角度对其进行过深入的思考。一直以来,人们习惯从高等教育培养人这一使命出发,在究竟是要倾向于培养直接满足社会需要的专业实用人才为主,还是提倡学术至上,以训练和装备人的心灵为主的问题上争论不休。

美国学者约翰·布鲁贝克在其所撰写的《高等教育哲学》一书中指出,当今大学和学院,为变革中的人民的多种多样的利益服务。因此,解答高等教育到底是什么的关键并不在于寻求各种答案,而是要寻找各种问题的共同基点。他认为高深学问或专门知识是区分高等教育与其他低等级教育的主要特征。这个论断鲜明地回答了“高等教育是什么”的问题,强调高等教育的本质就在于其对“高深学问”的关注。高等教育机构是保存、传授和发展高深学问的地方,当今所具有的所有功能无不由其所派生,因此“高深学问”更能突出高等教育的本质,用它代表高等教育是一个更加贴切的、形而上的定义。千百年来，大学历经荣辱兴衰，逐渐从产生之初社会边缘的知识团体——“象牙塔”，转变为如今后工业社会的轴心机构——“知识工厂”，在文化的传承和创新方面发挥着越来越重要的作用。知识经济时代，高等教育承担着比以往更大的知识生产压力。

二、新时期高等教育的本质形态：学术自由

学术自由，指在学术领域内能自由地从事有关学术方面的活动。具体为：具有专业资格的人士在他们所胜任的范围内探索、发现、发表及讲授他所见的真理时，除了鉴定真理的理性方法的管束之外，不受任何权力约束的自由。作为大学的核心理念之一，学术自由一直是现代高等教育孜孜以求和赖以立足的一个支柱。这个概念其实是思想自由在高等教育领域的另一种表现模式，形成于1810年德国洪堡成立的柏林大学。然而作为一项学术活动的伦理原则，却历经数百年之久，其最早出现于中世纪后期，主要目的是摆脱宗教对学术的控制。1670年，斯宾诺莎提出“探讨的自由”，认为“根据最高的自然法则，人理应成为其思想的主人”。他的这个思想经过不断的宣扬和诠释已日渐成为现代高等教育的核心观念之一。

如今，尽管存在着不同的文化背景，但大家对于学术自由本身，已经形成了一些根本共识。比如，1990年出版的《国际教育百科全书》就将学术自由定义为：不受妨碍地追求真理的权利。这一权利既适用于高等教育机构，也适用于在这些机构里从事学术工作的人员。而出版于1994年《大不列颠百科全书：国际中文版》也将其定义为：教师和学生不受法律、学校各种规定的限制或公众不合理干扰而进行讲课、学习、探求知识及研究的自由。这些定义，实质都包含了这样一些信息：一是讲学自由，教师可自由地传授其通过研究所获取的一切知识；二是研究自由，教师和学生具有法律所保障的进行基础性和应用性研究的权利；三是学习自由，学生具有受法律保护的自由入学、选课、上课，以及积极参与学术讨论和探索等方面的权利。

然而，学术自由为什么合理、它的界限究竟在哪儿等相关问题至今却仍未形成一个统一认识。布鲁贝克曾从知识、政治和道德三个角度论述了学术自由的合理性。他指出，这种合理性最主要的是来自对知识的认识方面，只有学者们完全服从于真理，才能真正保证知识的准确和正确性。学术自由同公民的言论自由不同，它必须仅限于学者群体。学术自由不是没有止境的，完全为了公众利益是其在政治和道德上的底线。由于学术的特殊性，学术的事必须由懂学术的人来负责，而且学者们也必须为其自由言论负责。学术自由必须保持足够的中立，这种自由的边界必须被限定在校园里面，而不能随便地付诸行动。

另外，学术自由在学生和教师之间也是有所区别的，学生由于其年龄及思想方

面的不成熟,还不能完全地区分开学术自由与公民自由,因此是不能充分享有学术自由的。他们的自由同教师不同,主要应体现在能自由地接触到各种不同的课程当中。学术自由的权利由学术的性质所赋,它是学术界的要塞,即便以行使公民自由的名义也不能阻止他人从事学术活动的权利,因为学术自由是社会的良心。

三、新时期高等教育的根本目的:服务社会

高等教育的最终目的是什么,或者说大学何以存在?在当前已经越来越集中于下面两个问题:一是完善高深学术;二是解决社会问题。关于对这两个问题的回答造成了人们对高等教育两种截然不同的认识观。布鲁贝克将其总结为认识论和政治论两种哲学观。前者认为,人们追求知识的目的是出于一种"闲逸的好奇"精神,学术事业的目的除了探讨深奥的知识以外别无其他,高等教育机构的存在价值就在于它对社会中最令人困扰的问题进行尽可能深刻的思考。这种观点主张学术客观和价值自由,从知识本身的角度来看待大学的功能和作用,具有理想主义的色彩。而后者则认为,人们之所以需要探讨深奥的知识除了出于闲逸的好奇外,主要是因为它对国家或社会有着深远的影响。这种观点强调大学与市场的联系性,强调大学对国家的服务功能,是一种功利主义的观点。两种观点都有合法存在的依据,也都有各自的缺憾。理想主义过于"理想",往往忽视社会需要;而功利主义则过于"实际",容易忽视大学本身。其实在真实的知识生产活动中,这两种目的并不会截然分开,而只是侧重点不一样而已,构成两种认识论之间统一的基础——参与社会实践。在知识产业大放异彩的今天,除了传授和发展知识以外,高等教育所担负的公众服务职能已越来越多。因为社会服务的需要,新的知识生产模式已经由单纯的研究者好奇变革为社会应用情景中具体问题的解决牵引,社会越来越成为知识生产的第一推动力。这种趋势正逐渐地将两种认识论的对立进行融合,一种新的、实用主义的观点慢慢取得了上风。

其实高等教育从来都不只是简单的知识生产机构,自其诞生之日起就同时肩负着为社会服务的使命,它通过人才培养和文化传承始终在社会的发展中发挥着举足轻重的作用。这种历史从古希腊时期诡辩学派举办的学府就已经开始,那时教育者们通过讲授演讲、修辞学等实用技能,来帮助人们更好地从事政治和社会生活。这种思想在现代大学的发展中被完整地继承下来,如开现代大学之先河的德国一直主张高等教育要同国家的命运紧密结合起来,而孕育当今大学翘楚之地的美国则干脆将为社会服务作为大学的基本职能之一 。当前,现代大学日益摆脱了其初生时的"象牙塔"时代,开始变得多元、复杂,并逐渐走向同社会发展水乳交融的"社会发动机"时期。如今,应对社会的多样诉求已成为大学的重要功能,为社会服务也成为大学的重要使命。需要指出的是,大学同企业不同,独特的学术属性

决定了它并不是一个私利性机构。因此它对社会的服务决不能像企业那样.一味地迎合,它还必须担负起对社会的批评和审视功能。这些功能同大学满足社会需要的功能,均是大学服务社会的正反两面,只有将二者结合,大学才能更好地发挥好其在社会中的认识和引领功能,进而充分完成其服务社会的历史使命。

当然,我们强调大学对社会的服务也并不否定其知识生产和文化传承的功能。相反,正如前面所述,是生产知识还是服务社会,两种哲学并不存在着必然的矛盾。尽管知识本身所具有的客观真理性一直排斥人们的价值选择,但现代大学的发展历史已经向我们证明,经验才是大学的生命。大学不可能生活在真空当中,它必须要有一定的价值判断。如果脱离了其所赖以存在的社会,大学及其所研究的知识就成了无源之水和无本之木。因此不论受哪种哲学观所指导,大学发展的最终目的都必须统一在其对社会的贡献这一基本点上面。当今是一个文化多元化、社会知识化和信息全球化的时代,知识的生产周期变短,科学技术应用于生产的速度也越来越快。这就使肩负知识和文化自我繁殖功能的大学,必须更加充分地发挥好其育人和科研的根本使命,从而更好地为社会服好务。当前大学为社会服务的形式已经不再拘泥于简单地输出人才和知识这些基本手段,它还在人们继续教育、决策咨询、社会批判与监督、资源共享等方面发挥了重要作用。可以说,伴随时代的发展,那种大学到底是应该坚持其纯粹的学术理想,还是要不断扩大其对社会服务的讨论已经再也不成为问题,现代大学已经通过其具体的实践给予了最为响亮的回答。

第二节　新时期高等教育制度建设的基本理念

所谓制度,简单地讲就是社会规则。美国当代经济学家诺斯曾经这样定义:制度是一个社会的游戏规则,它是一系列被制定出来的规则、守法程序和行为的道德伦理规范。作为概念,其含义非常广泛,既包括正式制度、非正式制度,又包括内在制度和外在制度,还包括宏观制度、中观机制和微观组织等,有成文的,也有约定俗成的,是人们共同遵守的一些规则、价值观念、道德风尚和风俗习惯等的总称。

一、新时期高等教育制度的宏观设计:学术自治

现代大学原本来源于西方中世纪的大学行会,“大学”一词也出自拉丁语的“Universitas”,本义即表示一种社会团体,之后才逐渐演变为现代意义上的大学,表示一种因学习和研究学问而自愿组合成的师生共同体。出于一种对知识的尊重,现代大学自其诞生之日起,就一直同来自政治和宗教的力量进行斗争,力争大学的事务由大学师生决定,以维持正常的教学和研究工作,力保学术的独立和自

由。它们模仿当时的行会组织实行自治,并通过获得特许状等办法同教会和国家保持着某种距离,学术自治也以一种大学与生俱来的权利而逐渐被世人所认可。尽管后来伴随民族国家的产生,大学加强了与国家的合作,但自始至终学术自治都作为大学特性的一部分而为其所坚持。如今,大学的学术自治主要指其作为一个传播和创造学问的场所,具有在学术方面至高无上的权利而不受任何外来组织或个人的干涉。它具体表现为一种学校对学术问题的自我管理和自我约束,在实践方面主要分为两个基本方面,包括大学同国家或政府关系的外部制度与大学在其内部所运行的关于学术的自治机制。它的外部表现为,大学能够自主管理和处理学校的内部事务,内部则表现为学术人员在学校具有完全地管理和安排教学、科研等一切事关学术的事情。学术自治可以说是大学最为悠久的传统之一,其核心实际上是一种高等教育中关于行政管理和学术发展的平衡关系。学术自治是现代高等教育的灵魂,失去它,高等教育也就失去了生机。

对于大学学术自治的影响,既来自外部,也有其内部因素。从历史的角度看,外部的影响主要是因为国家试图控制大学的发展,它总是希望大学能承担更多的社会责任,从而不断地给大学提要求。同时,大学因生存所不断进行的功能扩充也必然会引起国家与大学间关系的变化。由于社会日益复杂,大学不可能完全把握和应付外界的各种变化,这就需要国家出面进行协调和规划。事实证明,适当的控制对大学自身的发展是有利的。但这种控制如果超出了学术所能承受的范围,影响到大学的基本性质及其正常功能运转的时候,就具有了危害性。控制多了,大学势必会失去自我,也更不可能随社会需要而进行多样化的发展。正因如此,许多国家都通过立法来保证大学能不受限制地进行内部的学术治理。

就目前来看,学术自治已慢慢成了一种高级的平衡术。学者们坚持自己应该决定高等教育的内容和实施方法,而民众也迫切希望参与到与他们休戚与共的高等教育中来。民主化的浪潮曾让人们尝试过各种对学校内部管理的干涉,包括学生的积极参与。然而大学毕竟是一个学术共同体,它以真理为行为准则,是理性的堡垒,其管理也只能以知识为基础,而不是简单地根据人数的多少来确定。从某种意义上说,大学从来就不是一个平等主义的社会,鉴于真理存在的客观性,在任何情况下,对学术的评判都最好通过说服而不是权力或地位的压服。从历史的角度来看,大学之所以能够保持繁荣昌盛并对人类社会做出伟大的贡献,也正是因为学者们对学术自治权的坚定捍卫。因此最好的结果是,学者们和试图干涉学术者之间能够达成某种程度的共识。一方面,对于学术问题,外界应尽可能地减少干预,尤其不能使用暴力;另一方面,学者们也要学会放下身段去倾听一下大学外面的声音,尽可能地承担起那些自己不可推卸的责任。随着社会发展,大学自治的边界正在不断发生变化,只有客观接受才能最大限度地保持学术自治的领地。学术自治必须是大学内外所共识或默契的结果,立法成为一条最好的途径。

在新时期,一个成熟和稳健的大学往往是懂得适当让权的大学,由此也造成当前大学学术自治特征的多样性。另外,由于多样性学科的出现和专业发展的日益繁复,在大学内部如何做好各个学科和专业发展的协调也成为一种非常高超的艺术。按照学术自治的原教旨原则,为了更加充分地发挥各学科专业的力量和积极性,大学理应尽量少地干预各个学科的发展,从而最少地避免学术自治的多样性被破坏。当然,在当今激烈的社会竞争面前,为了保证一定的管理效率,必须从国家或学校发展的整体出发,进行某种程度的协调,以保证大学内不同的学科之间能公正地分配资源。这样,处理好大学中行政和学术的权力边界,就成为维持学术自治的关键因素。尽管高等教育中行政权力和学术权力的最终目标都是为了实现大学服务于人的根本使命,但其追求知识和真理的特性又决定了行政权力必须要尊重大学自身的发展逻辑,即学术一定要保持必要的自由并实行一定的自治。其实就像知识的发展变得越来越专门化一样,对大学以及大学内部事务的管理也必须要进行更加专业的职能分工。为此,美国未来学家约翰·奈斯比特曾指出,只有校内专家和院外人士两部分人共同组成的高等教育管理机构,才能实际有效地保证学术自治。因为缺乏前者,大学往往会信息不准;而缺乏后者,大学又往往会变得僵化、狭隘,甚至最后与大众目标完全脱节。布鲁贝克也认为,在大学里应该区别对待事务工作和学术工作。

二、新时期高等教育运行的中观体制:学系制度

能否有效地进行大学的管理和组织是高等教育能否繁荣发展的前提,英国教育家阿什比曾言,大学由谁控制往往决定了其兴旺与否。美国著名高等教育学者博耶也曾说,有效的管理是大学成为一个有效群体的根本。可见,大学内部的组织和管理对高等教育的发展作用重大。当前对于大学内部的管理主要有两种形式,即德国的“Faculty”和美国的“College or School”。它们都是高等教育中大学之内的学术机构,中文多统称为“学院”,只有少数学者将“Faculty” 译为“学部”以区别于另两种“学院”。事实上,欧美之间这两种学术组织的区别并不仅仅是名称上的,它们实际分别代表了两种不同的学术运行机制。前者一般被称为“讲座制”或“研究所制”,而后者则往往被称为“学科制”或“学系制”。历史上,德国的讲座制曾经发挥过非常突出的作用,但随着大学规模扩大及其同社会关系的紧密,美国式的学系制逐渐占据了上风。

讲座制作为一种大学基层学术组织,最早起源于欧洲的中世纪。那时大学原本就是一种行会组织,其主要特征为一种师徒式的学术团体,大家围绕一个学术领域或专业权威而构成一定的学 术研究机构。当时的学科就是围绕一个研究者而

建的研究社团,社团出于相互交流和研究沟通的需要,在内部设立一定的标准而形成。后来,随着学科的日益精细化和专业化,逐渐形成了更多的学科,如哲学从神学中分离、各种自然科学从哲学中分离等。这样,一个单独的教授就无法再完全地负责一个领域内所有的学科或课程,通过设置学科专门讲座,并由其负责安排和组织相关课程讲授的形式就逐渐发展成为一种制度。这种制度使教授集教学与研究于一身,个人化统治的色彩浓厚。在这里,教授的个人感召力发挥了非常重要的作用,也成为讲座制能够存在的理由。教授通过学术水平而产生权威,从而在大学内部享有非常高的学术和行政管理权力。在这种制度下,讲座教授拥有对政府所资助资金与设备的直接支配权,并全权负责其所领导研究机构的课程设置、考试等教学活动与相关研究工作,学校或学院的管理主要是做一些辅助性的协调工作。由于教授拥有的无上权威,这种制度在历史上曾经很好地捍卫了大学学术自由和学术自治的基本原则,并极大地推动了大学的现代化发展。然而,教授的精力毕竟有限,随着大学规模及其功能的不断扩大,仅靠教授自己去安排教学、财务以及人员等全部管理工作,就显得捉襟见肘、不合时宜了。此外,这种制度设计,使教授在其自己的研究所内拥有非常大的权力,其他人员全都围绕教授而开展工作,并不享有参与管理的机会,这同现代化过程中日益发展的民主趋势也不太合拍。在这种制度下,各个教授独自为政,从不关心讲座之外的事情,很容易形成以学术寡头为中心的封闭学术体系,这既不利于整体资源的共享以及决策的科学化和高效率,也不利于学术同社会的结合。而且个人权力的膨胀还很容易滋生学阀式的学术专制,严重影响学术创新以及学术新人的成长。因此,一种更适于大学学术运行的新制度——学系制产生了。学系制最早建立于1825年的美国哈佛学院,它克服了讲座制中教授权力独裁的弊端,通过聘请多名教授、副教授和助教,建立起相对松散的系级管理机构。系一般由相同或相近的学科围绕共同的利益而建立,没有严格的等级性,系主任也由教授们轮流担任。在处理重大问题时,往往在征求教授或全体人员意见的基础上,采取"少数服从多数"的民主制原则。

这种制度同发源于欧洲的讲座制相比更符合现代的民主设计,学科是其进行教学和科研的基层单位。这种制度将教授们从繁杂的行政事务中解放出来,使他们能专心致力于教学和研究工作。同讲座教授不同,系主任并不拥有无上权威,他一方面对其上级负责,另一方面还对系里的每一位教师负责。他的主要职责是服务,关于学术方面的权力实际上由分散在各个学科的教授们所拥有,他们之间通过相互协作,共同完成有关教学和研究工作。由于教授们在学术面前是平等的,这就增加了竞争和激励,从而为优秀人才提供了更多晋升和得到奖励的机会。学系制营造出一种宽容的学术氛围来鼓励学术新人成长和学术创新,克服了讲座制存在的狭隘和封闭性。它使不同学科的融合成为可能,催生出许多交叉和边缘学科,从而大大推动了科学创新和知识生产的速度。它还使大学的学术管理发生了根本变化,行政权力逐渐加强,学术权力也向低层和新进教师当中分散,从而使大学更好地适应了当今日益变化的社会环境。实施学系制后,大学里的学术权力与行政权力分开实施,共同制约。行政权力主要依靠规章制度进行,主要保障效率并对错误构成约束;而学术事务则主要依据学术标准来处理,主要体现的是学术自由和民主。这种制度设计既可保障基层教师拥有更加广泛的学术自治和民主权利,也可减少行政权力对学术事务的入侵;既体现了大学内部管理权力的变更,也是对大学从传统走向现代的一种及时调整。实践证明,学系制的产生既促进了学科门类的分化与发展,也提高了知识生产的效率,对大学的发展发挥了非常重要的作用。然而,伴随时代发展学系制也逐渐呈现出一些弊端。当前,社会分工日益精细,知识生产速度越来越快,这种为改变讲座制的刻板发展而来的灵活性设计制度,却使其完全不能控制知识的发展。知识越来越倾向于分化和破碎,这就使其原本为促进知识的完整性和系统性而鼓励学生们对知识进行更深领域探索的设计初衷逐渐变形。另外,学系制仍然围绕着一些学科而组成,从而也就没有能完全避免像在讲座制中所出现的“学术堡垒”。同一学系下的学者往往也不太愿意与其他知识进行交流和融合,而学生也往往只能选择一个专业或学科,从而忽略对其他知识的吸收,从而陷入一种过于“专业”的危机,造成学生学习面的狭窄。因此,在未来的大学发展中,我们需要对学校的运行机制进行重新审视和研究,探索并尝试建立一些新的管理教学和研究的手段与方法,如建立更多不同学科交叉的研究机构或成立由更多学科组成的“学部”等。实际上,在当前的发达国家中,已经出现了很多这样的管理机构,它们是对学系制度的一种最新的补充和完善,也是新时期高等教育现代化中的一个最新动向。

三、新时期高等教育组织的微观机制:学科建设

现代高等教育最重要的功能就是教学和科研,而能将两者统一起来的最重要因素则非学科莫属。学科是大学的细胞,是其最小的学术单位,构成了现代大学运行的基础。它承载了现代大学的基本职能,成为其竞争力的基础和赖以生存发展的核心。学科最初被从繁杂的知识体系中划分出来是为了更加方便地教学,但之后它却在促进科研的发展方面大显身手。工业革命之后,自然科学突飞猛进,学科也呈加速发展之势。其含义逐渐从传递知识和教育教学的角度向生产知识和学问研究的角度转变,学科也由纯粹“教学的科目”逐渐变成了“学问的分支”,即对知识的分门别类或科学的分支。

由于学科还是现代大学中教学和研究赖以维系的最直接和最重要组织,因此它也经常被从组织的角度定义为是一种“学界或学术的组织”,具体含义为进行教

学、研究的机构。美国高等教育专家伯顿·克拉克曾从知识和组织两种形态的角度对学科做出过解释。他认为,“学科”一方面体现为一门门的知识;另一方面则主要是围绕这些“学科”而构建的组织。《辞海》是从知识形态的角度来解释学科的,它首先从学术分类的角度,将学科解释为一定的科学领域或分支。如将社会科学细分为历史学和教育学等,将自然科学进一步细分为物理学、生物学等;其次从教学组织的角度,将学科定义为教学的科目,如物理、数学、文学等,是根据学校教学内容划分出的基本单位。

事实上,随着社会发展的日益复杂,高等教育不可能在课程设计方面让所有人满意,也不可能存在一套令各方都满意的标准教材体系。但因为知识是客观的,将某些知识固定于一定科目当中的做法还是得到了大多数人的认可,这也是学科存在的一个最坚实的基础。

当前对“学科”的划分主要分为基础和应用两个层次。这两个层次的性质和作用差别很大,其中基础学科的地位尤其重要,如“数学—物理学—化学—生物学—社会学”这样的课程结构就很好地反映了学科的体系层次。正像布鲁贝克所指出的那样,这种划分其实并不能说明学科之间有等级贵贱之分。所有学科都是非常重要的,因为大学最终的目的是指向应用,所以尤其值得指出的是,必须把知识与应用很好地结合。因此,将知识细化为各个学科并不是大学的目的,大学教育的最终目的是根据学科使学生学有所用。为了能更好地认识和改造世界,现在越来越流行在掌握知识的同时也探索知识,一种超越原有学科,跨学科的组织形式开始兴起。但这种学科的交叉跨界都是以学科为基础的,学科仍然是当前最基本的学术单位。尽管教学课程会随社会的发展变化而不断调整,知识也会发展更新,但学科作为维持学人和组织教学的最基本单位却一直是现代大学的通则。

除了作为一种知识形态,学科的另一种最有用的功能就是被作为一种组织形态,构成现代大学制度中最基础的细胞单元,并由此组织教学和科研来保证现代大学的稳定运行。这种形态的学科,其实质是一个组织体系,主要包括知识、学术资料以及学者等学术实体。其中学者是主体,知识为客体,学术资料则是二者之间联系的媒介,而将三者联系起来从事有关知识传递、融合及创新等活动的组织系统就是学科。这里主要指新时期高校围绕着学科,并首先依靠学科的知识特征设计出来的一些制度体系,如对学生进行考核的评分制、证明学生学业水平的学位制、为满足学位要求而设定的学分制、为教师评价和证明教师学术水平的职称制和为保证教师安心学术的教授终身制等。在现代大学里,可以说一切工作都必须围绕学科建设而展开,并最后落脚于学科的发展。这正如伯顿·克拉克所言,高等教育必须以学科为中心。正是学科的组织方式使得高等教育表现出初等教育和中等教育所不太具有的超越时间和空间及国际性的特点。现代大学是一个由各门学科相互交叉而形成的矩阵组合，学科就是这个学术系统矩阵的“节点”，几乎高等教育的所有工作都通过这些“节点”而完成。因此，由学科而生成的大学基层学术组织就是大学的细胞，它的新陈代谢能够生产出大学所需要的全部产品，如毕业生、新知识或在哲学、医学以及各种自然科学领域中的服务。

目前伴随高等教育的全球化、大众化、市场化等新的发展情势，传统的知识生产方式已经发生了很大变化，由此大学中以学科为基础的组织架构也发生了很大变化。如在横向方面，通过不断产生新学科、新专业和进行学科交叉重组而形成一些超学科组织；在纵向方面，则通过增加像教务处、研究生院等组织层级而使其呈现出一种更为复杂的“立体化”形态。这种变化使大学的整个教学、科研乃至服务都整合在一个精密的矩阵组织结构当中，从而更加适应当前社会对大学的多功能需求。

四、新时期高等教育的新型机制：巨型大学

教育是一个永恒的概念，高等教育则是一个历史、动态的概念。在知识成为社会发展原动力的当前，生产知识的大学也已经由一个按自身规律独立发展的有机个体逐渐发展成了社会的“服务中心”。如今政府、企业、社区、个人等都不同程度地对大学施加着影响，它们的需求甚至决定了大学里的课程设置和最后的学位学术标准，为了能够更好地生存，大学也开始变得更加富于弹性。由于功能的不断丰富，巨型化发展成为20世纪中后期大学适应社会需求而进行的一种自我调整。

“巨型大学”这一术语实际上描述了现代社会中大学出现的最新变化，它的最基本特征可以概括为多元或综合。具体包括五方面内容。

第一，办学层次多样。它通常涵盖专科、本科以及研究生教育三个层次，并且将提高研究生的教育质量作为学校提升学术影响力的主要渠道，并由此来带动其他层次教育的发展。

第二，办学方式灵活。它的培养目标多样，包括全日制、业余制、长学制和短学制等；既有普通高等教育形式，也有函授教育、继续教育和职业技术教育等形式，办学类型几乎囊括了高等教育的所有形式和结构类型。

第三，学科门类齐全。巨型大学不再像传统大学那样只是在某类学科或学科群上优势明显，而发展成一种综合的、几乎包含所有学科的“超级市场”。它还通过学科交叉等形式不断生成一些新的学科，从而大大增强了现代大学对新知识的生产和创新能力。第四，教师来源多样。由于学生规模扩大，巨型大学也配备了数量庞大的师资。并且突破传统的专职教师队伍开始大量聘用一些行业优秀人员来做兼职老师。第五，学生规模巨大、校区多。为了满足更多学生的学习要求，巨型大学往往拥有很多个校区。综上，现代大学已经发展成为一种学科众多、科层繁

杂、功能多样和规模庞大的集信念形成、劳动分工和权责分配于一体的综合型组织。

尽管现代大学在巨型化发展之后生成了许多新的特点，但究其根本，首先，它仍是以学科为基础的学术机构，传播、发现和应用知识仍是其本质的特征；其次，由于当今大学同社会的联系越来越广泛和密切，因此就出现了相应的更加强化的行政规范和管理；最后，由于当今知识的商品化趋势日益增强，这就使巨型大学在人事管理、知识生产和社会服务等方面都发生了一些显著的变化。大学原本的“行会”性质逐渐蜕变，而日益成为一种集学术行政和产业等属性于一体的庞然大物。在巨型大学内部，学术组织一般呈“块”状结构，行政组织呈“树”状结构，而产业组织则为“塔”式结构。这些结构分别体现了大学里学科所具有的严密性、稳定性和长周期性，行政组织在决策方面的刚性、效率性和科学性以及面向社会变化时产业组织的灵活性。

由于其本身的使命和责任，当前巨型大学已经成为社会文化生活的中心，其边界也逐渐伸展到社会的各个方面，它的内部机制也变得更加开放和灵活。一方面，它与包括企业界、科技界在内的社会各界都联系甚广，在国家和地区建设中发挥着重要作用；另一方面，它还在促进国际学术交流、科技合作，以及国际化办学方面贡献甚大。因此，巨型大学已经成为当今大学的一种主要生存方式，它通过与社会之间的不断互动，正对社会的发展起着越来越重要的影响。它使高等教育的属性也开始变得多元，除了传递文化、培育英才这些基本使命外，还通过研究和服务在经济、社会和政治等多个领域发挥重要影响。然而，尽管巨型大学似乎代表了现代高等教育的未来走向，也使大学的组织呈现出更加复杂和多元的局面，但大学毕竟是大学，无论其扩展出多少属性，学术属性无疑都是第一位的。

事实上，现代高等教育的发展已经表明，尽管大学已不可能再是一个绝世而独立的“象牙塔”，但作为社会良知和理性堡垒的最后屏藩，它一定不能完全变为商业或政治化的附庸。大学必须首先是大学，在文化的传承和创新中，大学必须坚定其特有的操守。可以说，大学只有是“大学”，才能在人类漫长汹涌的历史大潮中历久弥新，永葆生机；大学也只有是“大学”，才能用其特有的激情去拥抱未来。

第三节　新时期高等教育发展道路的基本理念

高等教育追求高深学问的特征及其在文化传承过程中的主动性，使其在知识生产和服务社会方面变得越来越自觉，这就导致了现代高等教育的不断变革。尽管其变化的动力和阻力主要产生于系统内部，但又与外面的联系千丝万缕，因此在高等教育现代化的过程中，大学在理想与现实、逻辑与经验之间从对立到和谐走过了一条钟摆式的道路。

一、新时期高等教育的功能倾向：文化传承

教育的本质是培养人，它的基本形式是通过文化的传承使个体逐渐社会化，因此解决人的个性发展与社会需求之间的矛盾就构成教育活动的主要部分。千百年来，人们通过对文化的传递、内化和创新，不断地解决人与人、人与社会以及人与自然之间的问题，这表现在高等教育方面主要为培养出能够解决这些问题的高级专门人才。为达此目的，大学所用的最基本形式就是对高深学问的直接传授。因此教学一直是最古老的活动，高等教育的主要职能就是履行为社会培养人才的重任。也正因如此，知识和文化才得以不断地传递、内化和创新到新生一代的身上，人类文化才有了一代又一代的良好传承。然而，随着人类认识的不断拓展和深入，知识变得复杂，人们不得不投入大量的时间和精力来进行专门研究，一种新的大学职能——科学研究出现了。在早期的大学活动中，教学和科研本是融合在一起的，提倡科学研究的目的也是为了能更好地培养人才，这一点我们可以从最早提倡在大学里加强科研工作的德国传统中得到佐证。这种思想并不将科学研究设为大学的基本目标，而只是将其作为培养人才的一种重要方法和手段补充。由它所产生的大学发展模式首先在德国取得了成功，并逐渐被全世界所接受。

然而，在大学的发展中，教学与科研的关系却并不总是和谐的。在初期，大学知识生产的功能还不那么明显，教学是大学的首要任务，研究主要是教学的补充。后来，随着近代科学的逐渐成熟，科研日益变得独立，生产新知识渐渐成为其工作的主要目的。另外，科研不再是大学的专利，受校外知识生产机构的冲击，大学也不得不加强学校的研究功能，以便维持自己本应有的学术尊严。因此在新时代，知识生产已经取得了同文化传承同等重要的地位，教学与科研正在携手并进。

由于现实中教学工作很难量化考核，而科研成果却显而易见，大家对科研的重视开始冲击大学原本的教书育人功能。然而有识之士却普遍认为，大学作为教师和学生学习共同体的本质不能变，作为社会文化和知识的中心，培养人才应始终是其首要和核心的功能。可以说，正是因为教书育人，并肩负着文化传承和创新的历史使命，才使它同一般科研机构和企业等现代社会组织根本区别开来。

在高等教育的四大功能中，教学或人才培养是大学始终不可动摇的核心工作，科研和知识生产创新作为人才培养的重要载体和补充也同样成为大学的一个重要职能，这几项职能相辅相成共同服务于人类的社会发展需求，并由此催生大学直接服务社会的职能。这四大功能相互联系、不可分割，只有协调发展才能真正实现大学对社会的应有责任。当前，知识经济风起云涌，大学作为社会上知识最集约的地方，必须正确认识和处理好文化传承与知识生产的关系。作为大学，育人并进而传

承文化当然是其不可推卸和义不容辞的首要责任,但如果没有及时的知识生产工作,就难以保证其文化传承的权威性和新颖性,因此,知识生产作为大学发展的新动力正在实际中发挥着统一和联系大学四项基本功能的纽带作用。在现代大学,科研是直接的知识生产活动,教学也正变得越来越有研究味。至于社会服务,则如阿什比所说的那样,大学对社会的服务主要是把其独具的智慧用到解决和适应社会变化的研究当中,而不只是承担简单的知识推广工作。

在现代社会中,社会服务组织也是大学知识生产的重要组成部分。因此在现代大学,教学、科研、社会服务和文化创新是一个一体化的知识生产过程,都与学术相关,整体为其文化传承的任务贡献着力量。如今,作为知识保存、传播、转化以及创造机构的大学正凭借其在知识方面的权威地位而日益成为社会的中心,发挥着其他机构不可替代的先导作用。无论它以何种面目示人,其探索真理和传承文化的使命依然。而且,大学也正是通过其自身的教学和科研活动,不断地完成着知识传播、改造、扩展和创新的功能,固守着大学之所以成为大学的知识品性和文化特性,从而也成就着大学作为一种社会组织的神圣使命。

二、新时期高等教育的价值选择:普通教育

对于高等教育到底应该培养什么样的人,或者应该设计什么样的教育体系来培养人这样的问题,长期以来,教育界都难以给出一个令大家都能接受的答案。实际上,在大学的发展历史中,一直存在着两种不同的价值取向,即自由教育的价值取向和专业教育的价值取向。

自由教育的思想来源于古希腊,是一种针对少数自由人的“理性”教育。它的主要任务是培养心灵健康的人,给年轻人以美好的人生经历,使他们自觉远离庸俗的生活。由于自由教育的目标是“获得杰出的理智”,因此它反对单纯的灌输,而主张唤醒人的内在力量,强调抽象与概括这些基本的思维训练。由于理智锻炼必须通过理论的思考——“研究事物”来达成,因此自由教育的核心是一种理论教育。它的目标对于所有人都是相同的,主张对所有学习者实施一种 相对稳定的、广博的、道德的或文化的教育。因为教育就意味着教学,而教学就涉及知识,知识则体现为真理,而真理往往是绝对和永恒的。因此,自由教育的先驱们普遍相信,在课程中存在着一些永恒的“自由学科”,这些学科是人类共有的知识或经验的总结,凝结了更多的人类理性成分;这些学科是一种永恒学问,在本质上就具有自由的特质,追求这些知识本身不必受其后果的限制,知识本身就是一种报答。毫无疑问,自由教育的哲学基础是“认识论”的,它并不以追求某种世俗结果为目的。其唯一结果是为了培养出具有文化传承的人,它的实质其实是一种在文化中的教育活动,因此唯一能决定自由教育变化的不是知识而是文化。

专业教育或职业教育的兴起其实是一场静悄悄的革命。专业是一个历史概念，是在社会发展过程中逐渐形成的。在生产力低下的原始社会，劳动没有分工，也就无所谓职业和专业。后来由于生产力的发展出现了社会分工，才产生了各种不同的职业乃至专业。尤其自十七八世纪科技革命、工业改革和启蒙运动以来，人类社会在不断发展的经济大潮的冲击下出现了日益“专业化”的倾向，像建筑师、会计师以及机电工程师等各种专业人士大量涌现，形成了类似于“专家”这样一个特定的社会阶层。专业教育也正是在这样的背景下开始形成。

由于人类生活变得复杂，宗教和哲学等传统知识在大学里的主体地位逐渐被科学知识所取代；而且随着科学的发展，其与技术日益紧密结合，开始在大学里形成许多专门化的知识体系，学科产生了；再加上科学的飞速发展导致的知识大爆炸，又使得单个个体再也不可能穷尽所有，而只能在一些有限的领域进行学习。专业教育实际上是受教育者为谋生而做的一种准备工作，它伴随学科分化和职业分化而产生，目的是要掌握一定的专业知识或技能以便能更好地适应社会发展的需要。

在大学里，专业教育的内容主要是教授一些社会需要的专业或应用性知识，如工、农、医等，从而使受教育者能很快地从事相关领域的实际工作，是一种主要以满足人或社会工具性或实用性需要的教育形式。与自由教育坚持教育的育人功能、反对教育的功利性、体现人类精神发展的需要相反，专业教育直接体现着社会需要，强调了教育对社会的适用性，两者之间的冲突实质是大学理想和社会现实需要之间的矛盾。专业教育实际上降低了高等教育在对知识的终极追求和对人的理性培养方面的要求，另外由于它过分强调实用，存在教育内容狭窄、刻板，对社会变化反应不够以及所培养的学生缺乏创新和可持续性发展等弊端，一种试图平衡专业教育与自由教育的新教育模式——普通教育应运而生。

普通教育的概念产生于19世纪20年代的美国，它在价值取向和教育思想方面与自由教育有深厚渊源，是民主社会中的“自由教育”。与自由教育最大的不同是其教育面向由自由人扩大到了全体人，这导致其教育方式和追求结果也发生了改变。由于社会背景不同，普通教育所追求的“完人”也与自由教育时期根本不同。受“政治论”哲学思想的影响，普通教育的目的将不可避免地同国家的命运联系在一起。同自由教育单纯强调理性的人不同，普通教育从人作为国家公民所应具有的基本素质的角度来重新阐释教育的目的。同自由教育时期所培养的无所不知的“全才”不同，由于知识变复杂了，普通教育只能尽力将人类社会发展中的一些共有的“理性”教给学生。

另外，同自由教育与专业教育的冲突不同，普通教育是在专业教育的基础上为了恢复自由教育的某些理念而产生的，因此普通教育并不反对高等教育的专门化。

只是这种专门化教育不能仅仅停留在满足社会一个方面的技能需求,还必须重视对人性的教育和培养。职业是文化之根,而文化乃职业之果,普通教育与专业教育在培养高素质人才的目标上是统一的。因为人生不仅是生存更是生活,在当今日益复杂的社会形势和知识体系面前,一个人除了能完全胜任本职工作以外还要学会享受工作,这就需要受教育者在掌握专业技能的同时也懂得该项工作的有关人文与社会方面的各种知识。自由教育决不能只在专业人员接受技术训练之前进行,而必须与技术训练同步。

现在,人们已普遍采用将普通教育专业教育相结合的教学理念。

三、新时期高等教育的服务方向:大众教育

高等教育在漫长的发展过程中,一直稳定地发挥着其对知识的保存、传授和创新功能。尽管大学的含义和目的会因时因地而异,但其服务对象却一直相对稳定。历史上,高等教育曾长期仅为少数学术精英服务而成为一种少数人的特权。当时,大学相对于国家和社会来说,大多是独立和边缘化的。大家进入大学主要是以寻求知识和真理为目的,人们也仅把高等教育看作是使个人为生活或为某种职业做好准备的一种机会。那时高等教育的服务目的多是个体的,对国家和社会的责任只是其成功培养人才后的副产品。

今天,知识已变得更加重要,大学从社会边缘走向了中心,国家的发展已经越来越依赖高等教育的知识创新和人才培养能力。一方面,高等教育不再是一个单纯的学者们研究学问的独立殿堂,逐渐演变成一个为国家和其所在社会塑造新生代的培养所;另一方面,越来越多的人也开始认识到上大学不仅是一种可以通过学习知识或技能来改变命运的特殊经历,它还是在新的社会环境下一种基本的生存手段和责任。如此,高等教育的角色在不知不觉中已发生了根本性的变化,这不仅体现在它服务的对象变的大众了,也反映在它服务的性质开始发生了变化,即与国家和社会的发展越来越紧密或直接地联系起来。在现代社会,高等教育已不是一项特权,人人都享有接受高等教育的机会,人人也都必须接受一定程度的高等教育,传统的精英教育开始向大众教育过渡。

然而,大众教育的理念却与高等教育“高深学问”的本质发生了冲突。对于扩招后的大学生们来说,原来为少数精英设计的课程已经不太合适。是因学生们的需求降低学术标准修改课程内容,还是无视学生学习课程的实际能力,按精深知识本身的标准来要求新的可能接受大学教育的普通人群,成为现代高等教育的一个两难选择。在民众已普遍将接受高等教育看作一项权利而非特权的当下,如何才能实施一种大家都满意的高等教育?学者们曾经设想了无数种方案。比如,区别对待不同资质和能力的人,为不同的人提供不同的教育机会;或者主张努力为人们

的差别发展提供均等的机会。这两种观点的区别是人们的公正观和平等观在教育上的不同表现,大家所共同关注的重点不是民主主义向英才主义提出的挑战,而只是平等向特权提出的挑战。

因此,在维持高等教育质量和扩大高等教育范围这个两难问题上,后者取得了最后的胜利。让更多的人接受高等教育已经成为大家的共识。高等教育不得不为之改变,以使英才之外的其他人也有可能进入高等学院学习,这样大学就渐渐呈现出了一种多样化的发展趋势。

当前世界上最发达的美国高等教育一直引领着高等教育现代化的风潮,它的做法给我们提供了很好的经验。为了很好地解决高等教育质量与受教育机会之间的矛盾,美国采取的做法是设立两种不同水平的高等教育。通过创办初级学院之类的机构,美国完成了高等教育的普及,这种教育形式既能为急于参加工作的人们提供咨询服务和补偿性、职业性的训练,也为一些有志于继续深造的学生提供了学术性学院头两年应掌握的课程和知识。另外,美国还向青年和成年人开放继续教育,为之提供更多的学习和成长机会。需要说明的是,这些措施在加快大众教育时代到来步伐的同时,也导致了“高等教育”本身的变质。因为这种变化的结果是,人们在完成中学后可接受的教育方式变得丰富而多样了,一个被称为“第三级教育”的概念开始通用与流行起来。第三级教育由很多种机构组成,其中既有尖子大学,也有初级学院。由于这些机构都是中学后机构,并采用了“学院”的名称,因此也常常被大家认为属于高等教育的范围。两种高等教育之间其实并无本质的不同,它们的差别主要体现在程度上而不是性质上。尽管像社区学院一样,一些新式学校的学术水平有所降低,但这却正体现出高等教育的特征多样和适应外界变化的某种灵活性。在大众教育阶段,由于招生规模的扩大,高等教育思考服务对象时也变得更加灵活。

当然,在高等教育的功能不断的扩展之时,其所包含的关于教育公平的问题也同样要引起重视。因此当高等教育通过规模扩张使更多的人具有上大学机会的同时,我们也必须要考虑其在社会文化的承继、公民财富或地位的均衡以及提升公众道德方面所能做出的贡献。在民主日益发展的当代社会,大学必须为促进社会公平做出积极的选择,其在坚持文化传承和学术生产,将优质教育作为其历史使命的同时,还必须将让所有希望接受高等教育的人如愿作为一种义不容辞的责任。

第三章　新时期高等教育学的思路构建

高等教育强国目标的实现,离不开在世界上有影响的中国特色的高等教育思想。而中国特色高等教育思想体系的形成必将是一个不断探索和构建的过程,20世纪90年代的“高等教育理论要点”的研究则是这一思想体系的重要探索。本章总结、回顾、梳理研究的历史脉络,并为开启新时期的中国特色高等教育思想体系构建提供理论准备。

第一节　新时期高等教育的思想基础

思想是高等教育发展的灵魂。当今的高等教育处于一个新的历史时期,迫切需要理论指导。尽管我们已经选择了内涵式发展道路,但学界对现代大学制度、高等教育体系、抑制外延冲动等重大问题的认识并没有统一。新时期开展高等教育的思想理论探讨主要目的是解决转型期社会矛盾、建设高等教育强国、促进教育适应社会,而思想的提出不仅要直面这些重点、难点和热点问题,更要符合世界高等教育的一般规律和中国国情。

思想成熟是我国高等教育发展理论成熟的重要标志,经过一个多世纪的发展实践,我们得出的最重要的一条成功经验就是:必须将世界高等教育的普遍规律同我国的具体国情相结合,走自己特色的发展道路。这里既需要创新,也需要守正。其中创新由于是对时代变化的不断呼应,故而往往具有不稳定性和待检验性;而守正却由于是对历史证明了的正确传统的坚持而具有一种永恒的意味。创业难,守业比创业更难。因此,我们对中国当代高等教育现代化的思想反思,必须兼顾自己的历史文化和高等教育的普遍规律,在高举创新旗帜的同时,更要注意对传统的守正。如前所析,教育本质的特征是教书育人,进行文化的传承和创新。因此,我们在研究新时期高等教育思路构建时,从中国高等教育发展的时代背景出发,探讨开展高等教育思想理论研究的现实意义以及现代大学的发展新趋势与我国高等教育的使命。

一、中国高等教育发展的时代背景

当前,中国高等教育的发展背景正处于新的历史发展时期,中央政府完成了新的战略部署。在教育规划纲要颁布后,国际环境不确定因素增多,高等教育处于内涵发展阶段等,处于新一轮螺旋上升的起点,但同时一些深层次的矛盾也正困扰和制约着高等教育的发展。

(一)新时期高等教育发展的机遇与挑战

首先,在经济上,2019年全年国内生产总值990865亿元,人均GDP 70892元,比上年增长5.7%。国民总收入988458亿元,比上年增长6.2%,为世界第二大经济体。2019年,按照现价美元估算,我国人均GDP大致相当于世界平均水平的90%。社会处于矛盾增多的敏感阶段,经济容易失调、社会容易失序、心理容易失衡,发展容易掉进“中等收入陷阱”。我们突出的问题是社会差异性太大、冲突隐患较多。因此,必须转向科学发展,要求强化创新驱动、扩大内需、加快转变经济发展方式、加快产业结构的战略性调整。

其次,在教育上,2019年中国各类高等教育在学总规模4002万人,高等教育毛入学率51.6%。全国共有普通高等学校2688所(含独立学院257所),比上年增加25所,增长0.94%。其中,本科院校1265所,比上年增加20所;高职(专科)院校1423所,比上年增加5所。全国共有成人高等学校268所,比上年减少9所;研究生培养机构828个,其中,普通高等学校593个,科研机构235个。普通高等学校校均规模11260人,其中,本科院校15179人,高职(专科)院校7776人。就业压力很大。此阶段在国际上也处于高等教育供给与需求适应性矛盾的爆发期,因此,加快解决经济社会发展对高质量多样化人才需要与教育培养能力不足的矛盾、人民群众期盼良好教育与资源相对短缺的矛盾,增强教育活力与体制机制约束的矛盾势在必行。

最后,在国际环境上,虽然和平与发展仍然是时代的主题,世界多极化、经济全球化深入发展推动着新兴市场国家和发展中国家整体实力增强,但世界仍然很不安宁。国际金融危机影响深远,世界经济增长不稳定不确定因素增多,全球发展不平衡加剧,霸权主义、强权政治和新干涉主义有所上升,局部动荡频繁发生,粮食安全,能源资源安全、网络安全等全球性问题更加突出。我国正处于由发展中国家向中等发达国家迈进的重要阶段,与发达国家的冲突不可避免。

(二)新时期高等教育发展的困惑与冲突

我国高等教育正处于新的发展时期,进行着新的内涵式发展探索,但面临着环境和制度制约。以下几对关系虽然粗看上去并不像具体的矛盾体,但是它们的共同作用却影响了高等教育的科学发展。

1. 资源型社会和关系型社会的合拢

当今社会是一个资源型社会,而资源是有限的,有限的资源更具备交换价值。

资源永远是短缺的,大家都渴望拥有和扩大资源,以增加自己的资源利用和交换能力;同时我国还是个人情社会,凡事都想托人,关系到了可以打破规矩。人情社会加大了关系成本,与资源型社会的结合加剧了"寻租"发生的频率。教育改革中很多想法的初衷都很好,但实施起来就变了味,如高考改革中的自主招生、常规工作中的职称评审和项目评审甚至院士选拔,大家都在拼命地托人。科研工作也是如此,坐冷板凳的高智商的书生并不令人敬佩,游走于官、学、商三界的高情商的经费拥有者才是真正的赢家。当今,一种新的社会关系在逐步形成,权势者确实能办成很多事情,很多事情也有人替他们来办。这种现象值得深思。人情社会不符合市场经济法则,"寻租"则完全脱离了共产党人的治理之道。这种现象对创新不利。

2. 社会稳定需求与业务项目抓手的遭遇

"中等收入陷阱"时期和"大众化"中期使我们恰处于社会经济矛盾和高等教育矛盾共同的高发期。目前的战略机遇期实际上是转型期,经济上叫转变发展方式,教育上叫转向内涵发展。转变不好会激发出矛盾,因此稳定重于泰山。另外,从 2002 年开始我国的预算方式改为基本支出加项目支出,因此各业务部门都在努力寻求工作的抓手即项目导致宏观管理减弱微观管理加强。和谐稳定的社会宏观要求与项目抓手的部门行为的结合,使得政府序列的各具体业务部门的既得利益得以强化,行政影响力加大。

3. 建立制度的渴望与破坏制度的习惯之间的冲突

改革开放特别是建立市场经济体制后,我国开始了新的制度探索,我们也将要开展行政体制改革,这涉及制度设计的缜密与弹性问题。在高等教育领域,我们需要建立起现代大学制度,否则难以创新或培养出创新人才;而制度又不能僵化,要有弹性,即政策空间,这是人们的一般思维。但是中国在传统观念上制度就是给别人制定的,少数人可以不遵守,如"刑不上大夫"。更大的问题是现在每个人、每个岗位都希望给自己留出政策空间,想限制住别人但放任自己妄为,想独占资源以扩大自己拉关系的资本。如此,制度形如虚设,潜规则横行

(三)许多具体认识还存有分歧

尽管高等教育展的方针、战略、道路已经明晰,但对很多具体问题的认识仍存在争议,甚至对一些所谓的核心理念的认识也不一致。许多争论往往最后不了了之,不能形成共识。

1. 大学理想的冲突

高等教育的多样化发展,促使人们对大学的诉求也逐渐多元化。首先,大学承载着个人的理想。每个人心中都有自己的大学,其认识和自己的经历、岗位等有关,对大学理解不同而形成了自己的大学理想。不同人心中的大学理想有可能产生冲突。如现实中的很多政策争议、有关学校发展定位的争议都是因对大学的理解不同而产生的。其次,大学还承载国家的理想。当今社会,大学已肩负着众多历史使命如科教兴国、人才强国都是国家战略。战略本身不会有异议,但如何去实现这个战略则是仁者仁智者见智,因此也就产生了学校发展的政策争议。

此外,大学也是社会的现实。现代社会离开大学不可想象,大学的功能在不断扩展,除了众所周知的基本功能外,外延的还有促进公平、拉动经济,提升城市地位、促进土地升值等。大学步入现实就难免不能脱俗,而人们又希望它成为精神家园,再加上每个家庭都与求学和就业有着千丝万缕的联系。因此人们关于大学的争议从未间断。

2. 大学核心理念无共识

教授治校、学术自由、大学自治,有人认为是事关大学事务的三个核心理念,但目前学界很难形成共识。

(1)关于教授治校。赞同者认为这是必须的,是大学的本质特征之一;反对者则认为正如战争太重要了不能让将军说了算一样,高等教育已成为国家战略怎么能让教授说了算。更有人认为教授治校不可行,学校规模很大、还要实行战略管理,教授本身不懂、相互间不认识、又怕耽误时间,怎么治校。虽然后来用教授治学来代替,但仍存有争议。

(2)关于学术自由。有人认为学术自由是学术创新的前提,不能限制。但也有人提出难道现在学术不自由吗?甚至认为影响学术自由的政治因素已很少,干涉主要来自学界、学者自身。还有人认为现在教师的职业操守产生危机,教授的口碑明显下降,社会缺乏公共知识分子。

(3)关于大学自治。有人提出尽管我国官方没有正式使用过大学自治的提法,但《高等教育法》明确的高等学校自主办学法人地位就是大学自治的中国特色表述方式,有关文件已重申了依据章程自主管理是学校的法定权利;而另一方面,也有很多人提出中国大学的学校权利太大,没有边界等。

(4)内涵发展需求与外延发展冲动的交锋。在高等教育发展模式上,尽管我们已转向了内涵式发展,但谈何容易,外延发展的冲动早已“深入人心”。例如,尽管我们提出促进高校办出特色、引导高校合理定位,但扩张、升格、同质化的倾向很难抑制;在学校内部,不乏一些从事着学术工作却希望谋取职权,身居行政要职却四处当专家,评职称唯论文为上而忽视教学的现象。高等教育的内涵式发展,需要教师心无旁骛,潜心学术醉心育人;行政恪守尽职,提高效率把握方向;学校面向社会,满足需要提高质量。不能什么都想要、什么都想占,盲目扩张、跑步前进是内涵发展之大忌,特色是内涵发展之结果。发展愿望与游戏规则不一致,说的和做的前后矛盾,对创新文化的破坏很大。

二、新时期开展高等教育思想理论研究的现实意义

当前,中国高等教育开始了内涵式发展的新的历史时期,同时仍在快速地向大众化后期阶段迈进,矛盾、困惑众多,迫切需要理论指导,因此,当前对高等教育进行思想理论研究有着重大现实意义。

(一)研究重点

研究的组织、内容要为研究的目标服务,需要组织有学术功底和实践经验的资深人员来参加这项工作,需要针对高等教育改革发展中重大问题开展研究工作。研究的目的性和应起的作用决定了它是理论与实践结合的项目,需要针对我国高等教育发展的现实、总结我国高等教育发展的历史经验,借鉴世界典型国家高等教育发展的有益经验,探寻我国未来高等教育发展的规律。

1. 高等教育的属性与地位

属性的研究,有助于厘清高等教育内涵式发展的本质,正确认识高等教育在国家社会发展中的战略地位,科学确立高等教育的发展战略和管理方式,实现、保证和促进高等教育的科学发展。政治属性、经济属性、科技属性、民生属性、文化属性等定位不同,高等教育的发展模式、管理模式就不同。地位的研究,有助于落实国家科教兴国战略和人才强国战略.密切教育和社会的关系,真正实现高等教育的社会功能。

2. 高等教育的体系和人才培养

通过体系建设和人才培养模式的探讨,加强高等教育与社会的契合度,全面满足社会对多元高级专门人才的需求,推动教学模式及其上位的办学模式和管理模式改革。完善与社会发展需求相适应的高等学校体系一每所学校以自己的特色满足着不同的社会经济需求,每个学生根据自己的个性心理特征、兴趣和志向选择自己心仪的学校,每个教师根据自己的特长选择符合自己事业发展的学校,最终实现建成高等教育强国的伟大梦想。

3. 高等教育的体制与管理

改革开放40多年来，我国通过扩大高等学校办学自主权、高等教育体制改革、现代大学制度建设等项改革，在高等教育管理的规律方面进行了诸多探索，也形成了一些好的思想。但是，我们的制度还比较僵化，还有很多问题，如放权与收权的不断循环、业务部门项目抓手的急剧膨胀、高校内部人们对权力追逐、学术上的寻租现象等，均不利于创新和创新人才培养。我们需要进一步总结经验、加强探索，把好的理念、规律性的东西用制度性、法律性的框架规范下来，把思考清楚了的高校治理结构明确界定下来，依法治教，推动高校按章自主办学。

（二）主要时代价值

1. 解决转型期矛盾

我们身处加快转变经济发展方式的攻坚时期，应对企业技术创新能力薄弱、区域发展不平衡、社会矛盾加剧等现象，教育成为民生的重要组成部分，需要以促进公平为政策依据、提高质量为核心任务，为提高国家竞争力，全面建设小康社会服务，同时完成好自身的内涵式发展转型。高等教育改革发展迫切需要思想理论指导。

2. 推动教育适应社会

培养人才是学校的根本任务，而教学在人才培养过程中处于经常性工作的中心位置。社会需求是多样化的，人的个性特征是多元的，因此高等学校需要以人为本，特色发展。高等教育需要解决好供给、需求间的适应性矛盾，探求新时期人才培养规律，探讨如何实现注重质量和特色的内涵式发展，使自身成为国家发展现代产业体系的重要支撑和办好人民满意教育的基本内容。

（三）重要实践价值

正确的思想是科学发展的前提，而这需要加强理论研究；思想的提出要符合世界高等教育发展的一般规律和适应中国国情，目的是用于指导我国高等教育强国建设。

1. 思想是改革发展的灵魂

高等教育的发展首先靠思想，思想正确，再去探讨实现路径和制度安排问题，发展就有了可靠的保障，否则容易走偏或出乱子。因此，思想体系研究的提出是顺应时代要求的产物，通过理论的构建，以先进的思想观念为先导，用科学的发展理论回答高等教育大众化中后期的现实问题。

2.体现国际经验和中国特色

我们要建设的高等教育首先要符合世界高等教育发展的一般规律，然后要适应中国的国情，有中国特色。综观世界高等教育的发展，其实是有一定之规的，有自己独特的使命运行和管理规律；而我国的地域差异非常大，文化传统、经济形态、地理环境各不相同，其他国家的先进经验存在一个水土是否相服的问题。因此，我国高等教育发展需要适应当今国际社会经济发展、合作竞争趋势以及国际科技、文化、教育的发展趋势，积极贯彻对外开放的方针，注重吸收和借鉴世界各国的先进经验和文明成果，同时注重与中国的社会政治、文化、经济相适应。

3.建设高等教育强国

我国的高等教育已开始步入大众化发展的中期阶段，需要完成由高等教育大国到高等教育强国的转换，这是时代的要求。理论研究要为这一时代要求服务、为建设我国高等教育强国的目标服务，要体现时代性、把握规律性、富于创造性，要有国际视野、走中国道路、出主流思想。同时，还要有体制、制度、机制的总体设计，通过制度性因素把愿景、思想、理想目标转化为现实。

第二节　新时期高等教育的制度保障

制度是思想和理论的外在表现，高等教育的制度建设既是对其本质认识的高度凝结，也是其能否正确发展的保证和关键。作为社会主义国家，高等教育在我国一直被视为是国家的事业而全面由国家所主导，这同现代大学自问世以来所一直坚持和维护的“自由和自治”传统似乎是矛盾和冲突的。如何处理这个矛盾，是我国高等教育能否成功实现现代化的一个症结所在，所谓“体制改革是关键”即针对此症。我国为此也做出了许多实践和探索，明确提出了“要完善和建立中国特色现代大学制度”的目标。这种制度的核心是在国家的宏观调控下，大学面向社会，依法自主办学，实行科学管理。它的本质就是如何在社会主义制度下处理好大学同国家之间的关系，因此在我们对新时期高等教育的制度进行具体构建时，最需要探讨的就是“现代大学制度是什么”和“新时期高等教育中民主与法治的思考”等。

一、建立适应国情需要的现代大学制度

现代大学制度是高等教育能够实现现代化的制度保障，在当代社会，大学必须

建立起符合其本质发展的与一国经济政治和文化环境相适宜的运行制度，只有这样它才能真正发挥其应有的功能，成为国家现代化发展的推进器和一个国家现代文明的辐射之源。

（一）理顺政府、学校、社会的关系

在高等教育现代化的制度构建中首要的就是要理顺政府、学校和社会的关系，这个也是我国多年高等教育体制改革的重点。现代高等教育的一个最主要特征是大学的自主和自治，而这也是保证现代高等教育在知识生产中能独占鳌头的一个主要原因。因此，世界上无论是公立大学还是私立的国家，都非常注意保持大学的这一个特征。我国在体制改革中也设计了国家宏观管理、学校自主办学、社会积极参与的发展方略，并以立法的形式对此进行了肯定和保障。但遗憾的是，由于在国家和学校分权的具体细节上没有规定的很清楚，高校运作中必要的财务、招生和学位发放等权力都仍然集中在政府的手里，学校的管理方式也主要沿袭之前的行政体制。而且随着市场经济的推进和扩招带来的高校大发展，鉴于高等教育在国家经济社会中的重要地位，国家还在许多方面加强了对高校的管理和控制，使高校行政化倾向愈演愈烈，成为阻挡我国高等教育发展的一个顽疾。事实上，根据世界高等教育发展的经验，国家原本并不需要在财务、招生和毕业的具体细节上亲力亲为，而只需建立一个宏观的监督或评价机构即可。其他的最好都留给学校自己去做，通过市场调节由社会来对学校的行为做出评判，国家只要把好法律和政治等大关就行。这样既密切了学校同社会的联系，也使学校可以真正按照教育本身的规律走上健康发展的道路。

1. 大学办学分配制度

由于我国高校的主要办学经费来源于国家拨款和学生学费，而对于这些经费的使用，国家又主要通过行政拨付的办法由上级对下级的使用进行监管和分配。虽然也规定了各种经费的使用办法，但由于整个过程的行政化和上级对经费的最终掌握权力，下级不得不通过行政审批的办法来争取更多的经费或经费处理权，这样的做法一方面加强了上级对下级的监控，可以避免下级不合理的经费使用；但却在另一方面加强了下级对上级的归附和依赖心理，无形之中也加强了学校管理行政化的倾向。另外，由于我国办学经费的长期紧张，国家不得不把有限的资源集中起来希望能够用在最有效益的地方，这样许多经费资源往往通过“立项”的办法进行非均衡拨付，而且在拨付中还大多依靠职能部门通过职能管理的办法实施所谓专款专用。这种办法的初衷本是好的，但也只能是一个权宜之计，如果经费大量增长以后，还仍然长期使用这种办法进行财政资源配置的话，则会将资源分配权集中在职能部门手里,这样不利于公平竞争和内部团结,甚至会损坏高校的道德风气。

为了使大学更合理地使用经费,有学者提出"总会计师制度",这确实是一个好制度,可以提高经费的科学运用效果和更好地进行监督,然而如果我们不能在经费分配办法上有所改革,设计合理的人口制度的话,那么将无法根本改变我国高校财务管理中由于行政权力过大而可能产生的一些问题。

2.高校招生制度

作为培养人才的地方,高等学校中最重要的权力无非是招什么样的学生、进行什么样的培养和颁发什么样的学历证书这些事情。如果一个学校连这些权力都不能自主,那么它也就很难在人才培养方面能有什么实质性的改革。由于在计划经济体制下,我国按行业需要对学生进行有计划的对口培养,因此学生从入学起就注定了其最后的走向,因为属于国家包办培养,学生也没有什么生活负担和后顾之忧,一般很少会出现中途退学,大部分人都能顺利毕业走上国家分配的工作岗位。这样的制度是为计划经济体制设计的,明显不适应市场经济的需要。

随后,我国在进行高校体制调整的时候,国家统一将高校分类并采取按划定分数线分类招生的办法,但是这样使大学只能在一定的分数标准内录取学生而不可能根据学生的综合能力自主灵活选取合适的学生,这种制度将不同类型的高校学生录取固化在了某一个固定的分数区间,无形之中以官方的名义强化了我国大学的级别,使其不能实现良性的竞争,另外,国家给高校划定招生指标并按指标给予经费支持的做法也使得部分高校在招生时盲目扩大规模。

如果没有国家的统一招生制度(统一考试还是需要的),我们也不再从国家层面对学校进行分类划线录取,那样则可以真正实现学校的招生竞争,从而带动培养竞争,也使得较低层次的学校有机会吸引到高分数的学生并带动其人才培养的提高,从而彻底盘活我国的高等学校教育。而对于招生指标,其实经过这么多年的扩招我国已经进入"大众化"教育阶段,在某种程度、某些领域内,学生培养已经供大于求,国家完全可以加强质量控制,对学校的设施设备以及生师比进行统一评价,按照这些标准再根据其现有学生规模确定一个办学经费拨付标准,每5年或10年评价、调整一次。这样,将高校到底要招多少学生、招什么样的学生的权力交给学校,由学校根据自己的办学声誉及社会影响考虑如何招生和培养的事情,而社会也就自然可以参与对学校的评价和提要求,学校则可以自主按社会的需要来培养人才,从而密切加强双方的联系。此外,我们还可以通过设计合理的学校人事管理制度由社会、师生和国家共同对其进行监督。

3. 学生毕业及学位发放制度

在学生毕业方面，国家实行统一的学籍注册制度，有注册才能毕业。而且毕业时也实行统一的学历登记和管理制度。为此国家还专门设计了学历认证中心等负责学生毕业后的学历证书查验工作，这项制度的设计对于制止学校的乱招生、乱发学历证书确实收效很大。然而却不利于高校在提高学生培养质量方面的积极性，再加上我国高校在人才培养方面的趋同性，务实的社会便无须再花费时间和精力来对学生能力进行具体判断，因为只要按毕业院校分一下类就可以了。

事实上，我国高等教育有严格的准入制度，所有能发学历的学校都经过国家行政机关的严格审批。因此我们只要把好这个关口，其他的都可以交由学校来自主办理。无论是招生、学籍注册还是毕业后的学历学位登记，都可以直接去有关学校进行验证而根本无须进行国家统一的管理。而政府只要对学校进行宏观的质量培养管理和认证，比如可否招生、招什么类别的学生、可以发放什么类别的文凭证书就可以了。至于学生具体应该招什么样的、该不该毕业、发什么文凭则可以完全由学校负责，而如果出现假冒学籍或学历证书等纠纷，也可以通过法律手段将其交由法院来处理而完全不必像现在这样由自己去仲裁。这样一来，不仅减轻了政府的负担，增强了高校自主办学和提高人才培养质量的自觉性，也可以加强社会对学校的监督，因为一个学校所培养的学生能否得到社会青睐，将不再取决于它毕业于哪一个级别的学校或者学历证书是否是真实地能在国家某一网站查到，而取决于其真实的水平和社会对该学校的认可度。

总之，我国的高等教育要真正走向现代化，这些制度必须进行调整，这就需要我们必须下大力气加强对这些问题和困难的研究，既要有大智慧又要有大决心，坚定不移地进行体制改革，以真正能理顺我国政府、高校和社会之间的关系，实现自主办学的现代高等教育体制。

（二）政治、行政、学术协调发展

如前所述，大学不仅是大学的大学，也是社会的大学，在当前的世界格局下大学也必须是国家的大学。因为每一所大学都必须依附于国家而存在，大学要想得到很好的发展还必须处理好自身同所在国家之间的关系，这一点在教育对国家经济和社会发展越来越重要的今天已经变成一个日益突出的问题。由于我国的大学基本是国家的附属机构，因此处理好大学中政治方向、行政管理和学术自治三方面的关系就显得更为重要。

首先，我国的大学必须与国家的政治要求和意识形态保持一致，肩负起为社会主义国家培养建设者和接班人的重任。大学是社会的良知，是社会前进的动力站，也是国家繁荣昌盛的保证。因此,大学在实际的运作中必须考虑所在国家的整体利益,以维护国家的安定团结为首要任务。这个原则决定了大学在实际的发展中绝不能因为其具有探索普世真理的责任就置国家的利益于不顾,因为这样实际上也会破坏大学的发展。因此在新时期,每一个大学首先要站在维护国家利益这样一个立场上,因为没有国家也就没有了大学。其次,大学要想得到真正的发展,就必须保持一定的社会独立性。要恢复大学的精神气节,要有自己的学术自治权,实现学术自由、学术批判和学术创新的三者结合。最后,现代大学发展的多元化和巨型化也使其行政管理的功能日益增强,由于在我国大学大都是国家的单位,其行政管理问题也就成为一个更加突出的事情。如何处理这三者之间的关系,我们首先要弄明白它们各自在大学发展中的地位。由于教育的文化属性以及在现代社会仍存在的阶级属性,因此保持大学发展正确的政治方向是必须的,它应该是一个大学发展的灵魂,失去了它大学就会迷失发展的方向。而大学之所以被称为大学,就是因为其具有对宇宙万物探索的使命,因此学术就是大学的生命,没有学术也就没有了大学。由于现代大学的发展变得日益复杂化,协调好各方利益才能保证其持续健康的发展,由此行政管理及其组织便成为其生命中最主要的神经和骨骼,它是保持好大学学术性这条生命线的最主要支柱。所以在现实的大学发展中,“政治是灵魂、学术是生命、行政是骨骼”,这三者缺一不可,相互补充,共同组成了现代完整的大学。

在这三项权力体系中,由于政治权力是灵魂,因此它主要发挥着指示方向和保持稳定的功能,除此之外则不能过多干涉大学的事务。因为毕竟大学的生命维系于其学术能力的发展,如果过于强调其政治功能,就会失去正确的判断能力,反而伤害其学术生命的生长,加快其灭亡的速度。另外,作为大学骨骼的行政管理和行政组织也是一样,必须保持在一个合理的限度内而不能随意增长。

所以尽管政治是灵魂,行政是骨骼,这两者在大学的发展中都很重要,都应该占有重要位置,但毕竟学术才是大学的生命,只有学术发展好了,大学才能实现其生命的价值。因此在“政治、行政、学术”这三者的发展中一定要以学术为中心,要紧紧围绕“学术”这一大学生命的命门来进行三者之间合适的制度安排。

在长期的探索实践中,我国目前实施的是“党委领导下的校长负责制”的高校管理体制,具体模式也可以概括为“党委领导、校长负责、教授治学、民主管理、依法治校”。在这个制度设计中,学校发展的大政方针,尤其是事关学校办学方向的问题由党委负责,以保证大学的政治特色;而校长则主要负责学校关于人事、财务、教学、科研等具体的行政事务,对外代表学校,对内协调各方;至于关系到学术方面的事情则主要由知识最丰富的教授们来处理。这三方面的事情要相互协调,相辅相成,具体可通过章程等法律文件依法进行明确规范的划分,以保证学校在具体运行中能够分工明确，各司其职。

（三）建立符合中国实际的新时期大学制度

建立新时期大学制度，一个有中国特色的高等教育发展思路，是在综合考虑了当前我国高等教育在发展中所面临的具体制度障碍的基础上提出的。它开始酝酿于20世纪90年代，经过21世纪一些学者的不断分析和总结，最终上升为一项国家决策。这项制度的设计主要是基于我国高等教育现代化建设的实际，在我国当前大学管理制度的基础上提出的一项综合改革和建设思路，提出建设“新时期大学制度”这个目标，并不是要回到19世纪德国的大学制度，也不是为了建成20世纪美国的大学制度，它没有现成的样板可以借鉴，需要我们在高等教育实践基础上进行大胆的改革和创新。新时期大学制度的核心是在政府的宏观调控下，大学面向社会依法自主办学，实行民主管理。它的基本特征可以描述为：强调大学办学自主与社会责任的相辅相成，追求大学学术权力和行政权力的平衡和谐，鼓励大学人才培养和科学研究的紧密结合，重视大学自我发展与自我约束机制的有机统一。新时期建设符合我国国情的学校制度具体如下。

1. 推进政校分开、管办分离

适应中国国情和时代要求，建设依法办学、自主管理、民主监督、社会参与的现代学校制度，构建政府、学校、社会之间的新型关系。适应国家行政管理体制改革要求，明确政府管理权限和职责，明确各级各类学校办学权利和责任。探索适应不同类型教育和人才成长的学校管理体制与办学模式，避免千校一面。完善学校目标管理和绩效管理机制。健全校务公开制度，接受师生员工和社会的监督。随着国家事业单位分类改革的推进，探索建立符合学校特点的管理制度和配套政策，克服行政化倾向，取消实际存在的行政级别和行政化管理模式。

2. 落实和扩大学校办学自主权

政府及其部门要树立服务意识，改进管理方式，完善监管机制，减少和规范对学校的行政审批事项，依法保障学校充分行使办学自主权和承担相应的责任。高等学校按照国家法律法规和宏观政策，自主开展教学活动、科学研究、技术开发和社会服务，自主设置和调整学科、专业，自主制订学校规划并组织实施，自主设置教学、科研、行政管理机构，自主确定内部收入分配，自主管理和使用人才，自主管理和使用学校财产和经费。

3. 完善中国特色现代大学制度,完善治理结构

公办高等学校要坚持和完善党委领导下的校长负责制。健全议事规则与决策程序,依法落实党委、校长职权。完善大学校长选拔任用办法。充分发挥学术委员会在学科建设、学术评价、学术发展中的重要作用。探索教授治学的有效途径,充分发挥教授在教学、学术研究和学校管理中的作用。加强教职工代表大会、学生代表大会建设,发挥群众团体的作用。具体来说,主要体现为以下几点。

(1)要加强章程建设。各类高校应依法制定章程,依照章程规定管理学校。尊重学术自由,营造宽松的学术环境。全面实行聘任制度和岗位管理制度。确立科学的考核评价和激励机制。

(2)要扩大社会合作。探索建立高等学校理事会或董事会,健全社会支持和监督学校发展的长效机制。探索高等学校与行业、企业密切合作共建的模式,推进高等学校与科研院所、社会团体的资源共享,形成协调合作的有效机制,提高服务经济建设和社会发展的能力。推进高校后勤社会化改革。

(3)要推进专业评价。鼓励专门机构和社会中介机构对高等学校学科、专业、课程等水平和质量进行评估。建立科学、规范的评估制度。探索与国际高水平教育评价机构合作,形成中国特色学校评价模式。建立高等学校质量年度报告发布制度。

上述内容基本概括了我国当代高等教育现代化建设中制度构建的全部设想,是非常切合我国实际的。它既为我国构建现代大学制度提出了目标,指明了方向,也提出了一些具体构建的方法步骤,是新时期我国高等教育制度建设的指南针。

二、新时期高等教育中民主与法治的思考

在构建新时期高等教育制度的过程中,还需要强调和注意一些问题就是民主、法治和大学的操守。因为民主是现代社会最主要和最先进的运行制度,而法治是保证民主能够顺利运行的最好保障,而无论是进行民主还是法治建设都不能忘了大学育人和传承文化的使命,即我们必须坚持住大学的操守,毕竟这才是我们进行制度建设的初衷。

(一)民主是一种制度

民主的含义有很多,这里所说的民主主要指一种制度设计,它意指多数人对少数人的领导或统治。在现代大学里所说的民主则主要体现为一种工作作风和工作思路,即领导在具体工作时能否平等、平和地对待别人,在设计学校发展战略时是否以广大师生的根本利益作为出发点和落脚点。为了保证这样的思想能够在我

国高等教育的现代化中实行，我们必须设计出一种制度，保障大学里广大师生利益在行政或学术上的民主。为此，我们应该从大学最高领导——“校长”的产生办法入手，给处于大学工作第一线的教职工和学生们以适当的发言权，并建立校长为师生负责和受师生监督问责的制度；建立学校重大事项的通报和公开制度，允许师生对学校的发展建言献策，允许师生就学校发展的重大事项进行公开的讨论和研究，并对有关领导进行追责；在学校各种经费的使用上要透明公开，定期向学校广大师生公布，接受大家的监督；坚决反对领导的特权和特殊待遇制度，从实质上保证学校领导能真正愿意走近师生，并切实能从群众的角度来思考问题。

目前我国高校正在探索建立的一些制度，如董事会、理事会制度，学术委员会和职工代表大会制度、形式上已经建立得很完备，只是权力的真正履行离我们的设想还存在一定距离，还没有发挥其本应有的功能。我们需要进一步开动脑筋，为学校的制度建设寻找良方。

（二）法治是一种文化

我国大学由于长期实行高度行政管理的办法，使其较为缺乏本应有的“法治”文化。由于高校法制基础的薄弱，我国高校长期以来仍存在事实上的领导决策决定一切的模式，高校决策经常随领导的不同以及领导认识的不同而发生变化，这对于具有长期性和滞后性特点的教育工作来说，造成了很大的不良影响。由于我国大学大部分建校历史较短，普遍缺少一定的文化积淀，受我国整体法治文化淡薄的影响，高校要实现真正的法治也需要较长的时间。

当前，首先应该树立法治是一种文化的意识，大力宣讲法治对学校建设的重要性。另外，还要加强对高校管理规律的认识，尽快修订大学章程，尽量修订适宜的规章制度，做到有法可依，让所有的人都有做事的依据，并能根据稳定的“法”来规范自己的行为，规划自己的工作和发展，使学校处于一种有序的状态之中。要加强对各级行政管理者的法治普及，使大家都能够有法必依、执法必严、违法必究，形成浓厚的法治文化氛围，彻底改变我国旧有的行政文化和官场文化，达到建立现代大学本应该有的状态。因为高校是一个社会中高知群体最密集的地方，因此必须首先建成我国实行法治的示范地方，以制度的威力形成文化，以文化的魅力影响学生，然后通过广大学生的行为将法治的种子撒向全国各地和各行各业，实现大学改造文化和改良社会的使命。

（三）要坚持大学的操守

大学以育人、传承文化和生产知识而存在。因此在大学制度建设的过程中，必须注意坚持大学的操守，千万不可因为大学在发展中的热点过多或社会上的诱惑太大而放弃对自己使命的追求。大学是社会道德的灯塔,越是在社会喧嚣、人们思想活跃的时候,大学越应该保持自己的操守。要始终坚持以培养人才为自己的首要任务,把教学工作作为学校的中心工作,把提高人才的培养质量作为衡量自己工作成败的唯一标尺和最终目的。为此,大学必须更加积极主动地探索和建设有中国特色的现代大学制度,要始终把握住"学术"是大学的生命这一发展主线,正确处理好政治、行政和学术三个权力体系之间的关系,协调好国家、学校和社会三方面的权责,以人为本、科学发展,以我国现实的高等教育实践为前提,在结合传统文化的基础上,吸收国外现代高等教育发展的一切优秀成果,最后构建出一个我们自己的高等教育现代化的体制。大学要始终坚持自主、自立、自强的品格,将现代高等教育所追求的真理标准同国家赋予大学的价值标准统一起来,坚持正确的政治方向,以维护国家团结和社会稳定为己任,在极力探索学术真理的时候,既不要忘记国家对大学的嘱托,也要清醒地记住社会和人民对大学的期望。

第三节　新时期高等教育的路径选择

中国的高等教育直到改革开放以后的新时期才经过不懈的实践和建设,形成了一条属于自己的发展道路。这是一条建设性和实践型的发展道路,既不同于西方先进国家的内生成长型,也不同于一些后发国家的模仿复制型,而是建立在我国文化基础和制度依赖特征之下的一种探索和创新。

一、适应时代,建设实践

长期以来,我国高等教育的命运紧紧地同国家的政治、经济和社会发展连在一起,同国家一样几经风雨,并在 20 世纪 70 年代末重新走向正轨,并于 20 世纪 90 年代初开始重新走上了现代化发展的快速之路。当今,我国政治安定,经济发展,文化繁荣,为高等教育的现代化发展奠定了良好的基础,我们应该紧紧抓住这个机会,解放思想,锐意进取,尽快找准一条适合我国实际的发展道路,以早日实现我们的高等教育强国之梦。

(一)在发展中坚守大学的理想

高等教育系统自产生以来已历经千年,至今仍保持着旺盛的生命力和不懈的发展冲动,个中原因无不是因为其有一个正确的发展思路,即"大学之道"。我们知道大学之志是承继人类文明、探索宇宙真理和培养社会精英,而大学之道又当如何呢?翻开现代大学产生的西欧中世纪历史,我们发现,大学能在当时屹立于世而不断发展的秘密在于其自治和中立。大学之道在于其理性成熟而不是热血和浮躁,它从未参与当时的民族纷争,也不卷入教会与世俗的争斗,它对大学之志的弘扬是“坐而论道”“指点江山”,通过向社会提供思想、为社会培育英才以及传承和创新人类文化,间接发挥着其对社会前进的独特影响力。这一点即便在民族国家产生以后,仍得到了极力坚持和维护,这就是为什么大学又被称为“象牙塔”的原因。然而当这个来自西方的舶来之品遇到我国传统文化中的“教育兴邦”观念之后却发生了很大的变化,在我国百年来的现代高等教育发展史中,大学始终就未能真正独立过。它总是同国家命运维系在一起,或主动或被动地进入到一次又一次的政治动荡之中。

20 世纪初期是我国现代高等教育发展的幼年时期,也是其成长最快和发展最迅猛的一个时期。当时我国出现了一大批的知名高校,它们的经历直接影响了我国后来的高等教育发展走向。在那个山河破碎的年代,教育救国的思想笼罩四野,稚嫩的中国大学在还没有完全成熟到可以从容处理“学术与政治”关系的时候就不得不一次又一次地面对政治给予的不断冲击。在“为学与报国”之间,满腔热血的青年学子们往往通过冲动来挥洒那蕴含在大学传统精神中的济世安民之志。那时学生运动一浪高过一浪,险峻的政治环境将年轻的中国现代大学那种叛逆和血性发挥得淋漓尽致。却也使我国现代大学的发展从此走进了一个误区,即过多地参与国家政治,将大学那种对社会的使命感错误地理解为直接投入到国家的政治斗争中,从而偏离了现代大学的正常发展轨道。

要知道,现代大学在起源时是以“自治”著称于世的,它以几乎与世隔绝的面貌保持着顽强的生命力和独有的高贵品质。它培养能经天纬地的社会精英,却从不直接参与国家间的争斗。这其实也是现代大学之所以能在世界上屹立千年而仍然辉煌的一个最重要的秘诀。然而非常遗憾的是,当时沉浸在变法图强中,以教育救国为宏任而建立起来的中国大学并没有认识到这一点,它们只知道“大学之志”而忽略了“大学之道",热血有余而理性不足,从而渐渐将我国现代高等教育的发展带入了歧途,也使我国国民乃至国家都对大学的认识发生了曲解。

我国在 20 世纪 90 年代以后开始实施的“保持高校稳定”之策虽然对高校的稳定发展起到了一定的作用,但是它也冰封了其原本涌动着的热血,甚至连最基本的大学之志、大学之魂也丧失了。我们对现代大学的认识仍然需要进一步深入。我们在对现代大学的驾驭方面必须发展出更为成熟的办法,否则我国的高等教育现代化一定是没有前途的。我们必须从根源上来重新认识现代大学,尤其是能发展千年而不败的“大学之道”。我们要重新认识我国现代大学的发展历程,要客观地认识它在发展过程中对现代大学精神的承继与变异,尤其是对那些曾经产生过重大影响的历史事件,更要公正地去区分它曾经的贡献和可能带来的其他不良后果,要深入挖掘其背后的思想根源,从现代大学发展的视角分析这些事件对我国高等教育现代化可能的影响。只有做好了这些工作,学会了真正的“大学之道”,新时期我国高等教育的发展才可能走上真正的坦途。

(二)构建有中国特色的高等教育发展之路

高等教育不仅具有生产力和生产关系的双重属性,它还具有鲜明的文化属性和民族属性。我们所言的高等教育现代化是植根于我国深厚文化土壤中的一棵小树,因此其发展一定 从我国的客观实际出发,并主要根据高等教育的实践经验,总结探索一条属于我们自己的发展道路。

在新时期,我国高等教育现代化面临的最大实际就是:我国处于并将长期处于社会主义初级阶段,建设有中国特色的社会主义是我们当下最紧要的发展任务,因此我国高等教育现代化也必须是在这个前提背景下走有中国特色的发展道路。在分析影响我国高等教育现代化发展的诸多因素中,文化传统和政治经济制度是两个最重要的因素。

首先是我国独有的教育文化传统。前面分析了对我国现代高等教育产生重要影响的几种文化,如“全民重教”“考试文化”“分科教育”和“中庸文化”,等等,这些文化传统都深深地渗透于我国当前的高等教育发展当中,我们必须正确地认识到这一点,然后客观地分析出这些文化中的良莠,取其精华弃其糟粕,结合现代高等教育在世界发展中的一些优良传统,在实践中逐步构建出与时代同步的新型高等教育文化。毕竟没有文化的现代化,就没有我国高等教育的现代化。

其次是我国的政治经济制度。当代我国实施的是社会主义的政治民主制度和市场经济制度,这是我国高等教育现代化发展中最重要的制度环境。而且按照新制度经济学中路径依赖的观点,我国目前的制度环境发展强烈地受到前期发展的影响,因此考虑我国的高等教育现代化发展也必须充分考虑其前面的历史发展。

新时期,我国高等教育运行体制,仍留有许多计划经济时期的影子,比如严重的行政化倾向,学校自主性不强、没有特色,学校内部管理中行政和学术界限不明,社会对高校参与度较低,等等。为此,我们必须认清这些事实,然后积极想办法对其进行改革,早日构建出符合时代发展要求的我国现代大学制度,为高等教育现代化的进一步发展扫除制度障碍。另外,在我国当前的高等教育体制发展当中,鉴别保留那些旧制度文化的精华,摒弃其中的糟粕也是新时期我国高等教育发展中的一件重要任务。

总之,中国高等教育的现代化必须建立在中国深厚的民族文化土壤之中,只有在具体实践中探索出中国自己的发展道路才能最后实现高等教育的真正腾飞,从而也为世界高等教育的发展做出我们独有的文化贡献。

二、以人为本，和谐发展

选择高等教育的发展道路，还有一个非常重要的问题就是必须弄清楚我们举办高等教育到底是为了什么？即大学的发展究竟是为了谁？然后才是其怎么发展？提出要从实际出发，在实践的基础上进行建设，不是不发展、慢发展，而是为了最大限度地保证最广大的人民能够在高等教育的现代化中得到利益，保证我们的高等教育发展不出现损害人民权益的事情。我们要坚定地弘扬大学之志，以人为本，和谐发展，从而使国家、人民和社会都能从高等教育的发展中得到本应有的实惠。

（一）人是高等教育现代化的最终归宿

人是现代化发展的最终目的，先有现代化的人后有现代化的国家。作为传承文化和以人的发展为第一要务的高等教育来说，无疑更应该将人的现代化作为其发展的最终目的和根本出发点。

教育不仅仅是为了给经济界提供人才。它不是把人作为经济工具而是作为发展的目的加以对待的。使每个人的潜在的才干和能力得到充分发展，这既符合教育的从根本上来说是人道主义的使命，又符合应成为任何教育政策指导原则的公正的需要，也符合既尊重人文环境和自然环境，又尊重传统和文化多样性的内源发展的真正需要。

对于高等教育来说，由于其本身的独特性质，其总是保有着一个社会中最有思想和最现代化的一批人群，并通过他们的思想传播影响和改变着一个社会的发展轨迹。历史上，太多先有思想而后迅速实现国家繁荣和民族强盛的例子，足以证明人在社会现代化发展中的基础性质和重要任用。因此我们发展高等教育现代化必须坚持“以人为本”的思想，将塑造和培养现代化的人作为高等教育发展的首要任务。

我国现代高等教育尽管已经发展百年，世界高等教育的发展给我们提供了太多宝贵的经验和教训，世界经济社会的发展也给我们展示了“现代化人”应该具有的 切品格和特征。因此尽管我国的整体经济和社会发展水平仍然不能在短期内达到世界领先的地步，但鉴于教育对人塑造的超前性特征，我们必须以世界最“现代化人”的标准来教育和培养我们的学生，而不能仅拘泥于眼前经济和社会发展的需要。只有用最高的标准和要求去教育下一代，我们才可能在未来的世界竞争中同发达国家处在比较接近的思想水平上，而如果我们不能明白这个道理，仍然固守落后的教育思想，不能用最先进的思想武装出最现代化的人的话，那么我们就只能永远跟在别人的后面，亦步亦趋以致不得不俯首称臣。

为此,我们首先应加强大学内领导和教师的培养和生成,并吸收和引进世界最前沿的文化知识和最顶尖的学术大师,并以此作为大学发展的基本方针。我们要从国家层面上设计一个舒服成长的大学环境,并加强大学的内部建设,保证人才能进得来、留得住、做得好。

当前世界高等教育领域已展开的激烈的人才竞争,发达国家利用自己的资源和制度优势正疯狂地掠夺着落后国家的人才。因此,我们在实施人才战略时,要尤其注意引进和培养领军性的人才,在高等教育这个以出思想为主要特征的精英领域中,顶级人物对其发展的重要性已毋庸多言。另外,大学在具体的发展中也一定要明确培养人才和提高人才培养质量才是其发展的首要任务,任何时候都不能偏离这个方向。

(二)公平是现代高等教育发展的终极目的

从现代大学的产生到其发展和繁荣,我们可以清楚地看到其为社会、为人类、为国家做出的巨大贡献。无疑,现代大学在发展中通过保持正确的大学之道,使大学之志也得到了很好的张扬。它不仅给广大人民提供了最高和最好的现代教育,使更多的人群了解到宇宙之理,还在发展中继承和创新了文化,为社会和国家培养了大批的精英和栋梁。然而,大学也并不是在所有的时候都能很好地实现其这一夙愿,从一开始的精英教育到如今能让更多的大众走进大学,它也经历了一系列的蜕变。社会在前进,大学也在发展,如今要让更多的老百姓都上得起大学,已经成为现代高等教育发展的归宿。

能让最适合的人接受最合适的教育,是现代国家的追求,也是现代大学要得到升华和不断前进的本质要求。在我国,从一小部分人接受高等教育到现在大部分人都可以进入大学,是高等教育现代化发展过程中的一次飞跃。大学的宗旨是促进公平和弘扬正义的,有教无类应该是体现公正的最好办法。由于当前我国经济发展水平的不平衡,高等教育也存在着事实上的等级划分。面对公众不同的学习要求,高等教育进行分层分类适应了现实中不同的民众和社会需要,原本也无可厚非。但是在我国当前僵硬的招生体制和仍然难以公平的中小学教育状况之下,出现了高等教育在培养面上日益不公平的现象。

因此,我国的高等教育必须根据这一现状进行合理的调整,要在国家层面上设计更多普通学子也能上得了顶尖大学的制度,并对那些接收了更多底层人民的学校给予更多资助,尽量从制度上保证大家接受高等教育的公平性,从而顺应民心,也真正地实现我国高等教育的繁荣。毕竟我们实现高等教育的现代化目的就是为了让这个社会变得更加民主、公平和公正。

(三)和谐是现代高等教育持续发展的前提

现代大学的发展历史告诉我们,什么时候社会安定、政治清明、经济发展,什么时候也将是其发展最迅速,也能对社会和国家做出最大的贡献。因此作为社会文化的储备站、经济建设的发动机和政治稳定的润滑剂的大学,在发展中一定要处理好其与社会、经济和政治发展的关系,并将保持一个社会的安定团结和国家繁荣发展作为其发展的重要使命。

大学拥有的知识最多,当然也应该是社会中最有理性和思想最成熟的地方,因此尽管其也是社会中文化最活跃和思想最繁复的地方,但还是要坚持和谐发展的思想。用海纳百川的胸怀容纳不同的思想和纷争,既允许“百花齐放,百家争鸣”,又要提倡公平公正,要爱国、爱民、爱社会,但一定要用合理和理性的方式。这种方式可以是思想影响的方式、文化渗透的方式或者是民主法治的方式。要更多地利用其在校园内的争辩和在笔墨上的张扬,通过舆论宣讲的方式,将其对人生、社会乃至国家发展的思考启发给人们,并依靠其所培养的具有理性、先进的“人”来实现大学推动社会前进的使命。所以非常有必要制定一个“学人行为准则”,根据这个准则,所有的大学人(包括求学期间的学生)在发挥自己的能力以施加对国家和社会的影响时,一定要通过和平的手段、法律的程序,要在不影响社会和国家正常发展秩序的情况下有理、有节地进行。

社会发展越现代化,人类的斗争手段就必将是越文明,而作为人类社会中最文明的大学学人必须首先为社会做好这个表率,唯有如此,它才能真正取得社会和国家对其的信任,从而也就能长久地、持续地对社会发挥其应有的影响力。事实上,大学在发展中也只有处理好其同社会和国家的关系,它才能保持旺盛的生命力而长存于世并气贯长虹。我们一定要从文化的角度去重新认识大学的使命,构建起大学正常有序发展的良好制度,国家要有气度,大学要能自制,双方和谐统一,互相信任而不是互相防范,要把握好一个度,毕竟双方的整体利益和长远目标都是一致的,即都是为了人民能更加美好地生活而不懈奋斗。

三、分层分类,抓小放大

新时期的高等教育,由于社会发展对人才的需求和人们接受高等教育的需要不断多样化,培育社会栋梁的精英大学和直接以工作岗位为训练目的的职业和专业学校一样都受到人们的青睐。专科生、本科生、研究生甚至终身教育,不同层次的高等教育分别以不同的面貌特征重新阐释着大学的内涵。只有各类大学都能得到很好的发展,才能说是现代高等教育的真正繁荣。

(一)精英教育

这里所说的精英教育对应的是国家中拥有最优秀教育资源和最顶尖学术大师,以培养最顶尖人才为己任的一流大学所实施的高等教育。这类大学是对中世纪古典大学的直接继承者,它们普遍资源丰厚,人才荟萃,不仅要培育英才,还要生产知识,肩负着人类文化继承和传扬的使命。在目前这个喧嚣的世界,个别大学还可以以其得天独厚的知识资源向社会提供种种服务而直接推动国家社会经济的发展。它们是真正的大学,是人类的精神家园,是社会发展的风向标,是民族或国家最笔直的脊梁和沉甸甸的良心。

我国从 20 世纪开始的"211" 和"985" 工程,就是以这种思路为指导而在国家财力有限的情况下实施的一种"抓住重点,带动全局"的一流大学工程。毋庸讳言,在当时国家财力紧张的情况下,这种"重点发展、单兵突进"的模式对我国高等教育的发展曾起了很大的作用。

当前我国已经有一批学校的硬件环境达到了世界一流的标准,而且许多学校也已经产生了一批有影响力的学科,这些大学是我国高等教育发展的骄傲,肩负着我国能否成为高等教育强国的使命,因此下大力气支持和帮助其更好更快的发展也是应该的。当今,我国已经是世界上经济总量排名第二的国家,而那些一流大学由于享受多年的资源优待也已经积累了一定的发展资本,因此国家其实完全可以进入对大学发展的第二个阶段,即重点在一流大学发展的制度和文化建设上多做努力。根据前面的分析,现代大学最重要的一个特征就是"自主"和"自治",这也是现代大学的生存之道和发展根本,因此我们对大学的梦想和实验也应该首先从这些大学开始进行。建议国家在招生和毕业等环节给予一流大学彻底的自主权,并通过契约和法治来对这些大学进行人事和财务监管。

首先,要从国家层面上设计"学人行为准则",使这些大学不仅明白大学之志,更要精通大学之道,从而建立起大学同国家和社会的相互信任机制,然后国家对其只进行宏观调控,大学面对社会进行真正自主的发展,而社会也就可以名正言顺地对其进行真正的监督。事实上,一流大学也是最可能迅速接受大学之道,最具自主能力而理性发展的高等教育机构。因为一方面它们集聚了社会上最领先的思想和文化,另一方面它们在历史发展中形成的优良传统和社会声誉又使其能更加自觉地处理发展中遇到的一切问题。比如它们完全可以自主招生,因为一方面凭借声誉它们不可能由于国家不再分类就招不到最好的学生,另一方面也正因为声誉和竞争使它们也不可能降格招生。

其次,我们也可以使其在人才培养和学历发放上完全放开,国家不必要再设统一的学历认证机构,而将这些事情交由大学自己去办即可。它们的声誉已经在社会上传扬很久,国家可以按其资源和培养能力给其资金支持,而无须再规定其招生名额,从而为这些大学能真正把注意力转到人才培养质量上。当然在这些大学里还必须要实行真正的现代大学管理制度,从校长到各级领导都要能民主、法治并透明的工作,并很好地得到公众的监督,进而避免其在招生和培养过程中的腐败现象。

以上就是所谓的“放大”,这个“放”主要是思想上的放和制度上的放,要给它们相对自由的发展空间,使其能更好地履行大学的使命。但这个“放”却又不能是资金和资源上的放,毕竟我们国家的最好大学都是公立大学,因此我们仍然需要按照一定的方式给它们以最好的支持,这些大学永远都是我国高等教育现代化的领头羊。我们应该设计这样一种制度,即将一流大学完全放开,让它们直接面对社会和市场进行公平公正的竞争,使其真正能通过人才培养质量和科学研究水平来得到广大人民的认可,国家则可以将评价这些大学的权力主要交给社会,并根据社会的评价来进行合理动态的资源分配,而不是像现在这样按其学生多寡和事实上被固化了的身份而分配资源。只有真正地盘活最顶层大学的发展活力,我国的高等教育现代化才能有希望。

(二)大众教育

对于一个社会来说,精英毕竟只是少数,而对于也希望接受高等教育的最广大的人民群众,我们还必须大力发展另一类教育,那就是我们所说的“大众教育”。

大众教育指在现代高等教育中占比最大、学生就读人数最多和主要以培养社会实用人才为目的的应用型大学和高职高专类学校。一般它们均面对地方,主要为地方的经济和社会发展培养应用型的专业人才。这类大学是现代工业社会高度发展的产物,它们的出现丰富和补充了现代高等教育的发展类型。由于同社会的联系更紧密,对经济发展的推动也往往更直接,再加上其面对的受众也更广泛、更多样,因此它们发展的好坏不仅可以代表一个国家现代化发展的水平和程度,还直接反映了这个国家可持续发展的潜能和实力。事关国计民生,这类学校的发展也必须得到国家的大力关注和支持,这就是我们要说的“抓小”。

首先,它具有直接为国家经济发展提供高素质人才的重要使命。在知识经济飞速发展的今天,现代社会的发展已经越来越依赖于或取决于一个国家总体的人口素质和能力,人力资源也成为一个国家最宝贵的发展资源,这类大学由于接受了最多的高等教育受众,因此其发展对普遍提升国家的人口素质、开发人力资源起着举足轻重的任用。

其次,抓好这类大学的发展还具有缓解社会矛盾、保国安民的重要作用。这在我国当前还不能完全均衡中小学教育资源和仍然存在严重的社会阶层分化时期显得尤其重要。因此，我们就必须加强对应用型大学和高职高专类学校的支持。这种支持不仅体现为要加大国家的经费补助，更应该体现在一种办学理念上对这类学校的支持，要通过政策上对应用型大学的支持提高应用型大学的办学质量，使其成为名副其实的社会应用型人才养成所。

针对目前我国“三本”院校和高职高专类院校普遍存在的办学实力较弱现象，国家要想办法实施重点帮扶政策，尽快提升它们的办学质量。国家对这些学校的要求也理应同那些重点大学不同，由于它们普遍办学时间较短，社会知名度低，自主自制能力也较差，并且有相当一批是民办学校，所以国家必须有针对性地加强质量监控的手段，严格准入门槛，但同时也要引入市场竞争，对办得好的要重点扶持，办得不好的要坚决取缔。

国家要积极探索民办大学的发展空间和发展机制问题，要取消现在的按分数招生和高校分类的体制，从政策上允许民办大学同公立高校进行公平竞争。要取消民办学校以赚钱为目的的逐利现象，对民办大学也要根据其办学水平给以不同的国家补助，鼓励有公益心的人投资教育事业；要鼓励学校积极同企业进行联系，进行定单式的人才培养；要加强对应用型学校的发展规律和特点研究，取消事实上存在的学校行政级别制度，切实提高高职高专类院校教师的待遇和福利，使各层各类学校都能因校而异、办出特色。以上就是我们设想的“抓小”的国家高等教育发展政策，即政府在高等教育具体工作中应该把更多的精力用在较低层次的高校发展上，要加大对这些学校的投入和支持，增加这些学校的公益性和普适性，从而让它们变成一项彻底的惠民制度，为开发我国巨大的人力资源和保护广大底层人民的权益做贡献。

第四章　新时期高等教育学创新体系构建

第一节　高等教育创造性教育模式的构建

我们已经跨入21世纪，这是一个急剧变革、以创造为特征的时代。知识经济竞争的核心是创新，它向沿袭了数百年的传统教育提出了严峻的挑战，同时呼唤一种新的大学精神，企盼构建一种新的教育模式。根据学者们多年的研究经验，设计了在大学实施创造教育的"SSR模式"，它具有普遍推广的价值。

一、当前中国高等教育模式亟待创新

早在几十年前，联合国教科文组织在谈到教育改革困扰时曾尖锐地指出，像今天这样零星地进行一些教育改革，而没有一个关于教育过程的目标与方式的整体观念，已不再可取了。还特别提到：内部改革之所以没有成效，或造成人才和精力的巨大浪费，这通常是因为上面的管理与下面的行动之间缺乏沟通和协调。这样便使得那些具有创造性、富于想象力的改革家们孤立起来了。

今天我们大学的教育状况确实取得了一些进步，但这些进步主要是量的增长，或者是一些添枝加叶的修饰工程。从根本上来说，教育观念仍是陈旧的，教育模式是保守的，教学方法是死板的。旧的教育观念，主要表现为"三型三性"，即封闭型、重复型、记忆型与专制性、权威性、统一性。很明显，它们是与现代教育的开放型、创造型、思辨型与科学性、民主性、多样性的理念相悖的。我们大学的改革，之所以没有革命性的进步，一方面是没有摆脱旧教育观念的束缚，另一方面是没有形成新的教育观念。观念是不容易产生的，一种新观念包含一个新符号的诞生。理想是以观念作为核心的。这就是说，观念的力量是十分巨大的，它既可以阻止社会的变革，又可以助推社会不断前进。

从教育模式看，我国的高等教育仍深深地陷在"传授知识—接受知识"的旧模式窠臼之中。以教师为中心、以课堂为中心、以课本为中心的"三中心"教学制度，依然占主导。这种模式和制度的保守性在于以教师为中心也就是以教师为主体，把学生当作被动的客体，维护教师的绝对权威，这与当代教育自由平等的原则是相悖的。以课堂为中心的弊端在于满堂灌，使教学脱离了实际、脱离了社会，特别是脱离了日新月异的新技术革命。以课本为中心致使学生的知识面狭窄，妨碍了学生广泛阅读、深刻思考，特别是通过顿悟获得智慧，从而不利于创造性人才的培养。

“三中心”的教学制度,最早始于17世纪捷克著名的教育家夸美纽斯提出的“分班教学”。他是第一个试图发现教育规律并根据人的本性来组织教学过程的教育家。他针对中世纪经院式的死寂空气,改革传统的个别施教为分班教学,使教育发展为全民的事业成为可能。因此,夸美纽斯受到教育界的尊重,他本人被尊为教育史上的“哥白尼”。但是,夸美纽斯毕竟是属于那个时代的教育家,不能要求他预测到今天教育发展的趋势,也不能把他创立的“三中心”教学制度原封不动继续沿用。然而遗憾的是,300多年以来,我们先后所进行的一些改革都丝毫没有触动这些制度,依然把它们视为教学工作的金科玉律,致使我们的大学教育与时代精神脱节。

为了使大学教育适应21世纪的需要,我们必须对陈旧的教育模式和制度进行彻底的改革。可以预见,一场教育观念上的革命,将在全球范围内展开,这场改革将是全面的、深刻的和连锁式的。历史经验表明,一次巨大的变革,将会涌现出适应这种变革的出类拔萃的人物,并将最终产生出当代教育改革的“哥白尼”。

二、新时期创造性教育模式的提出

古希腊哲学家、教育家柏拉图有句名言:“最先和最后的胜利是征服自己,只有科学地认识自我,正确地设计自我,严格地管理自我,才能站在历史的潮头去开创崭新的人生。”这话虽然是两千多年以前讲的,但现在听起来仍然令人振聋发聩。这句话的重大意义在于,他第一次提出了人的自我设计思想,这是每一个人走向成功的必由之路。

教育是什么?这好像是一个不言而喻的问题,其实我们并不完全明白它的真谛。据查,在文献中,给教育下定义的表述多达65种,可谓见仁见智。不过从根本上说,把教育定义为“设计和塑造成功人的实践历程”是符合现代精神的。如果这一观点得到认同的话,那么设计为实现这一目标的教育模式就是至关重要的。我们过去的教育之所以存在若干问题,就是因为设计不够精准,塑造的模具不适用,教育的模式太保守。

那么,新时期的大学教育模式应当是什么样的呢?21世纪是以创造为特征的世纪,是一个充满未知的时代,也将是揭开众多的科学奥秘的时代。很显然,适应这一时代需要的人,只能是那些具有创造力的超越型人才,而他们也唯有通过创造性教育来培养。这是合乎逻辑的。

首先,新的创造性教育模式必须树立正确的教育观念。如果没有远见卓识和大无畏的改革精神,不破除旧的教育模式,那么新的创造性教育模式就立不起来,我们也就不能迎接未来的挑战。因此,设计新的大学创造性教育模式,就是教育的再发明。为此,我们必须以21世纪为坐标,以人生的最大价值为目标,以成功人的各项优良素质为参照系。唯有如此,才能设计出培养创造性人才的新的教育模式。

其次,新的创造性教育模式必须具有可操作性。目前国内大学开展创造教育的做法是,开设了创造学、创造技法或创造教育学选修课,以传授创造学的基本知识。应该说,这种做法是有益的,对推行创造教育是一个进步。但是,它丝毫没有触动旧的教育模式,在总教学计划中,仅仅起到点缀作用。然而,新构建的创造教育模式不仅要传授创造学的知识,而且要带动课程设置、教学内容和教学方法的彻底改革;不仅要启迪创造性思维方法,而且还要催生发明创造成果。

再次,新的创造性教育模式必须具有可推广性。教育模式是由一定教育观念抽象出来的标准教育形态或可以让人们照样子去做的标准教育方案。因此,设计一种教育模式不是为模式而模式,而是为了解决教育实际问题的需要。一个模式正确与否,唯一的验证途径就是要经过实践检验;它能否推广,主要不是靠行政的干预,而是靠模式本身的实效,靠它所代表的新生力量。

前面我们提到的教育学者们构想出了大学实施创造性教育的一种模式,我们把它称作“SSR 模式”。第一个 S 是英文词组“Study independently”的缩写,可译为自学或独立地学习,是由学习者自己完成学习的一种方式。第二个 S 是英文单词 Seminar 的缩写,指大学生在教师的指导下进行课堂讨论的一种形式,有时也指讨论式的课程。R 是 Research 的缩写,意思是研究、探索。它是由词冠 re 和词根 search 组成的,因此也可译为再寻找、再探索。

自学既是一种古老的学习方式,也是现代最值得提倡和推行的学习方法。我们说它古老,是因为自孔子始到现代的许多著名大学者,无一不是靠自学成才的,他们的知识也主要是靠自学而获得的。进入 21 世纪,联合国教科文组织明确提出:新的教育精神使个人成为他自己文化进步的主人和创造者。自学,尤其是在帮助下的自学,在任何教育体系中,都具有无可替代的价值。因此,自学是一个广泛的概念,不光适用于那些没有机会进入学校的人,也包括具有一定文化基础的所有人,特别是大学生、研究生要普遍采用自学的方法来学习。

早在 19 世纪,在德国的大学里,开始使用课堂讨论方法。英文单词 seminar 是从拉丁语 seman 衍生出来的,意思是“种子”。这个词很有意思,因为在讨论中形成的灵感或新观点犹如种子,讨论能起播撒种子的作用。然而,把课堂讨论正式纳入教学计划,作为一种补充教学方法,还是美国哈佛大学于 1904 年首创的。

目前,这种教学形式在国外十分流行,形式也多种多样。把科学研究引入到大学中,是德国著名教育家洪堡于 1809 年倡导的。他认为,大学教学中,首先要使学生对于各种科学的统一性有相当了解,其次要培养学生从事研究的能力。教师的任务应当是对学生从事研究的一种引导,学生的任务应当是独立研究。自 20 世纪初,美国引进了德国的“教学和科研相统一”的新体制,造就了一批世界闻名的研究型大学,既出了成果又出了人才。SSR 为什么能成为一种创造教育模式呢？主要是基于以下三点。

第一,SSR 代表了世界古今教育之精华,特别是经过百多年的实践,证明了它们是最具有推广价值的成功的教学方法。

第二,这三种教学方法的共同特点是创造,与“三中心”的灌输式的教学法根本不同。自学是从学习者本人出发,依靠学习者的主动性、积极性和创造性的有效学习方法。课堂讨论是双向交流,营造一种自由民主的氛围,以达到激励灵感和产生新思想的目的。科学研究是学习的最高境界,它不是为了掌握现成的知识,而是应用已有的知识去创造新的知识。

第三, SSR 既反映了教学内在的联系又符合认识规律。自学是基础,是学习的初级阶段,是自己发现、提出和解决问题的过程。课堂讨论是在教师的指导下,选择自学中提出的有代表性、启发性问题,依靠集体智慧,展开自由讨论,以达到既解决问题又训练思维方法的目的。科学研究是学习的最高阶段,在课堂讨论的基础上,选择那些既有研究价值又具备研究条件的难点和疑点,深入进行研究,以获得新的发现和发明。

总之,SSR 分别代表三种学习的方法,它们既是独立的又是相互联系的。同时,SSR 又代表三个学习的阶段,由初级到高级, 一环扣一环,一步比一步深入。SSR 分别作为单个的学习方法,早就有人提出了,这里的创新之处在于运用组合思维方法,把它作为大学的创造教育模式,以挑战“三中心”的“传授知识—接受知识”的旧模式,并希望由此引起大学教学领域里一场全面的、深刻的改革。

三、构建创造性教育模式的策略

教育是以人为对象的实践学科,任何教育理论、教育模式,必须能够付诸实践,并且接受实践的检验。这时,我们才可以说某个教育理论或模式是正确的。同样,提出“SSR 创造教育模式”,尽管有其依据,但它也有待实践的检验,只有到那时,我们才能认定“SSR 创造教育模式”推广的价值。

“SSR 模式”是一个普遍的教学模式,不仅适用重点大学,也可在普通大学推广;不仅适用于文科学生,也可在理科学生中试行;不仅适合于高年级的学生,也可以在低年级学生中采用;不仅适用于专业课,也可以拓展到基础课。尽管如此,我们应当清醒地看到,实施“SSR 创造教育模式”还存在一些困难和阻力。我们要像对待其他新生事物一样,为它的顺利实施创造条件。

（一）转变观念，排除思想障碍

1. 改变传统观念，大胆尝试自学、讨论和科学研究

以往的诸多经验反复表明，任何一个重大的改革措施出台时，都会遇到传统观念和习惯势力的阻挠，有时甚至是拼死的反抗。同样，推行“SSR 创造教育模式”，也不可能是一帆风顺的，思想障碍主要有三点，即在自学上的依赖性、在课堂讨论中的泛式性和对待科学研究的神秘性。人们大多认为，自学是个好办法，但是真正采用自学成才的人却只有极少数。特别是在学校的教育中，推行自学更是困难重重。自学的阻力既有来自学生的也来自教师的，但归根到底还是来自传统的讲授制度。就学生而言，主要是怕艰苦，对教师有依赖思想。对教师来说，主要是受讲授制度的束缚，不明白教师的作用在于引导，他们能够给予学生最大的贡献，乃是帮助学生学会学习、学会自助。妨碍自学的主要借口是学生看不懂，教学必须循序渐进。

鉴于中国学生大多性格内向，不爱提问题，怕争辩，因而课堂讨论的效果都不大好。有的不善于发言，有的仅仅提一些知识性问题，难于就一些实质性问题开展思想交锋，更不敢提出独特的见解，不能发挥讨论课对启发思路和激励灵感的作用。为了克服这些，必须花大力气，否则推行“SSR 模式”就会落空。

从世界范围来看，教学方法受到普遍批评的原因，就在于忽视了教育过程的复杂性，不是通过科学研究进行学习。大学生进行科学研究，关键是要破除对科学研究的迷信，打破人为存在于教学和科学研究之间的鸿沟。科学研究是探索求知，而未知充斥在生活的各个角落，只要你是一个有心人，那么时时处处、事事都可以有所发现或发明。世界上许多著名科学家，如数学家高斯、天文学家伽利略、物理学家爱因斯坦和化学家鲍林等，在大学期间就开始进行研究，并在相关领域里作出了重大的发现或发明。他们的成功经验，证明了大学生开展科研是可行的，每个大学生都应坚定不移地走自己的成功之路。

2. 以学生为主体

众所周知，剑桥大学以学生为本的教育理念培养出无数的世界一流人才。剑桥大学以学生的发展为出发点，一切工作都着眼于服务学生的需要，着眼于提高学生综合能力，为学生的学习、生活和就业提供全面服务，值得我们借鉴。

从细节方面来讲，在教学上要以学生作为主体，教师作为主导，形成教学的互动关系。在教学过程当中，最容易出现的问题是过分强调教师的主导作用，而忽略了学生作为学习主体的自主性和能动性。如果学生只是被动地接受信息，便会导

致照本宣科而缺乏个性和创造性的结果。

教学中，切忌向学生灌输知识，而应该让学生主动地参与到教学环节中来。教师应引导学生由消极被动的知识接受者转化为积极寻找问题，发现问题，探索并寻求解决问题方法的创造者。教师应该多从学生的角度考虑，这样才能不断发掘自己在教学过程中的问题，及时调整教学方法，改善学习效果。教与学的过程当中，会遇到很多问题，这应该是一个师生共同探索的过程。学生通过思考和实践与教师形成共鸣，从而认识和发现规律，掌握知识，锻炼独立自主解决问题的能力。

在课堂上，切忌教师在整个课堂唱独角戏。师生之间互动少会导致学生学习缺乏积极性，甚至出现厌学情绪。教师与学生应进行更多的“朋友式"交流和沟通，既能够让教师及时得到反馈，了解学生在学习过程中的困惑，又能让学生意识到知识面前师生平等，从而充分发挥学生的主观参与性。只有最大程度的体现学生在教学过程中的主体作用，才能达到高校教学追求的目标，即培养自主独立型和创造性人才。

（二）转变教师职能，提高教师的素质

在传统教育中，教师的主要职能是讲授课程，而学校里的课程内容和教学方法又多半是从教师出发，而不是根据学生的需要而选定的。教师讲授课程的特点，倾向于重复过去，并且容易导致形式化、公式化、标准化。这种“讲说章句”式的教学，严重地背离了时代精神，改革已是刻不容缓的事了。

按照“SSR 教育模式”，课堂教学基本上将被学生的自学所取代，但这并不意味着教师将被取消。在新的教学模式中，教师的作用仍然是不可少的，只不过他们的职能发生了转变。同时，网络学习的兴起，也促使教师职能的转变，教师不再是传授知识的媒介。未来教师的主要职能是培养学生的道德品质，启发学生的创造思维能力，指导学生进行科学研究工作。就大多数教师而言，目前要担负起新的职能还是有困难的，这主要是因为他们本身接受了知识面较窄的专业化教育，仅仅担当教学单一的角色。为了适应新的教学模式的需要，每个教师必须努力提高自己，主要是加强人文素质修养，拓宽专业知识面，掌握创造思维方法，提高管理能力，学会做科学研究工作。唯有如此，教师才能在推行新的教育模式中，找到自己的位置，也才能真正发挥教师的引导作用。

（三）精简课程，编写便于自学的教材

目前，大学里课程设置太多，内容陈旧，课时太长，统一过多，致使学生负担太重。这些问题由来已久，改革的任务是艰巨的，必须作为一项系统工程，由国家组织力量方可完成。从课程改革方向看，应当有利于学生从整体上掌握知识，多开设

短课、研究型课、选修课、思维方法课,促进学生创造力的开发。从教材内容看,应当贯彻“少而新”的原则,突出重点、难点和疑点,既便于自学又有适于开展课堂讨论的参考题和提示。

总之,改革课程和教材是实施“SSR 创造教育模式”的重要环节,是培养创造性人才素质的基础,一定要抓紧抓好。设计和实施“SSR 创造教育模式”,是大学教育迎接新技术革命的对策之一,是引发高等学校全面改革的突破口。尽管实施“SSR 模式”不是一件易事,但也绝不是望而生畏的难事。只要我们发扬改革和创新的精神,不断实践和总结经验,我们就一定能够创建一种反映新时期大学精神的创造性教育新模式。

(四)改善教育模式和教学方法

1.改革课堂教学模式

目前,大学的课堂教学模式大部分采用“授-受”模式,这种模式制约了学生创造力的发展。改革课堂教学模式可从以下几个模式入手。

(1)案例教学模式。在大学课堂上,应把理论学习和“实践”学习结合起来,以培养有实践能力的学生。可利用各种案例进行教学。教师可利用案例教材或自己编写一些案例,让学生提前阅读案例,在上课时组织学生进行案例讨论,最后,取得一定的共识或得到某些启发。案例课和理论课应混合进行,可占总课时的三分之一或一半左右。

(2)合作学习模式。合作学习是以小组学习为主要组织形式,通常将全班学生按照学业成绩、能力倾向等方面的差异划分成 4 ~ 6 名学生组成的小组,组内异质,组间同质,使他们在学习内容和学习结果上有很强的依赖性。为了完成一系列的合作性任务,为了集体目标和个人目标的共同完成,就必须建立积极的互帮互学、互相切磋、相互依赖的关系。这样不仅充分开发和利用了教学中的人力资源,也培养了学生的群体意识。合作学习以学生间的协同、合作性活动促进个体学习,克服了传统教学既忽视学生自主性又丧失学生学习共同性的弊端,有助于淡化班级授课制中师生的单向权威关系,有助于将积极的人际互动引进课堂,充分发挥人际关系对个体发展的作用,建设性的处理学生的个体差异,从而突破了传统教学忽视人际交往的整体化一性,构建出新型的集体性教学组织形式。

(3)开放课堂模式。目前的课堂教学形式单一的强调班级结构,忽视了对学生的兴趣的培养。开放课堂旨在强调为学生创建一个不考虑能力、年级分组,只是按照学生兴趣学习知识。教师的任务在于创造一个令学生满意的环境,并做学习上的引导、建议、鼓励和帮助,而不直接介入学生的学习活动。开放课堂可以促进学生独立性、创造性的开发，促进他们求知欲的提升，培养学生对教师、对学校的积极态度，帮助学生逐步形成合作能力。

2. 优化教学方法

课堂教学方法和教学手段直接影响着人才培养目标的实现。以往那种传统教学使学生长期处于被动接受和继承地位，限制了学生的思维空间，抑制了学生的自学能力和创新能力。当前，我们的课堂形式过于单一，教师一味地讲，学生一味地听，这种传统的授课形式已经成为一种根深蒂固的习惯，要想转变这种模式，必须从根本出发，不仅学生、教师也要更新观念，寻找适合自身教学、学生学习的方式方法，让课堂变得更加活跃。要增加讨论、辩论、案例分析、集中问答、专题性讲授等多种形式，使学生在和谐的课堂氛围中学习知识、开发智力。要支持教师为深化教学方法和手段的创新而进行的改革。在高校，必须尊重教师在教育教学过程中的创新，激发教师的能动性，鼓励教师的创新。对教师的教学改革持赞许、宽容的态度，允许教师改革失败。只有这样，才能调动教师的积极性，为学生的学习提供新的氛围和方式。

3. 改革教学评价制度

目前，高校对学生的评价有失偏颇。在对学生的整体评价上，重学业成绩，轻综合素质，特别是不重视人才的人文素质，而在学生评价上又偏重于专业学科课程的分数而忽视对其学业整体的衡量和对能力的评鉴；在学业评价过程中，“一试定乾坤”，缺乏对学生进行发展的、全面的考核；片面强调考试的“标准化”，导致考试内容以“教材为中心”，试题以“客观题”为主的不良倾向，导致学生重死记硬背，忽视解决实际问题的综合能力的锻炼与培养。上述种种倾向表明当前对学生的考核评价制度是与培养学生能力，提高学生素质的教育宗旨极不相称的，是与创新性人才培养模式不相协调的，必须对学生评价制度加以改革。

第一，建立全面评价学生专业知识、能力和综合素质的评价制度。当前重点是研究设立人文素养和学习能力、创新能力的测评项目，作为对学生评价的基本要素，纳入学生评价的指标体系，建立更为全面的评价标准。

第二，要淡化所谓考核标准化，鼓励教师用多种形式对学生的专业素养进行综合的测评，同时要采用符合学科特点的形式考核学生各种能力。

第三，改革考试方法。目前我们大多仍采用的是闭卷考试，教师划重点，学生死记硬背笔记，应付考试。要增加能力考试的分量，可以论文加闭卷考试、开卷考试、口试等灵活方式代替以往单纯的闭卷考试。要建立校园诚信体系，使抄袭现象无生存的“土壤”。第四，对学生参与非计划课程活动设立相应评价项目加以考核和评价,考核评价的结果应纳入学生的整体学业评定中。例如,对学生参加各种学术讲演、文化教育讲演的心得加以评价;给学生提供必读书目,要求写读书心得并加以评价等,把这些结果纳入学业成绩评价,借以引导和激励学生积极参与非计划课程活动。

(五)重视实践教学

2015 年 5 月 13 日国务院办公厅发布的《关于深化高等学校创新创业教育改革的实施意见》(以下简称《实施意见》)指出深化高等学校创新创业教育改革是国家实施创新驱动发展战略促进经济提质增效升级的迫切需要,是推进高等教育综合改革、促进高校毕业生更高质量创业就业的重要举措。《实施意见》指出,高校创新创业教育已经取得积极进展,但仍存在不容忽视的突出问题,典型表现之一是创新创业教育体系有待完善。理论教学与实践教学是高校人才培养的两个重要环节,二者相辅相成。重视实践环节是创新教学改革的主要内容之一,尤其对于一些实践性较强的专业,动手能力非常重要。为防止出现毕业生工作后出现上手慢和适应能力差的现象,我们需要花更多的精力对学生进行实用性技能的培训,这对增强学生的就业竞争力和社会技能非常有帮助。

第二节　高等教育创造性人才培养模式的构建

人才是一个既古老而又鲜活的话题,迄今无论是在言谈还是于文字中,人才一词恐怕是使用得最多的了,以至有泛化和庸俗化的趋势。但是,究竟什么是人才?我国当今的人才状况如何?在人才问题上的软肋又是什么?解决人才问题,需要卓识和胆识,否则发现人才、培育人才、推荐人才、使用人才和保护人才只能是一句空话。

人才有一个重要的特点,就是层次性。美国密歇根大学丹尼逊教授把人才分为七个层次,其中第一层的特点是具有高度创造性和想象力,他们应当是一批推动科学发展进而带动科学发明创造的科学家。我国至今尚不能称作创新型的国家,其原因就是我国在研发中经费投入不足,缺少原创性的成果,自主新技术在经济发展中应用率比较低。

人才成长的管道是多种多样的,但学校教育无疑是输送各式人才的主要管道。如果说《国家中长期人才发展规划纲要》勾勒了我国未来人才培养的蓝图,那么我国的高等学校应当是实施这幅蓝图的“人才工厂”,而大学的校长们则是设计和生产这些人才的“设计师”或“工程师”。社会对人才的需要是多品种和多规格的,而培养人才的高等学校也应当是多种类型和多档次的。既有大众化的,也应当有少数精英化的;既有职业性的,也有少数象牙塔型的。它们的区别只是学校的功能不同。但不管哪类大学,都应当把培养富有创造性的人才作为中心任务。培养创造性的人才,不是一个孤立的问题。大学必须构建一个完整的体系,由大学的目的、教授的内容、教学模式、大学的文化氛围和人才评定等五个环节构成,它们彼此环环相扣,缺少任一个环节,都将不利于创造性人才的成长。

一、培养创造性人才,是新时期高等教育的总趋势

人类的全部历史证明,社会生产力就是随着科学技术的发展而不断提高的。特别是在技术革命的今天,科学技术的作用,从来没有像现在这样突出。可以毫不夸张地说,今天世界范围内的一切竞争,归根结底,都是智力的竞争,并且总是智者获得胜利。智力是动力,是促进社会与经济进步的高效催化剂。一个国家的发达程度,从根本上说,不是依赖于它的经济状况,而是由智力开发的程度所决定的。因此,振兴经济,必须开发智力。教育是开发智力的主要途径,没有高度发达的教育事业,就不可能有充足的智力来源和储备。为了适应新的技术革命的需要,各级各类学校,特别是高等学校,都要端正教育思想,把培养创造性人才作为自己的根本任务。

创造性人才,通俗些说,就是尖子人才。所谓尖子人才,是指在解决重大科学技术问题时,有突出创造力的人才。这种人才是科技人才的精华。培养这样的人才,是当代教育的总趋势。

培养尖子人才,要有尖子学校。从各国对创办尖子学校的态度和尖子学校的实际效用,可以看出当代教育的这一总趋势。最早的尖子学校是法国高等理工科学校。它是在大革命时期,由拿破仑创办的。它的规模虽然不大,但有着明确的宗旨。该校的校徽上鲜明地印着 X 字样,表示未知数,以培养能解未知数 X 的创造性人才为自己的宗旨。这无疑有助于形成活跃的学术研究气氛。正是在这种学风的熏陶下,培养出了大批尖子人才。1889—1932 年,这所学校就培养出了 139 名科学院院士,还有其他院士 33 名。闻名于世界的彭加勒、孔德便是其中的代表。法国的尖子学校,除高等理工科学校外,还有一些著名的大学。

美国的高校也十分强调创新学风。加州大学伯克利分校就是这样。它把培养学生的创新精神直接贯穿于办学方针和行动。对大学生和研究生,不是简单地以分数衡量,而是着重要求具备创造能力;教师提职,不片面地追求论文数量,而主要看其成果的创新程度。该校办公楼被命名为 Spirit Hall,也即精神大厅。大学生每天都要在大厅前集会,发表演说。尽管每次人数多寡不等,但从未间断。这也反映了大学生们所追求的正是创造精神。除加州大学伯克利分校外,普林斯顿大学也明确规定,学生需要科学地学习,强调个别学习和学术上的自由讨论,不容武断和

以势压人。

我国在近几年也开始注意到培养学生的创造能力,设立尖子学校。中国科技大学少年班就是培养尖子人才的试点。从 1977 年开始,经过 7 年,获得了一些成功的经验,造就了不少有创造力的尖子人才。他们有的考取了研究生,有的出国深造,其创造能力日益显露。

其实,培养创造性人才,是科学技术发展的需要。现代科学技术的基本特征是,极大地突破了经典科学的范畴,越来越深入到新的领域,而且发展速度也急剧加快,新的科学技术不断问世。显然,新的科学技术不会产生于因循守旧的土壤,只会出自富于创造性的人才之手。另外,在国际上,各国科学技术发展不平衡,竞争总是存在的。较为先进的国家,如不抓紧创造性人才的培养,完成更新的科学技术成果,其先进的地位将会摇摇欲坠。而较为落后的国家,若满足于跟在别人后面模仿、借用,则永远也改变不了令人寒心的局面,始终处于被动的地位。这也是各国越来越重视创办尖子学校,培养创造性人才的根本原因之所在。

二、何谓创造性人才

就高等教育而言,应该以培养创新性人才为诉求,进行培养模式的改革,这既是不断深化高等教育思想变革的必然选择,也是知识经济时代对高等教育提出的新要求。

(一) 创新性人才的基本含义

就创造性而言,人皆有创造性,儿童的创造性强于成人。人的创造性来自两个方面。一方面是先天因素,主要指遗传素质或先天禀赋。大体上智商和创造性呈正比例。另一方面为后天因素,来自环境和教育等方面,与人的经历及其建立的应对模式有关。现实的创新性人才来自上述两方面因素的复杂作用的结果。教育对创新性人才的产生具有两面性,即恰当的教育利于培养人的创造性,不当的教育阻碍人的创造性。

所谓创新性人才,就是具有创新精神和创新能力的人才,能开创新局面,对社会发展做出创造性贡献的人才。他们是人才中的翘楚,是稀有资源,是一个社会进步的标志。创造者的个性主要有勇气、独立性、冒险、持之以恒、好问和复杂性。创新性人才一般有以下几方面表现。

(1)善于质疑,有很强的好奇心和求知欲望。

(2)有很强的自我学习与探索的能力。

(3)兴趣广泛,拥有广博而扎实的知识,有较高的专业水平。

(4)具有良好的道德修养,能够与他人合作或共处。

(5)有旺盛的精力和良好的心理素质,能承担艰苦的工作。

(二)创造性人才的具体特征

不同的人才,具有不同的基本特点。无疑,作为人才之杰的创造性人才,也必定具有其基本的特点。

1. 富于想象,抽象思维能力强

一般来说,不论科学上的发现,还是技术上的发明,都来源于人们的实践。但是,这并不否认抽象思维和想象力的重要性。恰恰相反,这突出了它的重要性。通过实践,只能得到科学事实,然而,事实并不等于发明创造。只有经过科学抽象、逻辑思维,有时是丰富的想象,才能透过现象,逼近本质,从而做出发明。爱因斯坦提出相对论,其贡献是伟大的,这一点人们从不怀疑。但是要看到,相对论是建立在著名的思想实验上的,没有它们,就很难引出相对论的基本原理。而这些思想实验主要是充分发挥创造性思维和想象力的结果。所以,他自己深有体会地认为,想象力概括着世界上的一切,并且是知识进化的源泉;严格地说,想象力是科学研究中的实在因素。

2. 头脑开放,对新事物敏感,勇于挑战

创造意味着革新,意味着同陈腐的传统观念决裂。富于创造性的人才十分注意这一点。新的事物、思想、观点一旦出现,他们就能敏感地接受,适应变化了的环境。不仅如此,在新的事物还没出现的时候,只要认识到传统观念的局限,他们就敢于坚决向传统观念及其权威挑战,从批判旧观念中,促进新事物的出现。无疑,这要冒极大的风险,会招致各方面的讥讽,以至打击。但是,为了科学技术上的进步,坚持真理,他们在所不惜。这就是科学的献身精神。19 世纪中叶,达尔文冲破传统观念的束缚,提出进化论,这是生物学的一次重大变革,也是对当时“神创论”“预成说”的勇敢挑战。而当围攻四起的时候,达尔文本人,尤其是赫胥黎坚定地站在新学说一边,有力地捍卫了进化论学说。

3. 勤察多疑,细心体察新奇现象,善于发现

科学技术的发明、发现产生于对新奇现象的捕获。在科学发明中,有时称为机遇。它首先是一种现象、信息,其中孕育着事物的本质;同时它又有新颖、奇特之处,与一般的常见现象不同,透过这种现象,可以抓住新的本质从而导致发明、创造。新奇现象的捕获需要这样两个条件。一是勤于观察。这种现象尽管有新颖、奇特之处,但有时表现得很微弱,并且和一般现象混杂在一起,稍有疏忽,就会遗

漏,故需仔细观察。二是善于质疑。由于各种现象混杂在一起,而且即使是新奇现象,也不一定必然都有价值,因此,需要多提疑问,多方面进行分析,区别哪些是正常现象,哪些是新奇现象;在新奇现象中,哪些有价值,哪些是无价值的干扰现象。回顾科学史,有所创造的科学家,大多能细心体察,从而发现新奇现象;善于质疑,最后获得科学发明的信息。不仅实验研究中如此,理论研究中也是这样。

4. 不知满足,经常给自己出难题,永远进取

创造性人才所表现出的创造性不限于一时一地, 而体现在向科学技术尖端不断进击的全过程中。围绕某一课题,做出重大发现,有时并不困难,因为机遇的偶然获得,长时间地研究某一问题,都能获得一时的成功,而且表现出创造性。困难的倒是不断有所发明。如何不断进击、永远进取呢?首先在思想上不满足于现有成绩。课题之间是相互联系的,解决某一问题,可能只是一系列成功的开端,阶段性成果只是实现大目标的中间产品。对于一孔之见盲目自满,对于一得之功沾沾自喜,不能算是一个合格的创造性人才。另外,在具体方法上,要善于给自己不断提出问题。问题是研究的出发点,也是研究的课题。有了课题,就有了研究方向。选定了正确的课题,就为创造性地解决问题奠定了基础。正像德国物理学家海森堡所说的,提出正确的问题,往往等于解决了问题的大半。许多科学家都是极富创造性精神的。他们的实践生动地表明,只有不知满足,经常给自己提出难题,才能不断进击,永远进取。

三、目前我国高校人才培养模式的现状

目前,随着科学技术的日新月异,特别是信息技术、网络技术和计算机技术的不断发展,经济结构、产业结构、职业结构都在变迁,人类的社会生活也发生着深刻的变化。为应对经济社会的发展,我国高等教育人才培养模式也发生了巨大的转变,国内部分高校进行了多方面的探索。文理渗透,尊重个性,全面发展,对我国当前的高校人才培养模式改革起到了启发作用。但就国内多数高校而言,受到长期以来传统观念影响,培养模式还不适应经济社会发展对人才的要求。

(一)高等教育理念滞后

高校要培养什么样的人,是高等教育的核心问题。在计划经济时代,高校培养的是能干活的“专家”。虽然时代已变,但许多高校的教育理念并未跟上时代的步伐,仍然在培养普通的“继承性”人才。正如耶鲁大学校长莱文所指出的:“在学生学习中,把注意力放在对于知识要点的掌握上,不去开发独立和批判性思维能力。这样的模式,对于培养一些流水线上的工程师或者是中层的管理干部可能有用,但

是如果要培养具有领导力和创新能力的人,那就不足了。”其实,这不能过多责怪学生,这是我国落后的高等教育理念和模式所致。

(二)课程设置不合理

课程设置主要包括课程结构和课程内容。目前高等教育的课程设置不合理,主要体现在以下两个方面:一是课程结构安排欠妥。高校开设的课程种类过繁、过多,课程开设的先后顺序不合理,各课程之间的联系也不密切。二是课程内容陈旧。高等教育的内容还是仅限于传统的知识,许多知识都是较为陈旧的知识,不能及时反映时代、学科发展的前沿水平。

(三)教学组织形式单一

高校的教学组织形式仍然保持传统的班级授课制度。这种制度具有其独有的优势,可以有效地扩大教学规模,提高教学效率,使学生获得系统的科学知识,充分发挥教师的主导作用等。但是,我们也应认识到这种组织形式也有自身的缺点,不利于因材施教,难以照顾学生的个别差异;限制了学生的独立性、创新性的发展;割裂了内容的整体性;缺乏真正的生生合作。

(四)教学方法不当

教学方法运用是否妥当直接影响教师对知识技能的传授,影响学生对知识技能的理解和运用。研究和改进教学方法有利于增强教学效果,提高教学效率。我国目前高等教育的教学方法主要是以注入式为主,即教师课堂讲授,学生被动接受。这种方式不利于激发学生的主动性、积极性和创造性。

(五)教学评价体系偏颇

教学评价是对教学活动的准备、过程和结果的测量、分析、整理和价值判断。一般而言,教学评价包括学生评价和教师评价。学生评价主要是学生的学业成就评价,教师评价主要是教师教学工作的评价。目前,高校往往更注重对学生学业成就的评价,对教师的评价则流于形式。其中,对学生的评价主要是以考试测验为主,这种单一的形式不利于对学生综合素质的考核,不利于学生独立性、创造性的发挥。目前,培养具有创新性的高级人才,适应经济社会发展的需要,已经成为高等教育的当务之急。

四、构建创造性人才培养模式的策略

创造性人才的基本特点,决定了培养这种人才需要区别于其他人才培养的基本途径。如何认识和实践这些途径,是当前高等教育改革中应当重点研究的大问题。目前,虽然还无完整的经验,以下几方面是值得倡导的。

(一)更新高等教育理念

就创造性而言,大学应确立的理念应包括兴趣、自由、置疑、创造。其中,兴趣是人产生创造性的基础,强迫或逼迫则压抑创造性。因此,学什么、在什么地方学、如何学都应该成为学习者的权利。学习者在不明确自己兴趣的时候,教育者应给予一定的时间,让他们在校园中“任意畅游”,以最终确定自己奋斗的目标所在。自由是人的创造性的“孪生兄弟”,在高校中,过多的限制会影响创造性。因此,校规和相关规定不应过于关注学生的小节,应在学生做人、做事、学习等大的方面做出规定即可,要以服务学生,便利学生为宗旨。陶行知先生在20世纪初提出要给儿童“六大解放”,现在读来也觉切中时弊;置疑应该是大学文化的重要部分。

从根本上说,权威就是用来怀疑和超越的,大学的校园应弥漫着浓厚的怀疑氛围。在教学过程中,师生围绕各类问题展开讨论应成为常态。有独立思考、独特见解的学生应获得较高评价,严禁抄袭、雷同现象;大学不是中学教育的延续,而是中学教育的飞跃。所有的人,都要考虑对社会有所贡献。因此,就学生而言,应鼓励学生边学边创造,而不仅仅是做“听众”。因为,创造性的工作和成果不会一蹴而就,需要锻炼和实践。

(二)要尊重科学,发扬民主,形成活跃的学术气氛

如果说,做任何事都要尊重科学,发扬民主,那么办教育就更需要这样。有人说,高等教育的产品是人才,这是一种特殊产品。至于创造性人才,就更特殊了。创造性人才,在科学实践中,可贵之处在于能运用自己特有的科学认识来了解和变革事物,从而作出创造。因此,在培养这种人才的过程中,不能像对机械产品那样,使之完全处于受人操纵的被动地位,而绝对需要尊重科学,按客观规律办事。要重视个人的学术意见,发扬民主。对于同样的学术问题,要允许有不同的见解乃至争论。争论的过程是一个深入思考、激发新思想的过程。所以,只有在这种活跃的讨论气氛中,才能造就学生的爱思索、求创造的精神。任何试图以一种意见代替甚至扼杀其他见解的简单做法,都是不利于独创精神的培养的。实际上,无论国外还是国内,许多学校,如加州大学伯克利分校,都把发扬民主,营造活跃的学术气氛,作为一种学风来要求,在培养创造性人才上,确实取得了成效,为我们提供了很好的借鉴和参考。

(三)保护个性,因材施教,允许冒尖

创造性人才往往具有某种特殊的个性,抹杀个性,往往会埋没人才。因此,培养创造性人才,不能像生产机械产品那样,在可见的空间坐标上,生产出模式一样、尺寸一致的产品。在培养过程中,既不能企求用统一的车刀来切割,也不能用统一的模具来铸造,而需要保护个性、因材施教,使个性得到发展,使创造力得以培养。是否坚持因材施教,是教育战线上一直存在的老问题。历史地、全面地看,不问对象,同样对待是有其弊端的。这正是平均主义在教学中的表现。这样做,既会使后进者,亦即智力条件差的人感到吃力,以至于丧失学习信心,产生悲观情绪,也会使智力素质高的人感到不满足,导致智力的增长、创造力的培养受到束缚。国外许多高校对此十分重视,纷纷采取因材施教的方法。因材施教的做法既有利于前者,使他们在可接受的情况下,循序渐进,增长知识和创造力;也有利于后者,使他们的智力得到充分发挥,涉足更多领域,获得更多的知识。当然,这样做,也可能引起学生的智力差距,智力条件好的会更好,创造力更为增长,出现冒尖现象。不过,应该看到,这是正常的现象,应该允许冒尖。

(四)倡导自学,启迪思想,打好基础

自学,在这里有两种含义。一是指在校的学生,不能过分地依赖课堂,而应当学会自学。从自学中加深理解,启迪思想,以形成自己的独特见解和方法。二是指社会上的青年,不应碌碌无为,应张开理想的翅膀,敢于飞向科学的高峰。要达到这样的目的,其途径也主要是自学。创造性的人才在科学研究中的作用,决不是单纯地转录教师的讲课和书本,而是运用已有的知识,举一反三,创造性地解决新问题。自学就是实现这一目的的重要途径。自学,不仅可奠定知识方面的基础,还能锻炼和学习逻辑思维方法.独特的分析问题和解决问题的能力。一旦这样的条件成熟,在遇到新的课题时,就能不为已有的见解所限,而是举一反三,提出新见解,表现出创造性。

无数事实证明了,通过自学,可以启迪思想,促进成才。这是培养创造性人才的重要途径。

(五)创新教学管理运行机制

教学管理运行机制是高等学校为保证实现人才培养目标而制定的各项教学管理制度及其内部相互作用的过程和方式。以往的教学管理制度大多侧重于对师生双方“守时”“守纪”以及教学进度、课堂教学效果的规范和制约上,只适用于“传授型”的人才培养模式。而实施新的人才培养模式,需要一个规范、宽松的环境。为

此,应以“严格目标要求,放活培养过程,实行弹性学制”作为教学管理方针,并围绕这个方针进行各类教学管理制度、政策及教学管理系统的建设工作。

社会的发展,人才的成长,客观要求高校必须创新人才培养模式,采用科学有效的教育方法和手段,最大限度地开启、挖掘人的创新思想、创新能力,以实现培养和造就人才的目的。构建创新性人才培养模式,必须坚持知识、智力、能力和素质的辩证统一。高等教育只有注重“全人”教育,重视创新能力的培养,才能适应21世纪经济发展对人才的需要。

上述几点,主要是说通过教育和理论学习,来提高创造性解决问题的能力。还应该看到,通过实践,尤其是科学研究的实践,更有助于培养这种创新能力,促进创造性人才的产生和成长。培养创造性人才,途径是多方面的。在当前教育改革的浪潮中,我们应大胆地探索这些途径,争取培养出更多创新型人才,以应对新时期智能科技革命的挑战和高等教育改革的需要。

第三节　高等教育创新体系的构建

一、构建高等教育创新体系的必要性

“创新”一词的提出已有百余年了。它是1912年奥裔美国经济学家约瑟夫·熊彼特在《经济发展理论》一书中首次提出的。时年他仅29岁,正因为这本名著及其新颖的观点,他一举成为世界著名的经济学家。他认为创新的通义是建立一种新的生产函数,也就是把一种从来没有的生产要素和生产条件的新组合引入到生产体系中去。就经济发展而言,创新包括5种情况:引进新产品;采用新技术;开辟新市场;控制新原料;实现新组织。创新理论一反传统的观点,用生产技术、生产方法的变革来解释资本主义经济发展的本质,不再强调以人口、资本、工资、利润和地租来推动经济的发展。

熊彼特创新理论提出后的前50年里,创新理论并没有受到足够的重视,原因是期间受凯恩斯理论的影响,许多国家经济出现了近20年高速增长的“黄金期”。对于这种现象,已不能用传统的经济资本和劳动力来解释,于是导致了技术创新理论的产生。该理论的代表人物是美国经济学家索洛,他在1957年发表了《技术进步与总生产函数》一文,分析了美国自1909—1949年的制造业,认为“总生产的88%归于技术的进步。”索洛是新古典经济理论的代表人物,他以技术为基础,创立了索洛模式。熊彼特1950年去世,他的继承者们逐渐形成了一个创新学派,代表人物有索洛、弗里曼、多西和特贝克等。20世纪50—70年代,是日本经济腾飞的年代,这引起了英国经济学家弗里曼的注意,为什么日本能够在资源贫乏和技术

落后的情况下，只用了10多年的时间就在一个战败国的废墟上建成了工业和经济大国？他在深入研究8本经济的基础上，发现了日本经济的发展主要是靠引进国外先进技术。于是，在1987年他首次提出了国家创新体系理论，该理论使他成为熊彼特理论的后继者。按照弗里曼的解释，国家创新体系理论的基本含义是“由公共、私有部门和机构组成的网络系统，它们之间的相互作用及其活动，促成、创造、引入、改进和扩散各种新知识和技术，使一国的技术创新取得更好的效果”。1993年，美国经济学家纳尔逊在《国家创新系统》一书中，把国家创新系统定义为“决定一个国家内技术学习的方向和速度的国家制度、激励结构和竞争力”。之后，美国著名的创新理论学家亨利·埃茨科威兹提出了创新三螺旋理论，《三螺旋》一书的中文版也于2005年出版。埃茨科威兹认为，区域创新依赖于大学、产业、政府三方的互动，不强调谁是唯一的创新主体，三方中的任何一方都可以是创新的主持者、主体和参与者。无论以哪一方为主，最终都是要形成动态三螺旋，推动各种创新活动的开展。在这个过程中，三方各自起着独特的作用，但又和谐地相互合作、协同创新，形成共同的发展势头，导致区域经济与社会的繁荣景象。

从宏观上讲，大学是国家创新体系中的一个终端，并且起着核心的作用；从微观上讲，大学又是一个独立的创新实体，它又必须组建自己的创新体系。创办于1861年的美国麻省理工学院，2011年刚刚迎来了它建校150周年的庆典，但该庆典没有举办任何嘉年华的庆祝仪式，倒是用了半年的时间开展各种反思活动，反思如何让学校在解决人类未来面临的最紧迫问题方面继续走在世界的前列。麻省理工学院是一所创新型大学的代表，它拥有一个叫作“媒体实验室”的研究机构，该机构专注于几十年甚至几百年以后的研究课题，希望引领世界科学技术和产业的前进方向。在浓厚创新氛围的熏陶下，该校教师和学生都充满了创造性的活力。波士顿银行1996年发布了历时7年的一份报告——《冲击创新》，统计出该校毕业生和在校的教师共创办了4000家相当活跃的公司，创业的财政收入占马萨诸塞州CDP50%以上。如果把这些公司组成一个“独立”的国家，它的经济实力将排在世界的第24位。如此成就，源于该校已经建立起来的创新体系，该体系是原创性的基础研究、应用研究和产业化相结合的一个整体。

那么，我国大学创新体系建设的情况究竟如何呢？有报道称，我国大学创新体系的框架已基本形成，是由“三个金字塔和一个平台”组成。“三个金字塔”是指一个知识创新体系、一个工程技术创新体系、一个哲学社会科学创新基地；“一个平台”是指成果转化与服务平台。学界对这种大学创新体系的认识和评价，目前尚未达成一致。有人持肯定态度，当然也不乏学者认为这种创新体制既不符合实际情况，也偏离了大学的中心任务，是不能成立的。大部分相关人士普遍认为，从目前实际情况看，我国大学创新体系并没有真正形成。因为至今仍然没有一所大学完全按照培养科学技术发明创新人才的模式培养人才。从大学的基本任务来看，“三个金字塔和一个平台”的大学创新体系构架并未涉及大学的主要功能。一个有实用价值的大学创新体系，必须由有创造精神的大学校长，或是由专门研究创造教育的教育家来精心设计，并切实付诸实践，使之产生经济和社会效益才行。的确，任何理论和研究都要对现实生活产生影响。这应当成为我国教育研究者学习和设计大学创新体系的根本指导思想。唯有如此，才能建成我国真正所需要的创新型大学。

二、构建高等教育创新体系的初步探索

从总体上说，大学的主要功能是教学、科学研究和服务社会，这已是世界高等教育界基本公认的原则。因此，大学创新体系的设计，必须依据大学的中心任务，即出人才、出成果和服务社会，任何偏离了这个中心任务的体系，对于建设创新型的大学都是无益的。对于创新型的大学来说，在创新体系的作用下，所培养的人才应当是创造性的人才，所完成的成果必须是原创性的重大成果，而为社会服务不仅仅局限于当前，更应当着眼于未来，应当起到普通大学所不能起的作用。重点大学不同于技术培训学院，也区别于普通大学。因此，重点大学要把为社会服务的目标定得更高，眼光要看得更远。

设计大学创新体系，必须要有明确的指导思想，其指导思想主要体现在三个原则上。

首先是创造性的原则。创造是从无到有，人们作出第一的、率先的、旷世绝伦的成果便是创造。创新是从旧到新，是对原有事物的改进、改良、拓展，创造力是创新的基础。创造是人的大智慧，大智慧与小聪明不同，后者可能是有用的，但难有大作为，唯有创造性的大智慧，才能引起科学技术和人类社会的根本变革，进而把科学技术推向前进。创造能力是人人都俱有的，设计创新体系目的就在于把大学中教师和学生们的创造性潜力激发出来。

其次是实践性的原则。理论必须与实践相结合，任何理念或体系，如果不能在实践中实施，或者不能在实践中检验其正确性，那么，再好的理论或是体系，也是没有任何意义的。

再次是可操作性的原则。所谓可操作性是指人们既能够接受它，又能够使用它。否则，再好的体系，也不会对大学的建设起到任何的积极作用。

所谓体系，是指若干有关事物或某些意识既互相联系而又互相制约构成的一个整体。在一个体系之中，虽然有诸多的事物或环节，但必定有一个连接的中心或主要环节，抓住了这个中心或主要环节，就能够提纲挈领地带动各个环节。大学创新体系，包括创造性教学、原创性的科学研究以及以培养创造性人才和推广创造性

的成果为社会服务。在这个体系中,创造性的人才是核心环节。因为培养创造性的学生需要创造性的教师,开展创造性的研究也必须有创造性的研究团队。科学史上成功的经验也表明,在一个天才人物的周围,必然会形成一批杰出的人才,也一定会出现一个有影响的科学学派。

大学创新体系的要素是具有鲜明的创造性特点的。第一要素就是创造性的教学,以培养创造性的人才为目的。关于创造性教学,前面我们已经论述了 SSR 教育模式,该模式的优势比较明显。

首先,SSR 教育模式体现了学习者的主动性,有利于调动学习者的积极性和创造性。新的 SSR 模式克服了沿袭 300 多年的“三中心”教学模式,即以课堂为中心、以教师为中心、以教材为中心。传统的“三中心”教学模式,把学习者置于被动的地位,仅仅向他们灌输书本知识。这种模式已不符合以创造为特征的 21 世纪经济发展的需要,因此,必须进行彻底的改革,以新的教学模式替代它。

其次, SSR 模式包含的三种学习方式,经过了长期的实践,证明了它们是符合创造性原则的。自学方法自古有之,人类社会就是由自学到口授发展起来的,最后又将回到自学为主的时代。古今中外许多大发明家、大作家、大学问家,都是通过自学而获得成功的,如高尔基、爱迪生、达.芬奇、华罗庚、贾兰坡、钱穆、张舜徽、梁漱溟、启功,等等。课堂讨论是双向交流,是激发创意灵感最好的方法。科学研究是培养学生独立研究能力的重要环节,教学是传授前人已有的知识,而科学研究是走自己的路,开辟新领域,创造新知识。

最后, SSR 模式是科学的、符合辩证法的。自学是基础,在自学的基础上提出若干问题,选择某些有代表性的问题,在教师的指导下开展课堂讨论,相互激励、相互启发,以达到加深理解和产生创意的目的。在讨论的基础上,再选择既有研究价值又具有可行性的研究课题,在教师的指导下由大学生们独立自主地进行研究,以达到有所发现和发明的目的。

SSR 模式是符合人类认识规律的,它具有可操作性,任何一所大学都能够实施。在以网络为代表的信息时代,教学模式一定会彻底改变,而 SSR 模式将是一个可供选择的方案之一。

科学研究的目的在于发现真理,真理既不在宗教中,也不掌握在少数领导人的手中,而仅仅存在于科学中。发现真理必须通过科学实践,离开了实践是不可能发现任何真理的,同时实践又是检验真理的唯一标准。

从科学研究分类来看,大致分为基础研究、应用研究和技术开发。一个国家必须高度重视基础科学研究,如果没有基础理论的储备,就不可能有独立的科学技术,最后也不会有独立的经济。什么是基础研究?它与应用研究有什么根本的区别?一般来说,基础研究的目的是回答“这是什么”或“这是为什么”,而应用研究是回答“这有什么用途”。众所周知，德国有两个最大的科学组织，一个是马克斯·普朗克学会，下属70个研究所，主要从事基础科学研究；另一个是夫琅和费协会，下属38个研究所，是从事应用研究的。马克斯·普朗克学会主席彼得·格鲁斯曾对基础研究和应用研究给出了一个言简意赅的界定：夫琅和费协会是在现成的知识平台上进行研究，而马克斯·普朗克学会则是创造作为研究平台的知识。简而言之，应用研究是用已有的知识去开发某种有用的产品或技术，而基础研究则是发现迄今尚没有的新知识、新理论、新定律。理论是实践的先导。乍看起来，理论不一定马上呈现出它的应用价值，但某些重大理论的突破，将会导致科学技术领域里的连锁革命。例如，原子核分裂、基因及基因图谱的破解、克隆技术的诞生、超导和纳米等现象的发现等，都证明了新理论的发现具有无可估量的重大作用。

可是，我国的高等教育普遍没有把科学研究的重点放在基础研究上，而是在应用和开发方面投入了较大的精力。究其主要原因，是国家对从事科学研究的机构没有准确的功能定位，对基础研究经费投入严重不足，普遍存在着立竿见影的实用主义思想。从事基础研究，一定要尊重个人的兴趣，要有以学术为终身事业的志向，要安贫乐道，耐得住寂寞，如果没有10年、20年甚至更长的时间，是很难有大作为的。如果以此来衡量我国大学的基础研究，恐怕没有多少人能够达到如此境界，这也是为什么在所有一级学科领域的世界大奖都花落别家的原因。这些充分表明我国基础研究的薄弱。现在是需要反思和改进的时候了。

在大学创新体系中，有一个短板理论，这是根据我国大学不重视本科教学而提出的。短板理论也称作木桶定律或木桶效应，这是著名管理学大师彼得·德鲁克提出的，其含义是盛水的木桶是由多块木板箍成的，其盛水量是由这些木板的长度决定的，如果其中一块很短，那么盛水量就被这个短板所限制，而其余的木板再长也没有用。如果要增加盛水量，只有增加短板的高度。同样，在大学创新体系中，也有一个“教育短板”那就是本科教学。为什么说本科教学是一个短板呢？大量的事例表面，相当多的学校对本科教学不够重视，特别是在建设研究型大学口号的感召下，不仅重点大学甚至许多地方大学盲目地扩大研究生规模，争取早日成为研究型大学。在教师中，相当多的教师重科研轻教学。甚至有些教师认为科研是收入、教学是支出。我国的院士、名师、博士生导师和学术带头人，大多都更重视科研，而在本科教学一线上长期耕耘的并不多。

本科教学为什么是大学创新体系中的短板？这是因为本科教学是培养人才的原种场，一方面它要为研究生提供高素质的生源，另一方面又要向社会输送大量合格的人才。可以这样说，本科生质量的高低决定着研究生的水平，决定着社会需要的科技人才的素质。因此，面对大学的本科教育这个短板，要提高人才的素质，就必须不断地增加这块短板的高度。从这个意义上说，应当花大力气抓本科教学，特别是创造性的教学模式的实施,应当投入更多的人力和财力。

三、构建高等教育创新体系的策略

德国夫琅和费协会中国主管莫妮卡·布朗女士提出了一个观点:创新体系需要第三者。她解释说:夫琅和费协会是德国企业与科研间的一座桥梁,是企业问题解决方案的总提供商,是德国创新体系的第三者。从认识论上说,这个观点无疑是正确的,是符合认识三要素原则的。第三者既可以是认识的方法,也可以是实现认识所必需的各种条件。同样,大学创新体系也是由三方面组成的:创新的主体、创新的客体和科学研究与社会服务工作。那么,创新的主体应当是大学的办学者(包括校长在内的管理者和教职工),创新客体是指培养人才的教学。什么是大学创新体系的第三者呢?大学创新体系的第三者是指保证创新体系顺利实施的有关各种条件,如创新的管理体制,领导者的民主作风,宽松的学术政策,支撑教学、科学研究和社会服务的各种保障等。概括起来,最重要的有以下三点。

(一)管理体制的创新

应当看到,随着高等教育的"大跃进",大学的管理机构也随着升格,机构重叠、臃肿,人浮于事,办事效率低下。因此,必须对大学内部的管理体制进行大力的改革,清除掣肘大学创新体系的障碍。大学管理体制改革的方向应当是:首先,要制定大学管理法规,依法办学,使得管理有法可依;其次,应当坚持精兵简政的原则,党政严格分工,实行真正的校长负责制,减少大学领导中副职的配备,提高决策与工作的效率;再次,必须牢固树立"以人为本"的理念,学校的一切工作都围绕着"人"这个中心而展开,人的尊严、民主、自由、选择权、批评权力等,都必须得到保障。学校的一切工作都必须以"一切为了学生,一切为了教师"为出发点,同时这也是检验学校工作成效的标准。大学是受教育程度最高的地方,民主原则应当得到最充分的发挥,包括校长在内的各级领导都应当实行民主选举,在决策与管理中应当坚持"从群众中来,到群众中去"的群众路线。管理就是服务,大学领导者应当实行面对面的领导,深入教学和科研第一线,召开现场办公会,把问题解决于基层,使隐患消除于萌芽中。创新管理体制最显著的特点就是效益原则,只有创新才能创造最大的效益。

(二)开明的学术政策

一个大学的创新体系,必须要有开明的政策作保证,严格区别学术与政治问题的是非界限。纵观世界著名大学的经验,大学之独立,思想之自由,是亘古不变的通则。无论是创造性的人才或是创造性的成果,都只能在自由的园地里成长。和世界一流大学相比,我国大学在创新文化和创新环境方面仍有较大差距。在教学方面主要表现是,学生不敢挑战教师,只能跟着教师走,既不能质疑,更不敢批评教师,这对培养创造性的人才是极其不利的。在科学研究方面,应当允许不同声音的存在,允许探索和失败。可是,目前我国大学没有这样的氛围,也没有开展学术争鸣的政策保障。就研究体制而言,我国大学基本上是以国家项目或基金项目来驱动的,很少根据个人的兴趣进行研究。在世界一流大学中,基本上实行以个人兴趣驱动创新,即由一个学术带头人率领一名或几名博士后、研究生和大学生开展研究。这种小型的研究团队往往会作出许多新的发现和发明成果。根据创造学的原理,科学研究中的最初创意往往都是产生于个人的好奇或怪异的想法,既不能搞群众运动,也不能靠加班加点。我国大学的研究项目,大多数是尾随国外的研究项目进行的,实质上是模仿性的研究。这样的研究项目,难免带有功利性,除了为企业开发服务以外,就是为研究者提升职称或获得奖励,这是导致我国基础研究落后的主要原因。

(三)强有力的支撑系统保证

大学建立创新体系的目的是出人才、出成果,但这一切都必须有物资保证。这里所说的物资保证,主要是充足的经费、仪器设备和原材料的供应、信息水电和交通的保证以及实验室的维修等。学校有关部门应本着为基层服务的精神,自觉地上门服务,争取把广大教学与研究人员从琐碎的事务中解放出来,使他们把精力用在学术研究上。

我国大学研究经费严重不足,是制约大学实施创新体系的重大障碍,也严重影响到我国所出人才和成果的质量。创造需要有足够的经费支撑,没有充足的经费保障,再巧的媳妇也难为无米之炊。以国内外的顶尖大学为例,2016 年,清华大学的师均科研经费大约是 20.08 万美元,麻省理工学院的师均科研经费大约是 198.8 万美元,两者相去甚远。这也是为什么世界 70% 的专利来自美国,为什么美国拥有 70% 的诺贝尔奖获得者。除了人才优势以外,就是科研经费投入大。不得不承认,雄厚的研究经费使得各国一些优秀人才纷纷移民美国,进而推动了美国科学技术蓬勃发展,也造就了迄今为止唯一的世界超级大国。

怎样解决我国大学经费的不足问题呢?最重要的还是解决思想认识问题,从国家领导人到企业界的高管,都必须认识到加大大学经费投入的紧迫性。另外,解决大学经费不足的问题,还要开辟多种投资的渠道,除了政府加大经费的投入以外,工业界、金融界、私营企业主、各类基金组织、风险投资公司等,都要大力支持大学实施创新体系,资助具有长远意义的重大基础研究项目。这是全民的事业,必须动员全民的力量,唯有支持大学实现创新体系,我国才能由制造大国转变为创造大国。

第五章 新时期高等教育学改革的意义

当前我国社会面临转型,改革开放事业正在进入深水区,教育改革面临着再出发,政府关于改革的态度和决心举足轻重。我国全面深化改革的总目标是完善和发展中国特色社会主义制度,推进国家治理体系和治理能力的现代化。高等教育领域正积极落实国家改革方针的基地,建设世界一流大学和世界一流学科的关键时期 ,突破体制瓶颈,完善和发展中国特色的现代大学制度,对于推进高等教育治理体系和治理能力的现代化至关重要。

今天,世界各个领域的竞争愈来愈激烈。但不管是哪个方面的竞争,说到底还是人才和科学技术的竞争。科学技术需要人才来创造和运用,人才需要教育来培养。因此为了振兴中华民族,为了使我们的国家尽快繁荣富强,早日赶上和超越世界先进发达国家,毫无疑问,办好大学,培养时代需要的人才,与贯彻落实“科教兴国”战略具有非常密切的关系。如何完成“科教兴国”战略赋予高等教育的重要任务,是每个高等教育工作者要认真思考的问题。

第一节 新时期高等教育改革现状

改革开放是成为驱动我国经济社会发展的一项基本国策。在高等教育领域从恢复高考开始,我国高等教育发展与改革始终相提并论、如影随形,没有改革就没有发展, 教育改革之于教育发展的重要性不言而喻。但事实上,教育改革与发展之间的关系极为复杂,远非因果性那么简单。既不能以改革代替发展也不能以发展代替改革。一方面改革的目的是发展,不能为改革而改革。发展是目的,改革是手段。另一方面发展是发展,改革是改革,二者之间没有必然的因果关系。如果不是人为的破坏,从逻辑上讲,发展本身具有必然性和确定性,甚至是不可遏制的,而改革则具有偶然性和不确定性。

人类社会的实践表明,没有改革也可能会取得发展,甚至还存在没有改革会发展得更好的可能。反之,不断地改革也未必就一定会促成更好的发展。改革固然重要,关键是为什么改革以及什么样的改革最为重要。高等教育实践中既要有创新精神和开拓意识,又必须警惕改革的诱惑和发展的幻觉。好的高等教育秩序必须在稳定性与创造性、保守主义与变革主义之间保持平衡。

严格来讲,高等教育改革任何时候都是复杂的,也都是困难的。无论哪个国家,高等教育改革都具有时代性,每一个时代的高等教育改革都有其特殊性。与过去40年的改革不同,当前我国高等教育改革正处在一个承前启后的转型期。所谓转型期就意味着改革处在了十字路口,既有可能通过进一步的改革实现高等教育治理体系和治理能力的现代化,也有可能因为改革失败而退回到旧体制中。

一、我国高等教育发展现状

近年来,随着政府和社会各界对创新性人才重要性的认识加深及系列新政策的制定实施,政府对教育事业的投资进一步加大,我国教育获得了快速发展,目前正处于大众化教育发展阶段,高等教育的结构优化、类型多样化,教育经费投入增加,来源多元化。与此同时,也暴露出一些问题。

(一)我国高等教育处于大众化教育发展阶段

美国高等教育家马丁·特罗1973年根据高等教育入学率的比例,把高等教育分为三个类型:精英型(15%以内)、大众型(15%~50%)、普及型(50%以上)。统计显示,2019年我国各类高等教育在学总规模达3647万,全国共有普通高等学校和成人高等学校2852所,比上年增加28所。其中,普通高等学校2560所(含独立学院275所),比上年增加31所;成人高等学校292所,比上年减少3所。普通高校中本科院校1219所,比上年增加17所;高职(专科)院校1341所,比上年增加14所。全国共有研究生培养机构792个,其中,普通高校575个,科研机构217个。我国高等教育总规模已跃居世界第一,处于大众化教育发展阶段。

高等教育多样化发展一直是我们的目标,但现在多数高校仍有逐渐趋同的趋势,所以明确高等教育的发展模式,有利于促进我国高等教育的健康发展。目前国家已对普通高校实行分类管理,以培养不同层次的人才。如加强对高职院校的考核,使其培养各具特色的技术型人才;转变成人教育理念,实施成人终身教育;强化对高等教育办学质量的监督;等等,以期最终形成精英教育、大众教育和普及教育等高等教育多样化协调发展的模式。

(二)高等教育质量受到前所未有的高度重视

大众化教育提高了高等教育的学生人数,但教学设施陈旧、教育资源紧缺、师生比例失衡等问题的出现,导致教学质量的降低。为有效解决高校教学质量问题,“精品课建设”“重点学科建设”等多项教改措施的实施,进一步指明了教改的关键点,突出了高校教学的核心地位。不仅在专业建设、课程体系、实验教学、师资队伍建设,及质量监控等本科教学和人才培养的众多环节中提升了本科教学水平,高职学校也培养出大批适应市场需要的高质量的技能型、实用性人才。

(三)高等教育结构优化、类型多样化

20世纪末,结合国家提出的“调整、合作、共建、合并”的教改方针,对建国初期形成的高校布局结构予以调整,国家提出要构建结果合理、布局科学的高校体系。并逐步建立了中央和省两级管理、以省级政府统筹管理为主的新体制,扩建形成了一批学科综合和人才汇聚的新的综合性大学。

另外,我国的高等教育结构办学类型也形成了多样化的格局,有全日制普通教育、高等职业教育、民办高等教育、中外合作办学、高等教育自学考试等。从层次结构上看,专科比例逐渐提高,本、专科比例趋于合理。从科类结构上看,基础学科的规模及比例逐渐下降,而一些实用性学科的规模及比例呈上升趋势,人文社会学科的比重进一步提高。

(四)高等教育经费投入增加、来源多元化

随着大众化教育政策的实施,我国政府意识到教育经费的不足,并开始逐步增加教育的财政性投入,经计算,2019年国家财政性教育经费占GDP比重达4.04%,这是自2012年突破4%以来,连续8年站稳4%。为进一步增加教育资金投入,国家加快了高等教育的办学体制,从而也带动了高等教育投资体制的变革,高等教育经费来源呈现多元化趋势。具体来说,增加了经费来源渠道,除中央财政拨款外,地方财政也承担了筹措高校经费的任务。此外,适当收取学费、社会捐资助学、校办产业创收、创建教育基金、科研院所收入等都成为高校办学资金的辅助来源。高等教育经费来源的多元化,促进了高等教育的发展,拉动了教育投资和消费,有力地推动了地方经济和社会发展。

二、当前我国高等教育存在的问题

(一)高校教育理念和大学教育精神背离

我国最著名的教育家陶行知早就提出,“教育之根本在于育人,而育人之首要任务则在于德行的塑造”。因此,“以人为本”作为人才培育工作是各级、各类高等院校安身立命之本。但现实状况是,很多高校为追求最大的经济利益,不断搞扩张、搞攀比,在办学目的上,用华而不实的政绩取代了人才培养,在办学价值上用官僚本位、行政本位取代了学术本位、育人本位,淡化了高校教育育人为本的本质属性,偏离了独立自主的大学精神。

（二）招生规模的上升与人才培养质量下降的问题

我国实行的大众化教育在一定程度上满足了行业对各类人才的需求，但暴露出的问题也显而易见。一方面学生人数急剧增长，另一方面高校可利用的资源有限。硬件设施跟不上，使得大部分学生的动手能力得不到充分锻炼。师资力量匮乏，导致很多专业课程无法正常进行，或教师授课水平有限，学生无法接受全面的专业知识，毕业后，无法根据社会需求及时调整和变通，不能适应社会发展的需要，进一步引发人才培养质量下降的问题。

（三）高等教育机会公平的问题

虽然高校扩招政策让越来越多的人拥有了接受高等教育的机会，但不可否认的是，教育机会的不平等依然存在。根据调查数据的综合分析，我国高等教育机会的分布并不均衡，存在着阶层、户籍、性别、民族和地区之间的不平等，如高校分布、资金投入、录取率等差距是高等教育在区域上的不平等。高等教育的不公平既有历史的原因，也有现实的因素，不仅是教育领域的问题，也是社会领域的问题，必须予以重视。

（四）专业的设置、划分与经济社会发展需求存在矛盾的问题

我国的高等教育一般由政府主导，缺少与社会的效应机制。一些高校专业设置严重滞后，教学方法守旧，不能根据社会的发展做出适当调整，专业教育与社会需求严重脱节。另外，高校利用细化专业扩大招生规模，专业划分过细，学生的学习压力降低，不利于学生创新能力的培养。

（五）大学生就业难问题

大学生就业是我国就业问题中带有战略性的核心问题，并且大学生就业难已成为当前我国一系列就业问题中一道特殊的难题。现在，高校培养的学生缺乏实践技能，大量理论的课程让学生在专业方向上缺乏胜任力。

另外，从整个就业情况上看，大学生不是总量的供过于求，而是结构性的供过于求，主要是培养的方向及大学生所应该学习的内容和社会的实际需求脱节，还有就业渠道不畅、企事业单位用工制度不合理等。

（六）部分师生缺乏进取心

不可否认，在大学校园内有一部分学生志向远大，奋发向上，正在主动自觉刻苦地学习，但同样也有相当一部分学生的表现不能令人满意，甚至令人担忧。他们

缺乏远大理想,对学习缺乏积极性主动性,只是在那儿被动地接受知识,应付考试。他们没有把主要精力放在学习上,而是在那儿盲目地追赶所谓的潮流,追赶所谓的时尚,诸如玩手机、泡网吧、吸烟、喝酒、进娱乐场所之类。

我们再来看一看大学教师的状况。不少教师在教学方面勤于学习,善于思考,勇于创新,在学术和教育教学方面不断取得丰硕成果,他们是教师的中坚力量,大学的脊梁。毋庸讳言,也有相当一部分教师是抱着得过且过的态度, 不思进取,只是年复一年日复一日地用老一套教老知识,毫无创新意识。他们最关心的是如何能够走捷径,尽快地升级升职升工资。试问,让这种消极懒教的教师去教那些胸无大志、混日子的学生,会产生什么样的后果呢?

第二节　新时期高等教育改革的必要性

当今时代,科学技术进步和人力资源开发已越来越成为世界各国振兴经济不可替代的重要手段。而发展科技开发人力,是高等教育最重要的职能。于是把发展高等教育视为国家繁荣的重要保证和国力竞争的重要谋略就成了世界性的共识。特别是进入网络时代以后,越来越显示出知识和人才对发展经济所起到的重要作用。为发展经济不断进行知识创新和培养大批新时代所需要的人才,高等教育责无旁贷。因此,改变高等教育的现状,更好地完成这一重要任务,就成了当务之急。

一、高等教育改革未取得突破性进展

经过 40 年的改革开放可以发现,高等教育改革的出路绝不在于把更多的革新和改革引进高等教育系统。高等教育需要改革,但绝不是需要更多的或更新的改革,而是需要真的改革。当前对于我国高等教育系统中存在的问题,无论官方还是学界其实都有基本的共识,即我们的高等教育体制不改不行,高等教育体制改革刻不容缓。如果我们仍然僵化地认为稳定第一,体制问题不能触及,那么高等教育的改革就没有希望。任何体制都是由人建立的,当然也要由人来完善或突破。既然决定了要改革,就证明僵化的体制总是要被突破,不是今天就是明天。

(一)高等教育改革未实现大学自治

改革开放以来,我国在经济上实现了大国的崛起,但我国高等教育发展水平与中国在世界上的大国地位却是不相称的。历史和实践表明,无论哪个国家,高等教育改革若想取得显著成效都不能仅满足于为政治服务或一味地适应经济社会的发展需要,大学自治与学术自由是指引高等教育健康发展的黄金法则。

近些年,围绕着现代大学制度建设、创建世界一流大学和建设高等教育强国,我国高等教育的改革表面上看轰轰烈烈,但却始终无法取得突破性进展。高等教育改革过程中过多的级别划分冲淡了大学的特殊性,缩短了学术职业和其他职业的距离。在行政级别的约束下,大学管理者的命运与那些在行政级别上高于他们的人紧密相连。由于有行政级别和单位制度作为桥梁,当前在我国政界与学界间还出现了"旋转门"现象。一些政府官员热衷于拿博士学位、当教授,并指导博士研究生,而某些大学的教授则更积极地去追求行政职务和行政级别。大学的地位原本应由大学相互承认而不是由政府官员来裁决,教授的学术水平或社会地位原本由学术同行或大学来决定而不是靠政府来贴标签。未来我国的高等教育改革如果不能使大学与政府划清界限,如果连政府官员和大学的学者都不能真正地实现专业化,那么高等教育治理体系和治理能力的现代化就无从谈起。

(二)高等教育改革重数量增长,忽视质量提高

长期以来,由于选优主义的价值取向和分级式的策略选择,在我国现有体制下,我国高等教育的种种改革,无论是建设世界一流大学还是世界一流学科,多以在某种指标上数量的增长或排名的提高而告终。对于高等教育的发展而言,数量的变化并非不重要,规模的增长也并非不重要,但问题在于这种数量和规模的增长绝不能只是表面上有所改变而已。

我们知道,大学制度的质量是决定一个国家高等教育发展水平的关键,而政治状况和政治制度又决定了一个国家会有什么样的大学制度。在民族国家框架下,只有健康的国家才会有健康的高等教育系统。因此,教育要去行政化,政改是根本。否则"依法自主办学,实行民主管理"就落不到实处。换言之,在我国,高等教育改革的限度来自政治体制改革。如果没有政治体制改革的推进,高等教育自身改革的瓶颈显而易见。未来如果集权式的高等教育管理体制没有根本性的变动,如果仍然只是不断完善中国特色的现代大学制度而没有能够真的实现高等教育治理体系和治理能力的现代化,即便依靠人才引进计划在我国大学里偶尔产生了几位杰出人才,甚至是出现了获得诺贝尔奖的成果,依然不能改变我国大学在世界一流大学群体中相对弱势的地位,依然不能证明我国已经成为世界高等教育强国。

(三)高等教育改革缺乏包容性

阿西莫格鲁在探讨"怎样的制度安排可以使一国逐渐富强,而又使一国陷入贫困的陷阱而难以自拔"时提出了两个重要的概念:汲取性制度和包容性制度。所谓汲取性制度,是指在这样政治经济等一系列制度安排下,一小部分人获得利益是通过攫取其余绝大部分人利益的方式来进行,而经济增长所带来的好处主要也

被这样的一小撮人所占有;而包容性制度则与此相对,在包容性的制度环境下,人们获得利益主要是与自身的行为相对应。经济增长的益处将会遍及社会上绝大多数人。

改革开放40年来,我国高等教育改革的制度框架基本上是汲取性的,即通过重点建设换取局部成功,但却掩盖了高等教育系统的整体性问题。这种发展模式短期来看,也许是有效的,但如果从稍长一点的时间跨度来看,就会发现弊大于利。由于重点建设制度本身由政府设计并主导的“汲取性”的缺陷,高等教育领域的制度性寻租或权力寻租不可避免。某种意义上,弄清高等教育改革的目的,也就是要避免由重点建设所造成的重点大学和低水平大学两极分化,通过建立一种包容性的制度框架和治理体系以实现高等教育系统的包容性发展。

二、高等教育体制改革的紧迫性

长期以来,对于高等教育改革,政府的逻辑倾向于加强外部控制,而大学的逻辑则倾向于增加学校自主。这两种机制运作的场域相对独立,但最终会在某些特定问题上有所交集。所谓改革有时就意味着要在政府的控制与大学的自治间达成某种平衡或妥协。若政府的控制完全遮蔽了大学的自主会不利于高等教育发展。需要注意的是,实践中不同的政府、不同的大学传统、不同的控制方法、控制的不同程度,对于高等教育发展实践的影响是不一样的。高等教育的改革和发展,既不可能完全依赖大学的自然演化,也不可能完全依靠政府的理性规划,而是外部的计划与内部的演化彼此结合、相互促进的结果。

回顾近几十年来我国高等教育的改革,应该说,成就与问题并存。若从近期看,成就是主要的,但若从长远看,存在的问题也不容乐观。当前我国高等教育发展成就的取得,主要得益于中央政府和地方政府的持续加大投入以及重点建设,高等教育体制本身的优越性尚不明显。

对于我国来说,大学作为一种制度原本就是舶来品。外来的制度要适合本土的文化,剧烈的改造不可避免。近年来,为实现建设世界一流大学和基本建成高等教育强国的中长期规划目标,参照经济改革中建立现代企业制度的成功经验,政府也将“完善中国特色现代大学制度”作为国家中长期教育改革与发展的战略任务。

值得注意的是,我国经济改革中现代企业制度的成功得益于市场经济体制的完善,而当前在我国高等教育领域依旧是指令性的计划管理,在计划体制的框架下,大学改革的制度空间逼仄。经济改革中现代企业制度之所以成功,最根本的一点就是,其突显了现代企业的一般性而非中国性。高等教育体制改革也具有一般规律,现代大学制度建设的重点也应彰显其服务于大学改革的一般性而不是突显其依附于政治的国家性。对于高等教育的发展而言,所谓的特色应是其本身发展过程所沉淀的一种文化而非人为赋予的某种口号或符号。对一个国家而言，建设世界一流 大学和一流学科的主要标准应是“高水平”，只有在高水平的办学质量的基础上才有资格谈“特色”，而不能相反，直接把“特色”当成“高水平”的一部分，更不能本末倒置，直接将“特色”当成“高水平”。一个国家的高等教育体制从具体院校的运行中可以表现出来。基于体制本身的计划性，当前我国高校的学科、专业课程设置、招生数量与标准、办学层次、学位授予、教师招聘与财政拨款等诸多重大事项多取决于政府的计划性安排或行政授权。虽然不同时期具体的高等教育政策会有所不同，但根本的体制特征依然不变。

在现有体制下，高校是政府下属的事业单位，人们自然倾向把高校的人才培养和科学研究作为强国的手段，受到政治意识形态关于政府职能的观点的影响，高等教育系统内对大学自治与学术自由的质疑已经超越国家主义和自由主义、政治论哲学和认识论哲学的分歧，相信政府主导的、政策驱动的改革可以促进高等教育发展已经成为这种体制唯一密码，并受到大学决策系统、个人奖励系统与学术生态文化的共同驱动。伴随既有体制的不断循环，通过政府与大学间正式与非正式的强化，大学会不断地要求自己紧跟政府的政策导向，以避免错失改革和发展的机遇。

三、高等教育体制改革的困难性

长期以来，现代大学制度建设被看作高等教育体制改革的继承与发展。但事实上，现代大学制度建设与高等教育体制改革不在一个层面。体制是根本问题，制度是技术问题。根本的体制问题不解决，制度建设很难突破。当前我国高等教育体制的症结所在，就是计划在资源配置中起决定性作用。与计划经济的弊端相比，在教育中计划体制的危害会更加隐蔽。高等教育缺少显性的经济收益，高等教育体制改革面临和经济体制改革不同的初始条件。高校是非营利机构，其资源投入主要依靠政府财政，不像企业那样受市场竞争机制的直接影响而面临亏损、倒闭等问题，同时高校声誉和品牌的变化需要一个长期的过程。这种情况使高等教育体制的垄断长期维持不变，弱化了政府的改革动机。

此外，经由学校制度的编码与规训，计划教育还不断生产着计划体制的拥护者。其结果是，自改革开放以来，我们的经济体制虽然有了根本的变革，基本上实现了从计划经济向市场经济的转型，但教育的体制依然是计划性的。在计划体制下，政校间的界限较为模糊，大学与政府是行政隶属关系。政府与高校职责同构、利益同构、体制同构。凡涉及高等教育改革与发展的重大事项均需要政府审批或领导指示，高等教育机构只是政府的高等教育政策的执行机构而非自主办学的法人实体。

(一)高校改革体质固化、思想僵化

近年来,得益于经济发展,政府对高等教育的资金投入不断加大,高等教育发展的成就也有目共睹,但暂时的成功有可能会掩盖政策的失误或改革的不力,以发展代改革甚至会成为教育行政部门的思维定式。巨大的政治激励和财政投入可以显著改进高等教育发展的数量和质量指标,但无法从根本上改变我国高等教育治理体系和治理能力的现代化水平。在改革的历史上,没有连续性,或是环环相扣的事件及制度。无论是预设的变迁或是正在计划中的改革,所有的案例对于社会计划都会有显著的修正,而这其中包含了我们无法预期到的发展与结果。

在现有体制下,由于重点建设效应的存在,部分院校的发展或许会有质的突破,若干所大学和一批学科也有望在预定的时间跻身世界一流大学和学科排行榜的前列;但我国高等教育系统作为一个整体,由于缺乏高质量的体制安排作为制度保障,高等教育强国建设仍面临严峻挑战。从教育的角度来看,要改革教育体系,需要很多努力,其中包括拿出最具感召力量的教育实践作为榜样示范,包括提供改革动力,也包括为了鼓励改革、推行变革而对旧体系的蔓延加以抑制。

与个别院校的校内改革不同,整个高等教育系统的改革难度更大。单个院校的成功或许可以仅仅依靠资金驱动或政策倾斜,但整个系统的改进则只有依靠解放思想和体制创新。

当前我国高等教育体制改革裹足不前和思想的僵化不无关系。长期的计划体制使得既得利益格局逐渐固化,利益的固化使得新的思想观念很难进入政策议程。在改革的过程中,重要的是排除惰性观念,恢复人类的丰富的思考力、感受性、判断力、创造力、表现力和道德。在旧的体制化的观念里,改革经常被假定为对利益和权力的重新分配,改革者与被改革者总是相互对立。但事实上,重要的改变并不是权力和利益结构的变化,而是当权者将新的思想观念付诸实施。改革不是发生在既得利益者受挫的时候,而是发生在他们运用不同策略追求利益的时候,或者他们的利益被重新界定的时候。

高等教育改革同样如此。改革过程中,与利益和权力的重新分配相比,我们更加需要解放思想,以便于大学在体制上从“被改革”向“自主改革”转变。就像经济改革从计划体制到市场体制的转变不是削弱了政府的治理而是增强了国家的能力,高等教育改革从指令性的计划体制向自主办学、政校分开、去行政化的转变也只会增强国家的高等教育综合实力以及原始创新能力,而不会损害政府对高等教育的有效治理。

体制改革如此重要,但又很难推进,最根本原因就在于人的“体制化”。人的“体制化”是一个渐进的过程,作为体制中的人刚开始会质疑体制,然后会习惯体

制,最后将离不开体制。

(二)高校改革存在制度惯性和路径依赖

教育体制与国家体制高度同构;伴随国家机器的反复运作,高等教育体制逐渐合理化,并开始规训和控制高等教育场域中的人,使他们接受并认同体制,最终无法离开这种体制。时至今日,我国的高等教育体制,并无根本的变动。体制本身的制度惯性和路径依赖是一个方面,体制中的人离不开或不愿意离开这个体制也是不容忽视的因素。如道格拉斯所言:“制度把个体记忆和我们的感知系统引导到与它们所允许的关系相一致的结构中去。它们使本质上动态的过程凝固化,并隐藏它们的影响,唤起我们的情感,使我们对标准化了的问题作出标准化的选择。作为对所有这些的补充,它们赋予其自身以正确性,并把它们相互确证的链条散布到我们的各级信息系统之中……我们试图思考的任何问题都自动地转换成了它们自己的组织化问题。它们提供的解决方案只来自其经验的有限范围。”除人的体制化外,对体制变革的抵触还源于人自身的不安全感。既有体制下,有惯例可循,一切都是确定的。根据既有体制的逻辑,无论是政策的决策者还是执行者,对于应支持什么、反对什么、禁止什么、提倡什么,大多心中有数。一旦体制遭遇变革,不确定性必然会增加,所有人都将面对全新的制度环境,思维和行为方式都要重塑,不安全感会增加。其结果是,当新的制度或制度创新者不足以唤起足够多的支持时,对于体制变革的抗拒将不可避免,变革的失败也将是大概率事件。

实践中,当计划本身不足以满足高等教育改革的合法性时,政府巨大的政治激励和财务激励随时可以填补高等教育改革和发展之间因果链的空隙。高等教育改革过程中人们最关注的是,事情如何运作或如何才能运作得更理想,其预设的前提是,现存体制的目标及体制本身是恰当的、合理的,我们所需要做的只是使其更有效率,即通过融入一种理性的或意识形态的策略以使得现有体制更加完善。

当然,所谓计划性的弊端,只是就高等教育发展的一般规律而言;若就政府对高校的控制而言,则未必是弊端,反而是其优势。无论何时,改革的价值取向都与整个社会的核心价值观密切相关。计划的体制当然需要对高等教育实行计划管理。但若说我国高等教育改革不关注或不重视体制改革也是不对的。早在1985年,《中共中央关于教育体制改革的决定》就针对扩大高校办学自主权从体制层面给出了改革方案,并进行了持续探索。1993年中共中央、国务院印发的《中国教育改革和发展纲要》又提出了要“逐步建立政府宏观管理、学校自主办学的体制”。再往后,1999年出台了《中共中央国务院关于深化教育改革,全面推进素质教育的决定》;2010年又发布了《国家中长期教育改革和发展规划纲要(2010—2020年)》。2010年8月,“国家教育体制改革领导小组”正式成立。为方便开展工作,教育部还设立了“综改司”，负责承担国家教育体制改革领导小组办公室的日常工作，承担统筹推进贯彻落实教育规划纲要有关工作，研究提出落实教育体制改革的重要方针、政策、措施的建议，承担组织推进重大教育改革的有关工作，监督检查教育体制改革试点进展情况，承担教育体制改革宣传工作。2017 年 3 月，经国务院同意，教育部、中央编办、国家发改委、财政部、人力资源和社会保障部联合印发《关于深化高等教育领域简政放权放管结合优化服务改革的若干意见》，旨在瞄准高等教育改革发展中的学科专业、编制、岗位、进人用人、职称评审、薪酬分配、经费使用等方面的深层次问题，进一步向地方和高校放权，给高校松绑减负. 简除烦苛，让学校拥有更大的办学自主权。2017 年 9 月，中共中央办公厅、国务院办公厅又印发《关于深化教育体制机制改革的意见》，指出深化教育体制机制改革的主要目标是到 2020 年，教育基础性制度体系基本建立，形成充满活力、富有效率、更加开放、有利于科学发展的教育体制机制，人民群众关心的教育热点难点问题进一步缓解，政府依法宏观管理、学校依法自主办学、社会有序参与、各方合力推进的格局更加完善，为发展具有中国特色、世界水平的现代教育提供制度支撑。由此可见，在我国，政府对于高等教育体制改革的重视似乎是一贯的，成就也是巨大的。

（三）高校改革缺乏行动力

现在问题的关键在于，我们对高等教育体制改革似乎总是说得多，做得少；浅层变革多，深层变革少。由于“体制”本身的重要性被忽视，高质量的现代大学制度一直未能建立起来，有时反倒因为制度改革的合法性，导致人们对于体制改革本身多有批评。在改革方案提出之前，似乎也主张各种弊病的根源皆在于制度，然而当提出制度改革时，却认为改革制度也无济于事。实践中，现代大学制度建设不可能“单兵突进”，若没有更大范围的体制变革作为必要的配套，真正意义上的现代大学制度很难建立。现有体制下，大学与大学之间的竞争条款与评价标准由政府统一设置，大学能够做的就是根据政府的改革要求与政策导向，以制度创新的名义相互模仿，并争取各自利益最大化。由于外部监控不到位以及大学自身自律性匮乏，任何一项良好的制度在被利用的同时，也会被滥用，而且越是良好的制度，其滥用时的危害就越大。此外，由于改革时机以及外部条件的不匹配，每一次制度变革不成功又会成为批评者的新“靶子”，进一步拉低了人们对下一次制度变革的预期。面向未来，除非我国高等教育体制改革真正落到实处，否则我国大学的制度建设或制度改革只能是围着“现代化”的概念“兜圈子”。而不可能在现代性的层面上有根本的突破。

第三节　新时期高等教育的改革方向

经过40年的改革，当前我国的高等教育制度体系中既引进了一些现代化的因素，但也不乏一些行政化和官本位的色彩。可以说，当前我国高等教育虽然有了发展，但高等教育改革远未成功，下一步的改革将走向何方至关重要。

一、我国高等教育需要什么样的改革

当今时代是一个改革的时代。经过几十年的努力，我国高等教育改革已处在了转型的十字路口。一方面由于教育理论受政治化和意识形态的制约，高等教育改革的体制困境无法突破，大学缺乏自主权；另一方面由于改革理论受到行政化和官本位的影响，高等教育改革完全由政府主导，在行政权力支配下，大学主要面向政府或教育行政部门办学。基于此，有必要重新规划我国高等教育改革，以自由的思想市场为基础，重新审视改革过程中教育理论与改革理论的匹配度，对高等教育改革本身进行改革。从实际情况出发，高等教育改革需要坚持系统思考以实现综合改革，但系统思考不等于全盘计划或行政规划。

（一）高等教育改革需要自由的思想市场

高等教育发展的历史表明，好的高等教育秩序通常是演化的而非规划或计划的，因此要以高等教育的内在逻辑为主来决定改革的方向。由于高深知识的特殊性，大学天然具有保守性。治大国若烹小鲜，高等教育改革同样如此。

对于高等教育发展而言，绝不是改得越多越好，也不是花样越新越好。无论是世界一流大学的养成还是高等教育强国的建立，都要尊重高等教育自身的内在逻辑。40年的改革经验表明，我国高等教育的改革所缺少的不是“顶层设计”和“总体规划”，而是基层的活力，重启高等教育改革必须强化大学自身勇于创新的积极性和主动性，而非政府关于高等教育改革的总体方案、路线图和时间表。

改革开放以来，我国经济改革的成功就得益于思想的“开放”和市场的“放开”，而高等教育改革直到今天之所以难以实现自主改革，与其说是来自意识形态的束缚不如说是来自现实的利益纠缠。由于制度本身的缺陷，高等教育改革步履维艰。无论当前还是以后，中国高等教育亟需解决的问题不是要不要改革，因为我们一直在改革，而是要什么样的改革。什么样的改革才是我们需要的改革，这应取决于思想市场。

通过观念的高速流动，思想的充分交流，那些有着重要价值的思想观念才能在价值的排序上被凸现出来，以引领高等教育改革的方向。单一的思想无法构成市场，再多的思想如果没有自由交流或交往理性同样也不能形成市场。只有通过思想在市场上的激烈碰撞，才能丰富我们对于高等教育改革的认识，只有通过思想市场上教育理论与改革理论的共同作用，才能使改革者有智慧和勇气突破禁忌，从而取得意想不到的收获。历史上，那些真正伟大的改革从来都不是事先规划或计划好的，而是思想市场自由竞争的结果。在自由的思想市场上，不再是行政权力支配高等教育，而是以大学作为改革主体，充分利用学者的智慧，以学生发展作为改革目标。

（二）高校需要思考需要什么样的改革

中国需要的是好的高等教育改革、有价值的高等教育改革，而不只是一次次所谓“成功”的改革。高等教育改革是一个面向未来不确定情形的博弈过程，一时的成败并不是最重要的，关键是方向要正确。对于我国高等教育改革而言，当前的关键是要改革而不是反改革，是要真改革而不是假改革。只要选择并坚持正确的方向，有时某些失败的改革比那些成功了的改革可能更有价值。在自由的思想市场上，我们不但要思考如何使我们的高等教育改革取得成功，我们还要思考什么样的改革才是好的高等教育改革。因为只有是好的改革、正确的改革，其成功才有意义；如果是一项坏的改革、错误的改革，越成功其危害反倒会越大。

二、如何推进我国高等教育体制改革

制度决定人的思维和行为方式。体制作为根本制度至关重要。人的记忆和思维有赖于体制，一种体制的延续和人的记忆与思维有关。

（一）高校改革重在体制，但不是唯有体制

一种体制一旦建立就会倾向于控制成员的思维和行为，最终的结果就是人的体制化，即人自身成为体制的一部分，而体制本身反倒隐而不显。从社会工程的角度来看，体制相当于“隐蔽工程”，虽至关重要，但一旦完工又常常不被重视，人们更喜欢光鲜的外表。只有当“管道堵塞”，即发生体制危机时，人们才会想到去“疏通”。当前我国高等教育改革面临的最严峻的挑战就是体制问题。对此问题有两种不同的倾向，一是回避体制问题，试图以发展代改革；二是将体制问题泛化，将所有问题都推给体制。我国高等教育发展中存在体制问题，但绝非所有问题都是体制问题。用对于体制改革的理解应植根于一种对政府实际如何运作的认识，厘清哪些是体制问题，哪些是非体制的问题，并针对体制问题，有针对性地进行持续的制度变革，而不只是在危机发生时推出权宜之计。

（二）高校改革，“改良”是修补，“革命”是根本

一般而言，体制改革有两种路径，一种是改良，另一种是革命。所谓改良，即以现有体制为基础，寄希望通过碎片式创新来解决体制运行中出现的各种问题。所谓革命，即反其道而行之，从现有体制的对立面切入，通过颠覆性创新来建立一种新的体制。理论上，“改良”与“革命”各有利弊。由于路径依赖和制度惯性的存在，体制改良的空间往往有限，一旦体制的大方向不容讨论，所谓的改良不过是内部的修修补补。改革过程中，旧制度依然如故；新举措层出不穷，体制的叠床架屋、管理效率的低下，不可避免。相比之下，带有颠覆性的“革命”则可以从根本上改变体制的运行逻辑，以适应新的技术和制度环境的需要。但革命的危险是，代价或成本较高，面临的观念冲突剧烈。

长期以来，我国高等教育体制改革不停地以“制度创新”的名义在现有体制上“打补丁”，以试图“改良体制”或“修复系统”。但就像无法通过限制吃肉将食肉动物转变成食草动物一样，我们也无法通过“打补丁”将旧体制改良成新体制。改革开放以来，我国的高等教育改革始终由政府主导、政策驱动。基于此，高等教育改革的精力主要花在由政府政策实施所引发的一系列热点问题上，而对于高等教育发展中的很多根本问题关注不够。

伴随政策的不断变迁，表面上看，我国高等教育一直处在改革中，高等教育改革也贯串整个国家改革开放的进程；但实质上，在高等教育领域，体制从未被视为变革的关键变量，我们时代的高等教育体制极其稳定，几乎没有根本的改变。正如中世纪在如今看来是一个社会极其僵化不变的时代，但对那些经历了那个时代的人来说，那也是一个充满剧变和不可预见性发展的时代。对于今天的我们来说，我们时代的高等教育一直在进行改革，几十年来似乎变化很大，但在后人眼里，若从长时间段来看，所谓的改革时代的高等教育体制可能与建国初期的高等教育体制如出一辙，会被归为同一个体制的稳定时期。

历史的经验告诉我们，除非我们进行真正的改革，否则体制的约束会像一种宿命，始终难以摆脱。高等教育的改革和发展受各种因素制约，但体制无疑是根本的。依靠短期的政策刺激或某种权宜之计，高等教育的改革和发展也会呈现出某种“奇迹”，但高等教育的可持续发展必须依托健康的体制。唯有在健康的体制下，高等教育改革才能摆脱对特殊政策环境的依赖。没有健康的体制作为保障，那些随机的改革行动和过度的政策性激励极易将高等教育发展引向错误的方向。

人的理性是有限的，尤其在重要的与非重要的、长期的利益与短期的利益的抉择上经常“捉襟见肘”。高等教育的发展乃百年、千年大计，但人们总是倾向于高估那些直接或可见的动因的影响，相信显而易见的而不是重要的事情。我们倾向

于对微妙的和长期变化的重要性视而不见,倾向于在事情只不过偶然地联系在一起时就推断其中的因果关系,倾向于过度看重我们最近的所见所闻,倾向于受前人之见和刻板印象的强烈影响。要理解体制改革之于高等教育改革的重要性,关键是要将当前的利益与长远的利益串联在一起,以进一步考量我们时代高等教育改革的战略选择。

(三)高校改革要兼顾眼前利益与长远利益

对于高等教育体制改革而言,若不符合当前的利益,改革难以启动;若不符合长远利益,改革即便实施也没有前途。从短期来看,政府通过政策倾斜或加大投入的确可以为部分高校,甚至整个高等教育系统注入活力或增强动力;但长远来看,整个高等教育系统的繁荣必须基于大学的自主成长和自由竞争。

政府加大资金投入或出台某些保护性政策对于高等教育的发展只是权宜之计,建设高等教育强国的根本出路是通过体制改革增强大学的自主性、扩大大学办学和改革的自主权。教育改革不是受外界强制的,如果没有内在自发性的根基,是决不会成功的。无论是在根本的体制上还是在具体的制度安排上,真正的大学都应是独立的而不能是依附的。大学的战略必须反映出哪些是想做的、哪些是不想做的选择性问题。当然,所谓的独立或自主也绝非大学的一切事务不受政府约束,而是指大学的核心事务,即教学和科研事务的专业性要得到政府和社会的尊重,并受到国家法律和相关制度的保障。

面向未来,高等教育应坚持体制改革不动摇,并争取社会力量的介入。现代公共政策,不仅仅是决策者的事,更是一个社会建构的过程。根据过往的经验,通过行政手段强制推进体制、结构改革,优点是规模大、速度快,短时期内可以重塑高等教育系统,缺点是改革容易导致体制、机制的单一化,会加剧高等教育生态系统的脆弱性。维特根斯坦形容结构关系,就像是由纤维组成的线,线的强度的产生不是由某些纤维贯穿了整条线,而是许多纤维交织在一起的结果。

高等教育体制改革也不能只有一条主线从顶层贯穿到底层,而应有许多条线纵横交错。只有一条主线的改革可能马上见效,但真正影响深远的改革运作往往盘根错节,需要较漫长的时间才能发挥作用。在改革实践中,几乎不存在一蹴而就的政策。妄图一下达成结果只会威胁政策执行的核心价值,很可能导致政策的不稳定,成为一时风光的结果。

当前我国高等教育改革过于依赖政策驱动,强调短期绩效,比如大学和学科的排名等,对于院校层面的关注远多于系统层面。在院校层面又重视机构变革忽视制度革新。很多时候高等教育改革的成果就是在政府部门以及高校内部新增一些管理机构,而对根本性的结构问题和体制问题却少有关注。从中央政府到地方政府再到大学内部,根据“上下对口、左右对齐”的原则,机构改革始终难以走出“压缩—膨胀”的怪圈。基于“职责同构”的科层制原则,高等教育管理中的“条块分割”问题始终难以根本解决。在现有“条块分割”体制下,政府作为发起改革的单一主体,改革本身极易导致机构膨胀,难以促成结构优化。

高等教育体制改革只有走出机构改革的窠臼,同一部门或跨部门的制度安排才能根据高等教育发展实际需要而结合在一起,才能形成新的富有包容性的治理结构,才能在不同部门以及不同制度之间建立新的权力关系。从“发展建构”的角度讲,重申高等教育体制改革就是要明确我们的高等教育改革“从什么样的制度模式出发,以及正在向什么样的模式前进”。具体来说,体制的变革或重新设计决策系统的规则,要求高等教育治理权的转移和重新分配,意味着一些原本集中于政府的权力要下放到其他利益相关者手中。因此,推进高等教育体制改革必须致力于转变政府职能,改变大学与国家的关系,在新的高等教育治理结构中,引入不同的制度化机构,比如学会、专业团体、基金会、第三方评价机构、大学联盟等,通过这些不同制度主体和行动者之间的互动,才能打造新的高等教育治理模式,才能开创大学与政府关系的新局面。

第六章　新时期高等教育学的教师改革

谈到高等教育改革,就必然会涉及高校教师。教师的主要任务是什么呢?耶鲁大学前校长莱文认为:第一是清晰的交流,第二是激励学生,第三是鼓励独立思考。北京大学前校长许智宏认为:第一是教学问,做学问;第二是言传身教,教会学生做人;第三是引导学生,把他们培养成为真正有不同个性的人。他们的看法虽然不尽相同,无疑都是非常正确的。要完成这些任务,对教师的要求是很高的。

大学是传授知识创造知识培养人才的场所。大学生的学习积极性靠老师来激励来调动, 那么教师的积极性靠谁来激励来调动?得除了教师的自身努力外,还要靠教育体制的改革。大学必须有一个合理的能够充分调动教师积极性的体制。当然,在中国的社会大环境下,教育体制的改革不宜采取激进的办法,不可能一蹴而就,而要一步步地进行。但是对于高校师资体系的适度调整,比如充分发挥教师的积极性、主动性,改进或改变教育教学方法等,短期内也可以起到立竿见影的效果。

第一节　高校师资管理体制的界定与特征

一、高校师资管理体制的界定

(一)高校教师人力资源概念

高校教师在高校人力资源中处于核心地位,发挥着最重要作用,对高校全面发展及工作效能的提高具有决定意义。教师的个人素质及整体水平直接制约高校的教学水平、科研水平及办学效益。高校作为人才高度密集的地方,无论是绝对数量、分布密度还是人才集中系数都比其他组织高出很多,并且高校是培养人才的重要基地,承载着为国家培养栋梁之材的使命。

高校教师人力资源指高校中专任教师所具备的知识、技能、经验以及科研创新能力等元素的总称。高校教师除了具有其他组织人力资源特征外,还具有较高学历背景,较强自主创新能力和流动意愿、较大学习动力等特征。因此,在高校中,教师的工作是各项事业的核心。

首先,高校教师人力资源区别于其他资源的最大之处便是主观能动性。高校教师是高级知识分子,文化层次高,精神需求高,其劳动价值得到全社会的普遍认可,这在一定程度上激发了高校教师的工作积极性,并不断增强对科学知识的探索,对教学科研的努力,对事业的热爱。

其次,劳动成果在实现过程中需要较长周期。在政治经济学中,产品的价值取决于生产该产品的必要劳动时间。高校教师是抽象劳动力,蕴含较强的自主性,在很多方面享受自由,高校教师若像企业机关那样严格地按照指令进行八小时工作,管理难度系数会很高。高校教师工作对象是学生,所使用的劳动工具就是教师自身,劳动产品是所培养出的具有更多知识技能的人才。我们可以看出高校的生产方式是人与人之间的相互作用,高校教师更是一种细致的精神产品生产者,他们将学术思想表达出来,进而影响学生的思考方式、人生态度、价值取向等,是对人所蕴藏潜能的一种无限开发。由此可见,高校教师的劳动价值转化成劳动成果需要较长的周期,而且是间接性积累的一个过程。

最后,高校教师具有流动性。人力资源的流动性是现代经济发展的重要标志之一,也是一种经济体制成熟与否、优秀与否的重要衡量指标。在市场经济条件下,人才流动促进人力资源的合理配置,高校教师面对日益增长的人才需求,为了实现自身的价值增值,便期望更好的发展方向和发展机会,因此,能够增加人才流动的内在驱动力。

(二)高校教师人力资源管理体制

体制是指一个组织为了完成共同的目标和任务,人为地建立起一套进行领导、管理、保证、监督活动的组织建制和工作制度体系,是一种人工社会工程系统,简单地说,就是国家机关、企事业单位等组织制度。体制包含的主要内容:第一,有层次的组织机构和组织体系;第二,各类各级组织结构权、利、责的限定;第三,各组织机构在处理与其相关的各机构之间关系的原则、程序与规则等;第四,不同机构的管理方式与原则;第五,各类机构应建立监督的程序和相关的规定。

管理体制,可以看作是一个特定管理系统中所涉及的组织结构的类型和方式,即我们要确定采取的组织形式类型以及将这些组织形式科学合理地结合成一个有机系统,并通过对有效手段方法进行选择来达到最终的管理目的。管理体制内容可具体化为:第一,特定部门或企业对自身的管理权限、范围、相关职责、利益以及相互关系等准则的规定;第二,对组织管理机构的设置是管理体制的核心内容;第三,各管理机构中职权的分配和协调能力,直接影响管理效能的发挥,对于企业和其他部门来说都起着至关重要的作用。高校教师人力资源管理体制在范围上分为外部体制和内部体制。外部体制主要包含国家户籍制度、劳动人事制度、档案制度及教师资格制度等;内部体制则包括高校可以自主管理的事物,如选用合适的管理模式,设置相关机构及教师编制等。内部管理体制对高效管理效率的提升起着至关重要的作用,当然,在一定程度上外部体制也会制约内部体制。例如,档案制度制约内部的教师合理流动制度,因为篇幅有限,本书只研究高校教师内部人力资源管理体制。当前我国高校教师人力资源管理内部体制还不够完善,仍然存在一些问题。这就需要我们探究人力资源管理体制的现状与成因,最终提出有效策略用以解决这些问题。

二、高校师资管理体制的特征

(一)管理方法多元性

高校教师人力资源管理最终目标是,在达到高校教师一定需求的基础上挖掘教师的创造潜能,高校教师思想的活跃性和知识的全面性决定了他们在自身需求方面有一定的要求,从而就需要有较为丰富多样的管理方法以及全面有效的管理手段来满足教师的合理需求。在高校教师人力资源管理系统中,除了利用一定的奖惩手段和相关的制度之外,校园文化建设和环境氛围对高校教师的影响也是巨大的。因此,我们要实施多元的管理方法,从而最大程度发挥高校教师的自主性和创新性。

(二)管理体制目标多样性

高校为国家源源不断的培养人才,创新知识,服务社会,扮演着社会“发动机”的角色。因此,高校在管理目标上是多元的,高校人力资源需求具有丰富性,这在一定程度上决定了高校对教师个人目标的实现也有多样性需求。高效的人力资源管理体制应该是考虑多方面目标的实现,而不能仅拘泥于某一个目标的设定,同时满足个人目标和组织目标,深入考虑教师需求状况,为教师能够更好地工作创造良好氛围,引导教师构建合理科学的个人目标,将学校与教师目标整合起来,实现二者的最佳结合。

(三)不同管理理念的统一性

管理者的管理理念在高校教师人力资源管理中发挥着重要作用,虽然管理理念的不同会形成不同的管理模式、管理机制、管理体系等,也会在很大程度上影响高校的办学效益和办学方向,但不同的管理理念之间并不冲突,因为管理目标是确定的,在管理理念上是融会贯通的,只要做到吸取不同管理理念的优点,并将其结合起来,同时去除不相协调的部分,定能实现最终目标。因此,对于高校来说,一方面要加强人力资源刚性管理,另一方面又要顺应后现代性的要求,将柔性化管理也加入进来,实现制度化管理与人性化管理的充分结合。

成熟的高校教师人力资源管理体制,首先应该是规范化的管理,只有管理规范化才有行为规范化,使高校在管理上井井有条,包括规范教师引进机制、聘用考评机制,可以具体到规范课堂上的教学与教案设计,将无序变有序,这也是一切管理的本质与核心。同时,高校教师具有劳动自主性和差异性的特点,在管理中高校领导者要将其充分重视起来,将柔性化管理融入教师管理体制当中。在高校教师人力资源管理中,首先要接受教师的个性化需求,高度尊重教师并恰当地采用与之相适应的个性化管理方式和手段,使教师在工作中得到认同和鼓励,这也是对教师教学、科研工作的重要支持。总之,要在适度规范化的基础上进一步给于教师自主权。

高校教师人力资源管理体制,是一种基于高校整体发展战略的人力资源管理模式和管理机制,它的重心是规划和实施符合高校长远发展目标的人才战略,将教师个人绩效与高校整体目标相结合,从而提升全校整体竞争力,实现高校办学效益最大化和社会效益最大化。当今社会,激烈的知识竞争使人力资源变成了价值增值的主要原动力,不同的管理理念具有统一性,因此,我们要将其结合起来,共同发挥作用,为提升高校办学效益贡献力量,这在一定程度上成为各大高校提升整体实力的迫切需要。

第二节　当前高校师资管理体制存在的问题

高校师资质量是大学教育质量的基础,教师对社会知识贡献是评价一所大学质量的重要条件,或者说是唯一条件,可见教师的责任多么重大,当一名合格的优秀的大学教师是多么不容易。作为一名大学教师,不仅要传授知识,而且要创造知识,只有不断创造前所未有的新知识,才能领先世界水平,才能对社会的发展作出重大贡献。教师要传人知识,要教学问。要教学问,自己首先要做学问。做学问就要不断学习,学习已有的知识,学习先进的指示。

知识在不断更新,教师就要不断学习,要终生学习。在学习时,不能老是人云亦云跟在个人后面跑,要结合实际,独立思考,创造新的指示。要创新不学习不行,学习是创新的基础。但学习的目的不仅是为了传授和应用,更重要的是创新。创新是在原有知识基础上的突破,突破了的才是自己独有的知识。不管你过去有多大学问,如果只是吃老本,故步自封,不再学习,不再创新,你的知识就会愈来愈陈旧,就会逐渐被新知识所代替,你也最终会被社会所淘汰。

一、我国高校师资管理体制的不足

(一)人力资源管理模式缺乏创新性

目前我国高校教师人力资源管理范围主要包括教师的规划、招聘录用、培训、绩效考核、激励机制等日常事务。近几年来,我国高校教师人力资源管理模式在很多方面向西方发达国家学习与借鉴,一定程度上改变了传统人事管理模式落后的局面,提高了高校人力资源管理体制效率,但同时也出现了一些新问题。在管理模式上,我国高校教师管理缺乏创新性,在一些管理体制和运行机制.上生搬硬套,没有找到高校教师管理与高校具体情况相结合的平衡点,使管理模式的效果不能充分得到体现。高校教师及其劳动的特殊性,决定了人力资源管理模式应该由自主性与制度性相结合,人力资源管理体制不能过于僵硬,否则容易扼杀高校教师创造力。当前,中国高校教师人力资源管理机制中缺乏比较系统、完整的理论指导,各类高校制定的管理制度存在诸多问题,不同程度地影响了教师的招聘、任用与考核,高校教师的积极性不能被成功调动起来,严重阻碍了中国高教的发展。

高校教师人力资源管理体制十分复杂,既要建立一整 套有利于提高教师工作积极性、符合高校教师发展特点的法规、政策、制度,又要高校领导者和管理者共同努力构建合理高效的激励机制,持续增强高校教师工作热情,科学有效的教师人力资源管理模式应该能够对教师进行全面、系统评价,根据职务工作要求,考核教师对高校的贡献程度,同时由于教师性质的特殊性,在考核的过程中,应结合对教师的激励活动,以提高管理效率。当前,中国高校正在迅猛发展,高校师资队伍便呈现出多个层次,岗位不同、级别不同、职位不同的教师出现了差别化,因此高校采取一刀切的模式进行激励与管理是不合理的。教师人力资源管理不分对象、采用同一套考核标准来衡量所有教师,缺乏创新性。并且,许多高校仅在高层次人才上下功夫,激励管理制度不完整,没有形成完善的机制。科学的高校人力资源管理模式应该能够平衡各方面的作用,针对不同对象采取与之匹配的管理方式,互相补充,实现全方位科学完善的高校教师人力资源管理程序。

(二)人力资源结构失衡

由于近几年的连续扩招政策,各个高校教师资源的潜在能力几乎被发掘殆尽,在高校中普遍存在高水平教师队伍建设体系滞后的现象。相关调查显示,大部分省份高校的生师比接近甚至超过教育部 18 : 1 的合格标准,高校教师人力资源配置效率低下。第一,学历结构。学历能很直观地说明一个人接受教育的程度,并且可以潜在体现出一个人的文化素质。学历结构是指教师队伍中各种不同学历的教师数量的比值。目前，高校中仍然存在部分教师通过不脱产学习取得学历，使实际水与学历在一定程度上存在一定差距，这就反映出教师学历与高校人才培养目标不相符合，高校教师的学历能够在某种程度上反映教师相关理论知识的掌握程度和当前状况。同时，也可以体现出高校教师在科研教学等方面的知识发展潜力和创新能力，因此学历结构的不断调整也是十分必要的。

第二，生师比结构。生师比被定义为高校专任教师数与在校学生数的比值，生师比在一定程度上能够体现高教规模和人力资源的使用效率，在某种意义上也体现了高校的运行情况。因此，也将生师比作为衡量高校办学质量是否符合标准的重要指标。

由于当前我国的高等教育已经逐渐接近普及，我国高校目前的生师比已经超标，教师队伍数量不能适应高等教育的发展，同时也增加教师负担，影响教学质量及高校办学水平。

第三，年龄结构。调查表明，我国高校师资队伍仍然呈现出年轻化的特点，青年教师比例越来越大，这就意味着教师人力资源拥有巨大的可开发性，年龄结构对反映高校教师在教学、科研工作中的活力和发展潜力起决定性作用。但目前的状况是，学科带头人年龄较大且老教师人数较低，高校师资队伍长期存在的年龄结构不合理问题和学科梯队中后备人选不足问题仍然存在，这样持续下去，高校会在极大程度上面临高层次人才断层的危险，要加快解决教师年龄结构失衡问题。

第四，学缘结构。教师创新意识和创造能力在很大程度上受学缘结构的影响。学缘结构是指非本校毕业的教师和本校的教师之比。在很大程度上学缘结构可以直接反映高校教师的知识结构和学术视野。实践证明，教师队伍来源单一化会缺乏多种学派的交流与融合，少了沟通和交流便会造成学术气氛沉闷、范围狭窄，理论创新容易局限于一定的范围内，知识结构、教学内容不能及时更新和发展，从而导致教师自主创造性、知识创新能力很难发挥，学缘结构单一性，是我国高等院校的突出问题。

第五，专业技术职务结构。专业技术职务结构也可称为职称结构，是指高校教师人力资源中不同层次专业技术职务数量的配置情况，是衡量高校人才培养层次的重要标准，对高校教师的人员配置起决定作用。职称很大程度上体现高校教师的学术科研水平，目前我国高校师资队伍普遍存在高职称和低职称人员少，中等职称人员多的“橄榄形结构”。

（三）高校教师人力资源隐性浪费严重

随着社会经济的发展，教育资源浪费的重要表现形式之一是人力资源的浪费。一方面，随着我国高等教育不断普及，招生规模逐年增加造成教师规模不能适应高校的发展。我国的生师比本应按照国家教育发展计划的基本要求进行规划，但现阶段还不能达到这个目标，教师数量上的相对短缺仍然是主要问题。有些课程的班级人数较多，再加上部分课程的教师相对缺乏，学生的学习效果不佳等情况影响高校管理效益。此外，教师的教学科研工作沉重，过于忙碌的状态不利于进修和完善自己的教育教学理念与方法，也就无法保证科研的与时俱进，这使教学质量受到很大影响。另一方面，高校教师人力资源使用中"适才适所"原则不能充分实现，因为高校对教师的高学历要求处于盲目追求状态。近几年，高等院校的招聘条件日益抬高，部分高校的行政人员、教辅人员的招聘标准必须是研究生学历。当然，为了保证高校人才培养的质量、专门人才的培养以及科学研究工作的进行，需要高水平高学历的教师担任，但是我们更应当看到，高校中的行政人员、实验技术人员等非教研人员的主要任务是辅助教研人员工作的顺利展开，因此在技能素质要求方面可以相对降低一些，只要知识技能、个人素质能够符合相应的岗位需要，就不需要以单一的学历标准来要求。另外，在申请课题和项目方面，具有高级职称和高学历的专任教师申请数量多，会造成教学工作和科研工作不平衡的现象，这在某种程度上会影响高校学生的课程安排和教学成果。

二、我国高校教师人力资源管理体制低效的成因

（一）人力资源管理理念缺乏创新

我国高校教师人力资源管理理念缺乏创新性。高校人力资源管理者在人力资源管理模式下，应当将"以人为本""以群为体""以争为机""以精为务"作为指导思想。顾名思义，"以人为本"就是以培养和提高高校核心竞争力为中心，创造出以尊重教师为中心的良好氛围，努力去了解教师的要求、意见、需要、愿望，使教师在生活工作中可能会遇到的困难得以有效解决，让教师更加积极地参与到学校的规划和决策中去，搭建科研教学生活平台，使高校教师融入学校发展的洪流之中，因此我们要努力改变管理理念，让"以人为本"观念深入人心。我国高校教师队伍建设还处于初级阶段，仍有很多地方需要完善，"以群为体"总体来说，就是要从整体上谋划高校教师队伍的建设。"以争为机"，就是要建立人才竞争与激励机制，激发高校教师的工作积极性、创新和争先意识，我国高校人力资源管理中竞争和激励机制不完善，仍存在一些守旧之处。"以精为务"，是指人力资源开发与管理工作尚需要进一步探索和研究，要做到精深、精细并且可以做到对教师资源进行全面开发和管理。将教师人力资源管理作为一项战略性管理并不是要否定人事管理的作用，而是需要将人力资源管理理念应用于人事管理工作中，服从教师人力资源管理战略目标。当然，领导体制也需要创新，人事制度向人力资源管理体制转变必然

要求高校教师管理体制随之改变,在人力资源管理模式下,高校教师人力资源管理对其未来的发展起决定性作用,在执行层面上,人事部门还不能完全做到重新定位,因此,不断加强人事管理理念创新,使其服务于人力资源管理需要,成为高校教师人力资源管理必不可少的一部分内容。

运行机制的创新也存在不足之处,如果说体制是解决事情的主体问题,那么运行机制就是解决做事情的方法,同时也包括高水平教师的涌现机制,让教师充分发挥作用的建设平台,教师的聘用考评、激励竞争机制等。除了制度和运行机制创新外,还存在常规管理与特殊事情管理的关系处理不好的问题。高校教师人力资源管理模式的创新能够切实将高校教师人力资源管理模式引向提高高校竞争力的管理轨道上来,要从体制创新和机制构建上着手,制造出一个能够让优秀教师不断成长的环境与平台,使优秀教师一旦离开所处环境就难以发挥作用,从而让高校不会因教师流出而失去竞争力。

(二)高校教师人力资源配置方式不当

高校师资管理模式一直以来都是与国家政治、经济等管理模式保持一致的,这种模式的形成主要和高校师资的形成有关,在高校就读的大学生或者研究生进入学校任教,都是按照学院教务机构制定的教学计划进行教学,接受上面划拨的教育科研经费进行课题研究,这种自上而下执行单一指令的行政管理模式,让高校的师资管理体制成为一成不变的定式,从而导致学校和社会的脱离。虽然在改革开放以后,随着计划经济向市场经济的转变,高校的师资管理体制也随之发生很大变化,但就整个管理体制来讲,基本上还是遵从统一的行政 管理模式,同计划经济时的运行模式大同小异。虽然在解放初期,这种模式曾经对整个高校师资管理起到积极的促进作用,但改革开放以后这种模式与社会发展越来越不相适应,尤其是在经济体制逐步进入市场经济后,显露出越来越多的弊病,有人甚至将高校比作是市场经济体制下仅存的计划经济堡垒。

由于在高等院校中,教师人力资源这种市场化配置还没有形成,所以高校人力资源配置的主要方式还是计划配置方式。由于市场配置得不到应用,而高校和主管部门又承担了比较多的人才配置职能,在某些方面也限制了高校人才的流通区域和范围,制约高校人才合理利用和个人发展空间。教育人才市场因为不能像社会人才市场那样灵活运作,不能很好地顺应社会发展的需求,缺乏对高校人才资源的合理规划、合理配置,不能及时准确地为高校人才提供所需的系统信息,不能为高校人才资源市场化配置提供正确的政策导向,所以导致高校教师人力资源配置失衡的现象严重,其原因主要有三点。第一,在市场经济发展和结构调整下,不同市场间生产要素都要进行重新调整,但人才资源由于多种原因,如受观念、社会保障机制和分配方式等因素影响,不能很快在社会主体中找到定位并加以调整,这样就会导致传统学科人才大量积压、闲置以及新兴学科专业人才短缺的结构性矛盾;第二,高校由于长期受计划经济体制影响,存在许多人才知识结构不合理现象,呈现出知识、能力"单打一"的情况,与人才结构性调整要求不相符合;第三,高校人才流失严重,出现很多年龄断层现象,有的已到了无法维持的地步,这些结构性失衡加剧了人力资源使用效率低下现象。

(三)人力资源聘用考核机制不合理

事实上,目前各高校对人才引进工作都十分重视,但仍然存在一些问题。

第一,更加注重数量,结构相对次之。一些高校不能从本校学科建设和教师队伍建设的实际情况出发制定出远近结合、重点突出的人力资源引进计划,对要引进的人力资源层次、数量、素质、学缘结构等也不能做出科学的分析和论证,呈现出很大的盲目性。

第二,更加重视学历,能力相对次之。高校人才引进时倾向于引进高学历者,有时会出现对人才水平评判能力有失偏颇的状况,只是一味注重学历结构问题,而对人才在学科建设和个人发展方面的潜力不加重视。

第三,是考评过于细化和量化。考核机制方面,目前各高校考核指标主要包括:发表论文、出版著作、授课课时,而且操作起来很有效,可以体现客观、公正的原则。但过于细化和绝对化的量化指标,经常会出现教师为论文著作篇幅和课时数量积累疲于奔波的现象,对教师科研水平和其他方面工作效率都会产生一定的影响,高校教师需要足够的时间去学习和进行深入的实践调研,量化考核指标更适用于简单劳动的激励,而不适用于复杂劳动的激励,毋庸置疑,任何高水平教学和学术成果都需要在时间上有一定积累。而且量化考核指标也不利于对教师能动性和创造力的激发,使教师工作趋于刚性,少了自主选择性。现行设岗聘任制采用的过度细化、绝对量化考核指标,在很大程度上对高校教师的自主创新产生了束缚和阻碍。

第三节 高校师资管理体制的改革策略

一、高校师资应刚性管理与柔性管理相结合

(一)高校师资的刚性管理

刚性管理是指对组织中员工采取的一系列硬性管理,其中包括规章制度的设

定。例如,从奖惩规则、纪律监督等各个方面对员工采取不同程度的管理,高校管理者通过运用该理念来制定相关规章制度及行为规范,从而提升高校管理效率和管理质量。在管理过程中,不留情面,重视绩效和结果,照章办事,只是追逐管理原则和制度上的不断完善。刚性管理主要有以下特点。

第一,刚性管理缺乏一定的人本性。高校在制定各项管理制度和实施各项管理措施上,采取自上而下的管理模式,考虑事情更多地从高校工作角度出发,忽视教师的社会、文化、情感等因素会对其潜在资源的挖掘起到激励作用,很多时候学校的管理方法会背离教师意愿,从而产生一些负面影响。刚性管理习惯通过运用行政手段开展工作,把教师作为管理对象,忽视与教师的横向沟通与协调,使教师自主创新意识受到阻碍。同时,忽视了对教师行为标准的柔性因素影响,导致高校教师人力资源管理的低效。

第二,刚性管理是一种硬性管理。在高校广为应用,具有十分严明的规章制度,管理者在使用国家政策、法规及高校内部规章制度过程中,始终做到使教师的行为有法可依、有章可循,这种严格的管理体制会强烈激发教师的自我调整能力和控制力。

第三,刚性管理缺乏灵活性,很多时候只是一味地追求工作上的量化管理。目前各大高校普遍采用相对硬性的指标对高校教师实行量化管理。我们不能否定这种量化标准的可操作性,因为在实践过程中,确实可以在一定程度上提高工作效率,但一方面受外部环境变化性大、计算教师工作量存在模糊性等诸多不确定性因素的影响,高校管理者在决策过程中很难达到预先设定的标准;另一方面,这些量化标准有时会抑制教师的工作自主性和创造性,不利于高校学术交流,并且硬性规定和管理会背离教师工作规律,使教师心理产生挫折感。上述刚性管理特点使我们意识到,管理中若单一实行刚性管理是不可取的,一定要灵活应用,才能更好地提升管理体制效率。

(二)高校师资的柔性管理

人力资源柔性管理是组织为适应环境变化而采取的灵活运用人力资源柔性管理策略,调整教师的结构数量、工作时间、工资福利等因素以满足不同时期、不同水平、不同模式的人力资源需求,以较低的人事成本实现战略目标。柔性管理的特点如下。

首先,以教师为本。以教师为本是高校人力资源柔性管理最为突出的管理理念之一。在实施柔性管理过程中,高校管理中涉及的规章制度都会考虑柔性政策,充分尊重教师自主性,善于最大限度激发教师自主创新能力,使教师产生强烈的满足感。同时,以教师意愿和利益为管理的出发点,充分理解和关心教师。

其次，重视情感的投入。高校教师不是普通群体，而是具有较高知识层次群体，对情感的重视也是高校教师的明显特点，柔性管理就是要更多更深入地发掘教师的情感，尊重爱护教师，能够做到全面多方位为教师着想，最终获得教师的认同感与亲切感，做到管理者与教师和谐相处，形成较大的情感凝聚力，为高校办学效益的提高共同努力。

再次，灵活性与适应性。柔性管理必须要在高校教师人力资源管理刚性原则下，恰当结合柔性管理方法，用来弥补刚性管理的不灵活性。柔性管理中，对高校要采取灵活对策，不只限于形式，对教师的科研教学工作留有一定空间，如赋予教师充分的自主选择权、自身需求得到满足等。柔性管理的宗旨是，在不禁锢教师创造力的同时，创造各种条件让教师潜能尽可能地被挖掘。

最后，重视激励作用。按照教师的不同特点实施相应的激励措施，达到激发高校教师创造精神，最大限度调动高校教师工作积极性，充分发掘教师潜能的最终目标。

（三）高校师资的刚性管理与柔性管理相结合

在高校师资队伍建设中，高校教师人力资源刚性管理和柔性管理是相辅相成，缺一不可的。高校管理者要遵循刚性管理和柔性管理相结合的原则，正确认识和运用刚性管理和柔性管理的辩证关系，让刚中有柔、柔中带刚的方式存在于高校管理系统中。刚性管理和柔性管理关系如下。

第一，柔性管理是刚性管理的完善和补充。刚性管理一般是通过行政或经济手段来管理教师人员。例如，规章制度约束，处罚制裁等方式，这些手段曾产生过较好效果，但逐渐也暴露出许多负面效应，因为对高校教师的管理太过拘泥于形式，把人当作机器，管理僵硬不灵活，一成不变的管理模式已经无法适应飞速发展的社会形势。柔性管理则能够做到最大限度的激发教师潜在能力，使整个管理机制运行起来充满人情味和人性化，做到真正的人本管理思想。

第二，对于柔性管理来说，刚性管理是其基础和保障，无规矩不成方圆，在理论界和实践界，由于柔性管理人性化的特点，被大多数人广泛认同，但提倡柔性管理并不是要我们取代或否定刚性管理，高校若缺少健全的体制机制和严明的规章制度，就会缺乏一定的原则性和稳定性，使高校管理变成一盘散沙。

第三，柔性管理与刚性管理在本质上是统一的，二者相辅相成。柔性管理和刚性管理相互依赖、相互渗透。为实现办学目标，我们将柔性管理与刚性管理恰当地结合在一起，最终都是要提高高校教师人力资源管理水平，提高教师教学质量，促进教育的发展。

管理中若没有刚性，教育活动就会失去依据、准绳和章法；若没有柔性，聘用考评体系、退出机制、激励机制等都会缺乏灵活的运行过程，管理工作便会缺乏生机和活力。因此，高校教师人力资源管理只有正确认识到刚性管理与柔性管理的辩证关系，并将二者有机结合起来，刚性不教条，柔性不松散，做到刚柔相济，以规章制度做保障，再加上相应的人性化管理做补充，才能将高校教师人力资源管理体制效率提升到一个全新的高度。

二、优化师资配置的组织结构

（一）教师结构多样化与师生比例合理化

教师结构多样化与师生比例合理化，可以在很大程度上提升高校教师人力资源管理体制效率，所以师生比例合理化会在高校教师人力资源管理体制中起重要作用。高校在配备师资时，要依据全校的学生数量、科研任务量以及工资总额等多方面因素。美国、日本、法国等发达国家，助教工作在很多时候由研究生承担，大大减少了教师编制。另外，这几个国家的高校通过大量聘请兼职教师来丰富教师结构，使教师结构朝多样化发展，拓宽学术领域和知识体系，这在一定程度上提高了师生比例。我国高校的师生比长期以来都很低，这是我国整体劳动生产率低下的一个缩影。

近几年来，随着我国整个社会劳动生产率不断提升，高校教师的投入效益也在提高，但与大多数发达国家同类型、同层次的高等院校相比，我国高校师生比例明显偏低，还有继续提高的空间。我国应借鉴发达国家的经验方法，结合自身高校实际情况，制定出与之相匹配的可行性政策和措施，主要通过高校师资队伍结构多元化调整，逐步提高师生比例，从而提高人力资源管理体制效率。

（二）优化教师内部结构

（1）年龄结构：按 5 年一段，一般可分成 7 个年龄段，每个年龄段控制在 14%左右为宜。

（2）学历结构：更多的培养高学历的青年教师，作为高层次人才的后备人选。学校鼓励、支持团结协作好、业务能力强、有培养前途的青年教师以各种形式继续提升学历，立足于国内实际情况，以多种形式进行实践活动。

（3）职务结构：对于工作中发生的新情况，要根据专业技术职务来评聘，其中专业技术职务的评聘指标应为结构比例控制，而非限额控制，同时要实行按需设岗。

（4）学缘结构：合理设置人力资源的“学缘”结构，通过广开门路，多方式补充等渠道来拓宽高校教师的教学视野，不断优化“学缘”结构，包括教师引进的多校性以及经历的多样性,如对有过出国留学经验的人员引进工作。

(5)专业、知识结构:要加强新兴学科、交叉学科及边缘学科等人才的补充。使队伍的学科结构与学校学科建设相适应。加强人才知识结构的调整和更新。

以上几个方面的结构调整,必须落实在高校人力资源宏观结构的优化之中,着眼于发挥整体高校人力资源的最大效能,合理的人力资源结构会使高校教师的能力得到放大、强化和延伸,从而促进高等教育发展。

三、基于知识管理的师资管理模式的构建

知识管理为高校教师人力资源管理提供了新方法。知识管理能够运用信息技术建立知识管理系统,不仅能为高校教师提供最新知识,也使查找起来更为方便。要想让教师拥有当代所需要的知识,各高校就应当为教师提供一个便于知识交流与传播的环境,这种环境只有在知识管理系统中才可以见到,是知识管理系统所特有的。随着科学技术的不断发展,知识也划分得更为具体了,各领域的知识之间也在一定程度上相互渗透,相互融合,从而知识更新也变得十分频繁。知识管理系统的建立不仅有利于提高学校内部知识创新、交流和转换,而且可以让高校教师大大缩短学习和使用知识所需时间。

在这个知识经济时代,行之有效的知识管理能够在很大程度上促进高校教师的职业发展,此外,我们还可以在高校里搭建基于知识管理系统的学习平台,使高校教师直接在网上学习所需知识,在这个网络普及的时代,可以使所有教师不必再拘泥于时间和地点的限制,随时随地接受教育,不断提升教师的知识水平。

(一)建立促进价值创造的薪酬支付体系

薪酬制度是人力资源管理六大模块之一,高校教师在薪酬体系中可以挖掘出自身的需求和价值所在,一个健全的薪酬制度不仅有利于人力资源管理体制效率的提升,而且有利于满足高校教师对薪酬体系公平性与畅通性的要求,在一定程度上激发教师工作积极性。当然,薪酬制度必须和高校的战略目标相结合,使教师意识到自己的工作与学校的总体竞争水平直接相关,会直接影响高校的发展方向。对于薪酬体系的设置应该兼顾公平性、市场竞争性及对教师的激励作用,将教师的知识创新和共享能力与薪酬支付体系联系起来,知识创新能力越强薪酬水平应该越高。高校知识薪酬支付体系有利于高校教师进行知识的使用与创新,健全的薪酬支付体系是高校吸引、使用人才的关键,可以吸引更多优秀教师入伍。但实际上,大多数高校更加注重现金薪酬的支付,忽视了高校教师的其他需求,如职业培训与发展、情感认同等。因此,对于高校教师的薪酬支付体系,不仅要采取货币性的薪酬支付形式,还要根据高校教师特点提供适合他们的非货币性的奖励。

对于高校的管理者来说，高校教师所做出的所有决策，管理者一方面要评价这些决策本身的正确性，正确的决策要予以支持和鼓励；另一方面，还要评价决策产生的背后知识，充分发掘教师的知识创新能力，不断激发教师教学及科研的积极性。因此，高校要在保证对知识管理活动成果的科学评价的前提下建立以知识为基础的薪酬支付体系。

（二）建立促进知识共享的制度体系

知识共享对于高校教师而言尤为重要，高校要建立一个能够促进知识共享的制度体系，要分别从制度、技术、文化三方面人手，为有效地实施基于知识管理的高校人力资源管理提供帮助。

1. 制度保障措施

首先，人力资源管理和知识管理的开发运用都要与高校的发展战略相匹配，还需要一定的物质支持；其次，要有适合知识创新、知识共享的组织结构，可通过建立学习型组织和扁平化的组织结构来实现。

2. 技术保障措施

技术保障是指有利于知识共享的硬件环境，将高校各部门和教师个人的知识产权和其他无形资产汇总成电子文件放在公用的网上，形成一个知识库，随时可供取阅，该知识库要有一套系统来支持和服务，以及一些基本的安全措施和网络权限控制功能。

3. 文化保障措施

要想留住人才，光靠合同是不够的，教师是知识型的员工，他们不仅关注自己获得的薪酬福利，也很重视更深层次需求的满足以及获得尊重的程度。高校要使教师的个人价值观、愿景与高校的愿景相匹配，使两者产生共鸣。

（三）师资招聘策略

高校教师招聘是获得人才资源的重要途径，在对教师人力资源进行招聘时，要充分认识到教师知识资本集成情况的重要性。因此，高校要充分考虑其发展趋势和特点。

1. 人才甄选要依据知识资本特点

在招聘高校教师时，应既以自己的学科性质特点为基础，并对其他相关学科知

识有一定的 了解或掌握,形成自己的知识体系,同时又要研究自己的教学个性,形成独特的实践操作体系、教学思想以及完整的教学体系、风格和流派。在高校教师甄选过程中,应该重点考虑应聘者的学缘结构,我国高校教师有一部分都是本校毕业学生,“留校”教师是“近亲繁殖”的做法,知识资本集成的特点要求同一所高校教师的知识应该是百花齐放、百家争鸣的,过多的“近亲繁殖”现象不利于优化学缘结构,不利于博采众家之长。

2. 招聘规划要重点考虑教师知识资本集成的发展方向

高校在制定教师发展战略过程中,一定会选择适合高校发展、符合高校要求的员工,使员工与工作内容相匹配,对此就是要制定一个合理的招聘规划,按照职位特点和空缺情况来制定人员需求计划。这里所谓的招聘规划就是在实现高效办学过程中,首先要设定战略战术目标,再根据现阶段自身教师人力资源情况和对发展趋势的预测情况,制定相应的人员引进、保持和流动策略等。在具体操作过程中,由于高校组织的特殊性,选拔时必须充分考虑到高校对知识资本高需求和未来知识发展的集成情况,将所需要的知识和对应的人才,采取正确的招聘策略,做好人员、岗位、知识三者的匹配工作,优化教师队伍,使其凝聚力达到最佳状态,实现集成效应,将冗余人员数量降到最低直至消除。其次,按照当前高校教师资源情况,深入分析和调研,将教师数量、质量、组合方式等方面的不足予以评价,从而做出相应的招聘标准,同时必须考虑求职者的需求。将上述问题确定后,再由负责人将申请交给高校人事部门,申报师资招聘计划,人事主管部门再按照高校内部的职位信息,来确定相应的招聘标准和条件,从而对空缺岗位的填补事项做出最后决策。

(四)教师人力资源培训策略

培训作为高校教师人力资源增值的重要方法之一,近年来越来越被各大高校重视起来,因为教师人力资源在高校办学过程中所发挥的作用越来越大,直接影响到高校的教学水平和科研成果,因此,不断优化高校教师人力资源培训策略尤为重要。

1. 培训的实施加速知识资本增值

首先,高校人力资源培训工作的灵魂是如何使培训的内容学以致用,如何使知识资本通过培训得到增值;其次,要注重选择高校人力资源培训的途径。

2. 培训需求分析要考虑知识资本的增值

在进行人力资源培训工作之前,高校要调查统计本单位的人才数量、质量、结构、发挥作用状况等基本情况,对本单位的发展状况、发展规则、发展前景和人才需求及人才培养能力及其发挥程度作较详尽的调查统计,并加以综合分析,根据未来社会经济发展要求,制定符合实际的高等教育发展规则。

3.培训的评估要考虑知识资本增值的效果

在培训实施完成之后,要对培训的效果进行评估,以检测和考评高校人力资源培训工作的方方面面。培训评估的指标包括教学计划制定、教学内容分析、教学策略分析、学生进步分析、学员之间交流分析以及培训计划本身规定的接受人力资源必须掌握的理论知识、方法和技能。

四、建立科学的激励机制

依据有关激励理论,将我国高校教师人力资源管理体制中的激励机制的构建方法归纳如下。

(一)建立目标激励机制

所谓目标激励,就是依据特定的管理目标,对高校教师人力资源进行行为指导,将教师的个人需求与高校管理目标有机结合在一起,从而有效提高教师工作积极性和自主创新性,另外,目标激励机制的实施基础是有效的岗位目标,只有将这两种方法结合起来才可以达到目标激励机制价值最大化。

1.把学校的发展目标与个体的发展目标有机结合

第一,目标激励是把期望值和目标效果高度重视起来,目标可以引导和激励高校教师的行为,因此高校经常采取目标设置的方法来激发教师的工作动机,并引导其行为;第二,高校在设置目标时一定要结合自身的实际情况和办学条件,在制定相关的发展规划时要考虑到近期和中期的具体目标,否则会让人觉得目标过于空泛、漫无边际而缺乏追求的动力;第三,在高校人力资源管理中目标的设置至关重要,学校领导在制定目标时要考虑有关各方面因素,尽可能“适度”。

2.实施目标激励机制的前提是岗位目标的实现

第一,岗位设置要有利于形成合理、优化的队伍。要以学科建设、人力资源队伍建设为基础,以教学、科研、管理任务及师资队伍现状为依据,根据学校的发展目标,设立岗位;第二,科学设置不同岗位的目标,完善岗位聘任制。科学合理地设置不同岗位的目标会使目标具有较强的激励作用;第三,签订聘任合同,加强目标考核管理。聘约不是简单地与学校签个合同,而是要首先明确双方的岗位职责;第四,实行动态管理。高校的各个岗位尤其是关键岗位是有限的,岗位是相对固定的,但在这个岗位上任职的人员却是流动的,人员上岗所取得的岗位职务与相应待遇也仅在聘期内适用。

(二)建立文化激励机制

高校教师人力资源,具有更加丰富的精神需求,且大多数人都很热爱自己的职业,不会轻易更换自己的工作。一方面,高校领导者应该抓住高校教师这一心理,加强人文关怀,努力建设和谐校园,使高校教师具有良好的文化素养和道德水平。高校人力资源需要一个既严肃紧张又活泼的校园文化,高校的文化氛围也是一所高校的文化底蕴,管理层和学术团队要团结在一起,共同努力提升校园文化氛围,校园是最圣洁的地方,包括管理人员和一线教师在内的所有人员都是创造知识和文化的工程师,在当今社会继续保持这种团结,校园就会吸引和凝聚更多高层次优秀人才。而紧张就是要在一定的压力下,因为压力是我们日常工作的动力源泉,这样极有利于工作效率的提升。另一方面,在行使民主权利上,高校要进行支持和鼓励。这样不仅会使高校人力资源的潜能得到充分发挥,更会提高他们对自己工作的满意程度,使他们不断增强工作积极性,沟通易于产生共识,通过交流和沟通,自己的意见被采纳,便会激发高校教师的工作热情。

(三)完善培训激励机制

在高校教师人力资源管理中培训激励的价值是非常重要的,因为它能够满足高校教师的发展需要,为高校教师发展提供精神支持和原动力,激发他们通过追求先进科学知识、不断更新知识结构来提升自身的价值。建立完善的高校教师培训体系,实现高校教师人力资源知识的保值增值,不断更新教师知识结构,只有在深入分析高校教师人力资源自我成长及发展需要的基础上,培训激励机制才能发挥作用。具体完善方法有以下几点。

首先,依据教师的不同层次,满足各层次培训需要。高校教师一般主要分为教学型和研究型。教学型教师,要注重岗位的培训。一是注重教师本身综合运用能力的培养,对于专业教师分别安排针对性的专业课程进行师资培训,也利用培训机会为各岗位、各层次的教师提供一个交流沟通的平台,融洽各岗位教师之间的人际关系。二是注重高校教师学历水平的提高,各高校可以根据自身的便利条件给高校教师提供学习进修的机会,如做访问学者或出国深造。研究型教师,首先要注重接触科研人才和学术带头人的培养,增加对高校师资培养经费的投入,引进杰出人才和把校内有科研发展潜力的人才外送培训,满足高校对教师较高层面的需求。

高校教师人力资源的培养从年龄上分为青年教师培养、中年教师培养等,可以根据教师年龄和接受领悟新知识的能力区别培养。其次,构建以高校教师人力资源职业发展为目标的全面培训体系。应该在培训内容、培训时间以及培训方式等方面,给高校更多的自主权,按照不同岗位、不同层次的培训对象自主选择培训内容和培训方式,自行制定培训时间等,不断加快培训工作信息化建设的进程。

再次,加强培训工作制度化,使人力资源培训有法可依,有章可循。拥有严格的培训制度,才能不断提升高校教师的技能水平,使教师行为依据充分。

最后,建立科学的培训评价体系。在人力资源管理工作中,科学准确的评价体系至关重要,因为高校教师培训工作需要有效的考核系统进行监督。同时,高校教师参加培训的积极性一定要不断被激发,这样才能加强培训过程中的主动性,进而提升工作效率和提高培训质量。目前由于存在一定影响因素,操作起来有一些困难,致使培训工作难以达到科学性和准确性。但长远来看,建立一套科学的培训评价体系对高校教师培训工作尤为重要。当前,我国主要采取银行贷款和国家拨款的方式来补充高校经费,培训经费有些紧张,在这种情况下,就要通过建立和完善培训激励约束机制,提高培训效益降低培训成本,最终使高校教师管理培训体系获得良好效果。

(四)健全绩效考核激励机制

绩效考核机制一直是现阶段高校晋升提拔的重要参照,对人力资源进行有效激励的重要手段之一便是高效的绩效考核工作。如果不能形成合理科学的绩效考核制度,就会造成高校人力资源切身利益和工作积极性受到损害。高校在进行考核激励过程中,是通过以下三方面的努力,建立起"责权利"相结合的绩效考核激励机制,使我国高校教师人力资源管理体制效率不断提升。

1. 设立科学有效的、操作性强的量化考核标准

加强量化和细化高校教师人力资源的评估标准,在岗位、职称或层次等方面不相同的人员,实施分别考核的办法,并可实行依据不同岗位不同职责进行不同分析的方法,对考核标准给以界定和说明,最终实现考评双方的工作目标与职责的一致性,真正落实和发挥绩效考核作用。

2. 考核过程的公正透明性

一些高校采取将教师的教学、科研成果、获奖情况等分别录入计算机,再经过审核将教学和研究成果等提交到个人网上的业绩系统里。同时,在网上实行业绩与分配制度挂钩的方法,进而在一定程度上简化考核手段,提升透明度。考核过程

的透明度与考核激励机制的公正度是成正比的。

3.采取考核结果与教师本人利益挂钩的方法

绩效考核的反馈和沟通要时刻予以重视,将考核结果与教师本人利益直接挂钩,同时把这个考评结果视为高校教师人力资源聘任、晋升的可靠依据,从而将高校教师劳动成果的差异性充分体现出来。绩效考核激励机制,对于完善高校人力资源管理体制至关重要,没有制度化和量化的考核标准,会在一定程度上影响教师工作积极性,从考核标准的设立,再到考核过程的公开,直至考核结果与教师个人利益关系的明确,整个流程都充分体现了一个高效透明的绩效考核机制处处蕴含着激励因素,"责权利"相结合能够更好弥补我国当前绩效考核机制中存在的不足,从而加快提升高效教师人力资源管理体制效率。

五、高校教师自身存在的问题及解决措施

课堂教学是学校在人才培养中最为重要的渠道,课堂教学质量的高低对学校整体教学质量有直接影响,所以要想使教学质量管理有效提高,就必须要重视课堂教学质量。而教师作为课堂当中的领导人及组织者,在课堂管理中有重要的主导作用。我们将先从教师管理方向入手,对现阶段教师在课堂教学中存在的问题及解决对策进行分析。

(一)高校课堂教学中教师面临的问题

1.教学方式传统,缺乏创新

对比初等教学来说,大学课堂教学不管是在学生需求还是知识构架上都与其不相同,所以对教师的教学方式也有了更高的要求,需教师不断地创新与完善自身的教学方式。并在教学中与新理念及新知识相融合。教学的经验积累能使课堂教学水平显著提升,尽管有一些教师在最初几年的课堂教学中积极的创新教学方式,并积累教学经验,直到能有效地掌握课堂节奏,不过到了后来就处在了一个"安于现状"的状态当中,不再积极地进行教学改革与积累经验,导致教学方式停滞不前,其教学效果自然也原地踏步。

2.轻管理,重教学

高校教师在教学当中因为授课的内容太过繁重,且教学压力大等问题,所以对知识内容的传授十分重视,对学生思想、吸收以及课堂情况的管控有所忽略。现阶段在大学课堂中很多学生都变成了"低头一族",课堂中精力不集中的学生较多,

但是很多教师只管自身的教学任务有没有完成，完全没有注意学生有没有进入学习状态，同时也不进行积极的规范及引导，对课堂教学质量有严重的影响。

（二）高校教师改革课堂教学，提高教学质量

高校教师在教学实践中应不断探索符合现代教育思想的教学模式，改进教学方法，并应用到课堂实践中，发挥高校平台作用，相互学习、取长补短。高校应引导教师加大教学投入，用更多精力从事教学研究，加强教学管理，严抓教学质量。

1.教师要敢于更换教学模式

（1）实行以问题为主线的教学模式。把问题贯穿于课堂教学内容的始终。教学中注重培养学生思考问题、提出问题、研究问题和解决问题的能力。教师在课堂中设“疑”，调动学生产生“释疑”的渴望，学生想“释疑”，就会积极主动去思考。学习中最重要的是学会思考、学会提出问题，并通过学习、研究与讨论解决这些问题，这才是高效的学习过程。有问题不一定有创新，但没有问题就一定不会有所创新。如果在课堂上，能形成思考问题、讨论问题的风气，教师的课堂教学就有跌宕，有起伏，教学效果会更好。这也是启迪智慧、激发灵感的重要手段，是创新性学习的基础，是最重要的学风。

（2）引导学生学会综合。每门课程、任何知识都不是孤立、独立存在的，他与其他学科都存在着必然的联系。善于把学到的多门课程乃至多个门类的知识综合在一起，去解决实际问题，这才是学习知识的最终目的。教师在课堂上不应只讲所授那门课的内容，应把此门课与其他课程或学科之间的联系讲出来，把多门课之间的相关内容讲清楚，以便培养学生的综合能力。世界本就是一个整体，为了人们研究的方便，将其分割开来，把科学分为自然科学、社会科学。而自然科学又被分为数、理、化、天、地、生等多个学科。科学是内在统一的，它被分为单独的部分是因为人类认识能力的局限性。近几年强调培养复合型人才，就是要适应综合化的要求。应用型人才的综合能力尤为重要，因为解决实际问题往往需要综合后的知识和融会贯通的知识。

（3）指导学生注重知识的转化。就是由知识转化为能力与素质的过程。知识存在着过时和忘记的问题，而能力和素质相对稳定、长久。知识不等同于能力和素质，知识必须转化成能力与素质才能体现出其真正的价值。知识只有经过应用训练才能转化成能力，必须经过内化及环境熏陶，才能转变为良好的素质。提高素质和增强能力也需要具备必要的知识。多给学生提供实际训练和应用的机会，指导学生把输入与吸纳的知识转化为能力与素质。这样才能培养出有实力、有能力的，适合社会发展的，能为和谐社会添砖加瓦的高素质人才。

2. 严抓课堂教学水平，实施评价监督体制

因为现阶段一些教师的教学方法及经验都处在一个固定的模式当中，其自身优势没有有效的挖掘，其存在的不足也没有提出来，这样，积极实施评价监督制度就成了一种行之有效的方式。一般来说，听课的方式有两种，一种是观摩听课：听课教师主要是一些教学经验相对丰富的教师，在每一个月都会推出一堂示范课，让各个学科的教师都能进行观摩学习，并听取优秀教师的教学经验，同时也能将授课教师教学方式不断丰富。另一种是互相听课，每个教师之间都是可以取长补短的，所以要求教学相互听课，并将听课记录做好，其后转换授课者与听课者的角色，对授课中存在的不足进行剖析，以此使自身专业水平有效提升，同时也能在听课中吸取其他教师的教学特点，以此完善自身的教学模式。

3. 教师需加强课堂管理

教师作为人类灵魂的重要工程师，能领导学生学习知识并培养自身心智，以此承担起教书育人的职责。目前高校教师所面对是自我意识普遍较强，且有独特个性的00后，所以不仅要传授专业知识给学生，更要让学生的品质及人格得到有效培养。而课堂管理并非教师对学生行为进行控制，让学生不情愿地遵守课堂规则，这个意义就是让教学对自身知识水平不断加强，使专业素养得到提升，人格魅力得以有效培养，并对个人的行为影响引起重视，将教师的威严有效建立起来。不仅如此，教师还需创新及完善课堂教学方式，将引导者的作用充分地发挥出来。在教学中也需多与学生进行沟通与交流，将学生求知欲望充分调动起来，让学生能非常自然地参与到课堂的管理当中来，以此提供课堂教学效率。

4. 教师要善于激励学生

在教学中，教师要学会激励学生，要给他们一个很好的学习理由。要帮助他们树立远大理想和正确的人生观、价值观。要根据学生的不同情况，帮助他们确立具体的奋斗目标，并制定实现目标的具体措施。要将学生的学习积极性主动性最大限度地调动起来。要知道，一个没有远大理想，没有积极性的学生，你是无论如何也教不好的。

此外，教师还要培养学生自主学习的习惯和能力，要鼓励学生质疑，通过独立思考，得出自己的结论。不能把学生当做装知识的筐，更不能把老师当做知识的搬运工。要把学生当做课堂的主人，让学生唱主角，教师的主要任务是给学生进行正确的引导。教师要实现激励学生，引导学生的目的，首先得了解学生，知道他们的想法处境、具体困难及要求。要了解学生，必须深入到学生中间去，与学生做朋友，

与学生进行清晰的交流。亲其师才能信其道。要彻底改变先生讲学生听,讲不讲在我,听不听由你的状况。教师要放下架子,要和学生打成一片,水乳交融,虚心听取学生意见,最大限度地满足学生在学习方面的要求。

综上所述,在高校教学管理当中,课堂教学管理是其重点,而教师作为课堂教学中的主导者,应将学校发展需求与国家教育教学方针有效结合,做到教学思想与方式与时俱进,将教学育人始终放在第一位,使自身的综合素质有效提高,培养更多的人才,为社会发展做出一定的贡献。

第七章　新时期高等教育学的学生改革

高校的主要任务是培养高素质、高技能的人才，以满足社会发展对人才的需求，为国家的发展建设培养接班人。高校对人才的培养不仅是专业知识和技能的传授，还包括对学生的适应能力、人格形成、道德建设等多方面素质的培养。高校学生管理不仅为高校教学服务，更对学生形成正确道德观、价值观、人生观具有重要的作用。高校学生管理工作经历了长时间的探索和发展，在管理体系、管理理念、管理方式和人员配备方面日趋成熟。

高校学生管理是一门具有很强实践性的学科，它将教育学、管理学、心理学等多种学科加以融合，具有综合性特点。随着教育改革的持续进行，高校学生管理工作不断探索、不断发展，已从重单方面的强制性的说教、灌输模式逐渐向以人为本、服务化和制度化的方向转变。高校学生管理工作涵盖范围广泛，以引导学生思想的正向发展、为学生生活需要服务、指导学生就业发展、对学生进行心理健康的维护等多方面为工作内容。

要从根本上提高我国高校学生管理工作，就应该走科学化的发展路线，既要有明确的管理目标、完善的管理体系、正确的管理理念，还要有高素质的管理人员职业发展与培训规划、方法，建立职业化、专业化、高素质化的高校管理工作人员队伍，这对于高校人才的培养具有重要的意义。

第一节　当前高校学生管理体制的现状

高校学生管理是高校管理工作的重要组成部分，主要指高校对招生、报到注册、住宿生活、学习进程、学籍、学习进程、课外活动、经济资助、表彰奖励及处罚、心理咨询、医疗服务、就业指导、职业生涯规划指导等大学生在校一切活动的管理。管理体制是指管理系统的结构和组成方式，即采用怎样的组织形式以及如何将这些组织形式结合成为一个合理的有机系统，并以怎样的手段、方法来实现管理的任务和目的。

总之，高校学生管理体制，指为了给大学生营造一个良好的生活、学习氛围、维护正常的学习. 生活秩序，促进大学生身心健康发展，实现高校教育人才培养目标，在教学范围之外必须提供的具体的课外活动和非学术性事务而设立专门管理机构，确保实现其管理任务和目标的管理系统的总称。

一、高校学生管理走专业化发展道路

高校教育是国家人才培养的重要行业，为社会各行各业的发展培养专门的人才，是国家发展的主要推动者。任何一个行业的发展，都是从不成熟到成熟再到专业化的过程，每一种行业 分工最终的发展趋势都是具体化、专业化。职业发展的专业化无论对于从业者本身的发展还是整个行业的发展都具有非常重要的意义。学生管理的专业化是将学生管理工作作为一个专门的学科类别，同会计、法律、金融等专业一样，具有更强的专业性。从业人员也同其他从事专门性职业的群体一样，具有更专业的知识素养，为社会培养本行业的专门人才。现今我国高校学生管理工作对管理和被管理两方来说，是服务与被服务的关系，强调的是双方间的互动性。学生是服务的主体，占据着主动的地位。为了满足对新一代大学生的管理需要，高校学生管理者必须了解现代大学生的心理特点，用更加专业的知识和理论，采取更加专业的管理方法，做好现代高校学生的管理工作。传统的观念认为，高校学生管理工作者不需要像高校中的专业教师那样具有高学历、高知识储备，无论谁来干都可以胜任此项工作。

其实从本质上来说，高校学生管理工作是集教育学、管理学、心理学于一体的综合性学科，其专业性更强，专业要求更高，从事学生管理工作的人员在专业素质方面的要求更高，而且要具备丰富的实践经验。具体来讲，学生管理工作人员不仅具有教育学、管理学、心理学等学科理论知识的储备，还要具有能够亲力亲为指导学生的社会实践工作、学生的日常工作、学生的心理健康、学生学习生涯的规划、各种专业特色研讨会的开展、学生活动的组织以及学生就业指导等实践性强和业务性强的职业素养。

在国外学生管理工作从业人员都受过高校管理工作的专业教育，国家也会专门针对学生管理工作开展专门的业务培训。在我国国内的学生管理工作从业人员的理论知识储备和专业化程度还需进一步提高，而且执行行政式指令的工作模式，工作缺乏针对性，学生管理工作缺乏完善的管理体系和有效的管理制度，人员流动性大，学生管理工作不是很理想。因此，学生管理只有走专业化的发展道路，才能从根本上提高学生管理工作的质量，为高等教育事业服务。

二、高校学生管理工作的专业化理念的建立

随着高校教育改革的深化，高校内部管理进行着根本上的更新和变革，学生管理工作已经呈现出专业化的发展趋势。职业经过分化和发展，必然形成专业，从而形成强调专业知识和技能的职业。从职业分类的角度分析，专业是指群体经过专

门的教育学习和训练，具有高深的、独特的专门知识和技术，按照一定标准进行职业活动，从而解决人生和社会问题，促进社会进步并获得相应报酬待遇和社会地位的专门职业，可以说，现如今高校学生管理工作已符合职业专业化的标准。

现在学校管理学知识体系日益完善，在国内的高等院校的教育学院都有教授教育管理学的内容，在一些高校管理中已经有自己特定的管理方式和技术形成。另外，在高校内部对学生管理工作从业人员的知识技能已经有了一定的要求和标准，高校越来越重视学生管理工作从业人员的业务培训。而且，从社会角度来看，高校管理职业在社会中已经作为一个职业阶层存在。

高校学生管理工作者作为高校教育管理专业人员，获得系统而明确的专业理论知识是专业发展的又一重要维度。高校管理的教育性、综合性与复杂性要求高校学生管理工作者更应具有符合教育者、领导者和管理者角色要求的知识结构。专业伦理是高校学生管理工作专业最根本、最直接的体现，它包括从业者的职业道德、行为规范以及高校学生管理工作者的专业态度和动机，而专业态度和动机又是专业特征形成和发展的动力和基础。自我专业发展意识是保证高校学生管理工作者不断自觉地促进自我专业发展的内在主观动力。

三、高校学生管理工作专业化的制度保障

高校学生管理工作受多方面因素的影响和制约，学生管理工作制度不仅是高校学生管理工作中最重要的影响因素，而且是学生管理工作开展的基础，为学生管理工作的贯彻落实提供制度支撑和保障。对于高校的发展而言，不但要加强硬件方面的建设，努力提升学生管理工作的实用价值和实际效果，在软件方面要建立健全学生管理工作制度，为学生管理工作的开展提供有力的制度保障。

（一）以制度形式明确学生工作管理的地位

高校出台的一系列的制度、规则或者年度工作规划要明确学生管理工作的地位，不仅为学生管理工作提供制度支撑，还要有一定额度的配套服务经费的划拨，在经济上给予支持，从制度和财力、物力等方面共同为学生管理工作的有效、健康发展提供支持和保障。随着教育形势的发展，高校学生管理工作应该与时俱进，根据形势的变化及时做出调整，使其与社会和教育的发展相适应。在当今社会上普遍存在一种现象，学生在校期间对学校的管理认可并服从，但是走出校园步入社会后，受社会转型期的影响，加上经验的欠缺，对社会现象缺乏自我辨识能力，导致缺乏主见，将在校期间学生管理给予的意见和指导忘记或者忽略。因此，明确学生管理工作在学校总体工作中的地位，遵循学生管理工作的服务宗旨，建立健全相关人员准入、考核、评比机制对提高学生管理工作十分重要。

（二）以制度形式确保学生管理工作岗位的职业化

高校学生管理工作岗位具体包括对学生进行思想政治的管理、心理健康的管理，为学生就业提供指导、进行法律法规教育、进行学生社会实践管理等。这些工作细化到学生管理工作的各个部门，对于部门岗位，应该建立明确的制度和规则，为管理工作的执行提供保障，确保岗位工作人员具有过硬的专业知识和专业技能。岗位人员在选拔和聘用的过程中，除了理论基础知识以外，对于思想政治岗位的工作人员要求具有本专业的知识素养，心理健康管理岗位的工作人员要求具有心理辅导的经验，并通过国家认可的执业资格认证考试；在法律教育岗位的工作人员要具有法律专业知识并具有丰富的经验，这些岗位都需要有规范的制度提供保障。

（三）采用艺术性学生管理模式、制度激励创新

高校学生管理工作的主要对象为大学生，大学生是青年群体中的典型，具有自身的特殊性。在大学生群体中工作，为他们提供服务，对各种事件处理的好坏直接对大学生人格的形成和社会认知以及人际关系的培养有着重要影响。因此，艺术化学生管理培养模式，使学生在接受学校管理工作过程中，不流于表面，而是发自内心的认可。将教育管理深入打动到学生的内心，使学生在社会交往的层面上得到正确的认知，这是学生管理工作的意义所在。以制度化的形式采取适度的激励，使学生管理工作人员优秀的工作表现和成果受到认可和鼓励，会激发工作人员的工作积极性，对工作更有兴趣，勇于创新，从而在整体上提高学生管理工作的质量。

综上所述，目前我国高校学生管理工作的职业化强调高校学生管理工作是一个独立的社会职业，而高校学生管理工作的专业化则要求提高高校学生管理工作从业人员的专业水平。我们要通过高校学生管理工作专业化，进一步发展高校学生管理工作的专业精神、专业知识、专业能力和专业伦理，提高高校学生管理工作者的专业水平。

四、目前我国高校学生管理体制存在的不足

（一）网状结构的管理体制

目前国内高校一般都成立校级学生工作委员会，由主管学生工作的副书记（副校长）担任主任委员，委员主要来自学生工作部（处）、校团委.宣传部、教务处、招生就业处、保卫处、后勤处、人武部等部门。校级学生工作委员会办公室一般设在学生工作部（处），作为校级学生工作委员会办事机构。在院（系）一级设有学生工作办公室，由院（系）党总支副书记分管，接受校学生工作委员会领导和学生

工作部(处)的指导。从调研的情况来看,大多数高校学生管理是校、院(系)两级管理体制,条块结合,以块为主。这种网状结构的管理体制,在实际运行过程中容易造成条块分割,协调沟通不畅的局面,不利于学生事务管理工作的统一和行动的协调。

(二)党政合一的运行方式

一方面,考虑到大学生在社会政治稳定中的重要作用,我国的学生工作长期被划归为学校的德育工作,服从和服务于政治工作,因此将学生工作划归党务系统,由政工人员负责,作为学生工作重要组成部分的学生管理工作也自然如此。另一方面,思想政治教育课程逐步列入教学计划,政治思想教育工作日渐趋向专业化,学生管理出现新的情况,学生管理工作中行政事务增加,越来越明显地体现出学生工作行政化倾向,并不断得到强化。因此,学校一级的学生工作由主管学生工作的副校长和党委副书记共同负责,党委副书记负总责或兼任副校长,实行学生工作部和党委学生工作部合署办公。

(三)具有教育行政导向的高校学生管理工作

当前,高校学生管理工作发挥行政影响作用的主要是教育部、省或有关主管部委。高校学生司、处主要任务是根据有关法律、行政法规和指令,负责高校学生的学籍管理.行政管理和学生管理工作。通过出台系列法规,规范高校学生管理工作,对高校学生管理工作进行考评、督导、检查、组织校级交流等来施加行政影响。行政导向过于明显,使得学生管理工作的服务功能弱化。

第二节　高校学生管理体制的发展趋势

高校学生管理的目标应是促进学生发展,同时包含教育、管理、服务职能。在未来学生管理过程中以生为本,充分发挥高校学生管理的育人功能,注重学生思想品德素养,促进学生自主发展,采用服务型行政事务管理方法,满足学生合理性需求。高校学生管理者在学生管理过程中只是起着辅导的作用,充分体现学生的主体地位,信任学生的自我管理能力,以“思想教育+服务+自主发展”为理念开展学生管理。

一、未来高等教育在校学生的特征

（一）个人自主意识彰显

随着改革开放的不断深入，市场经济体制的确立，社会经济利益分配沿着竞争规律流动，市场经济的一个突出特点是按照市场法则平等竞争。社会政策对个人利益表示承认和肯定。因此，市场经济不仅从经济上要求独立个人的形成，而且在观念上要求强化人的主体意识。

当前以及未来的高校学生处于市场经济这一大环境，首先应具有较强的自主意识。这种自主意识一方面表现为要求对自身价值、自我尊严的追求；另一方面表现为自我意识、民主意识、平等意识等新观念的勃兴。就业市场的竞争，关心个人发展机遇，自立、竞争、公平、效率等时代意识强烈，这使高校学生更加注重自我完善，表现出对市场经济亟须的新知识以及新技能具有强烈的求知欲。高校学生积极思考并明确自身价值，及时确定人生坐标，最大限度地实现自我价值。面对自主意识不断强烈的高校学生群体，高校应当更新学生管理理念以符合学生特点，树立“思想教育+服务+自主发展”的学生管理理念，促进学生发展。

（二）注重个人创新意识培养

未来的高校学生首先具有较强的自主意识，其次注重个人创新意识的培养。创新是一个民族进步的灵魂，是一个国家兴旺发达的不竭动力。21 世纪是知识经济的时代，知识质与量的不断更新与增加，技术革命成果不断涌现，要求高等教育必须把重视创新精神、注重实践能力、突出个性特色的人才培养作为我们未来工作的重要目标。

随着我国不断推进经济发展方式的转型，致力于将我国建设成创新型国家，而这需要创新人才的大量涌现。作为 21 世纪的高校人才，应该具备创新精神。未来高校对优秀学生的界定不单只看学习成绩，创新意识应逐渐成为评定学生优秀与否的参考依据。学生对事物的兴趣与好奇心是培养学生创新意识与创新精神的前提条件，要激发学生的学习兴趣和好奇心，高校在学生管理过程中应做到以下四点：第一，营造利于学生独立思考、自由探索、勇于创新的良好校园氛围，尊重学生的个人选择，善于挖掘学生个人的潜力，鼓励学生个性发展、自主发展；第二，建立有利于选拔创新人才的制度；第三，制定评价创新人才标准；第四，制定灵活多样的课程选修制度，给予高校学生条件支持，开展国际合作等方式，从而培养具有创新精神和创造能力的人才。

二、“思想教育+服务+自主发展”的学生管理理念

存在主义哲学理论与学生发展理论是学生自主发展理念的重要理论支撑，未来高校学生中应以哲学和心理学理论为基础，树立“思想教育+服务+自主发展”的学生管理理念。

（一）“思想教育+服务+自主发展”的学生管理理念的理论基础

1.存在主义哲学理论

存在主义强调人的存在先于思维、行动，重视个体独立性的存在。人不仅存在理性的一面，也有非理性的一面，追求的是多样的发展，而不仅只是掌握更多的理性。尽管个人发展方向不同，但自我提升的权利是平等的，因此应相信每个人自身都具备独立性、责任性和社会性。存在主义认为学生管理者应激发学生的主观能动性，培养学生的独立性、责任感和社会性行为，为学生的学习提供便利，促进学生自主学习。学生管理者应为学生自我合理需要提供服务，与教学工作者一起为促进学生的自主发展而共同努力。

2.心理学理论

目前，学生发展理论对高校学生管理工作有着重要指导作用，其中主要是关于人的发展，认知和道德的发展。现在有很多心理学理论已相当成熟，我们可以从中不断学习、吸收、借鉴。

关于人的发展，美国著名精神病医师艾里克森提出心理社会发展阶段理论。主张人的一生可分为连续而又各不相同的八个阶段，每个阶段有其特定的发展任务，并且带有普遍性的心理社会危机。大学生处于成年早期，这一成长时期的主要发展任务是获得亲密感，避免孤独感，良好的人格特征是爱的品格。尽管艾里克森并没有非常详细地研究大学生这个群体，他更多的是从出生到衰亡整个人生历程来划分和研究。但他认为，社会环境决定着心理危机能否得到有效的解决。

高校学生管理工作要根据学生相应的发展任务，提供学生需要的辅导，把握学生心理发展规律，帮助学生解决心理困境，传授有关心理知识与技能，增强学生的抗压能力，获得良好的心理特质，促进学生自主发展。关于认知和道德的发展理论。瑞士心理学家皮亚杰提出认知发展的本质是适应，而适应的实质是主体与环境的平衡。平衡是主体发展的心理动力，人一生下来就是环境的主动探索者，不断地去追求符合环境要求的动态平衡状态。

关于道德发展理论，美国儿童发展心理学家柯尔伯格通过著名的海因兹偷药

事件,根据被试者提供的判断理由,分析其中所隐含的认识结构特点,划分出道德发展的三个水平和六个阶段。柯尔伯格认为道德发展具有固定不变的顺序,环境和社会文化因素可以决定道德发展的内容和速度,但不能影响道德发展顺序。

皮亚杰的认知发展理论和柯尔伯格的道德发展理论都说明了环境对人的认知和道德的影响,对于学生来说,学校这个环境有着举足轻重的地位。因此,高校的学生管理工作应借鉴学生发展理论为树立“思想教育+服务+自主发展”的学生管理理念提供参考依据。

(二)“思想教育+服务+自主发展”的学生管理理念的具体分析

“思想教育+服务+自主发展”理念主要基于哲学和心理学理论提出。党的十八大报告提出立德树人是教育的根本任务,为该理念的实现提供了强大的支持。在学生管理实践中,高校要加强对学生的思想政治与思想品德教育,应采用服务型行政事务的管理方法,促进学生的自主发展。

1. 加强高校学生思想政治与思想品德教育

提出“思想教育+服务+自主发展”的学生管理理念,首先应加强对高校学生的思想政治与思想品德教育。从古至今,我国就一直重视学生的品德、道德。《左传》记载:太上有立德,其次有立功,其次有立言,虽久不废,此之谓不朽。意思表示为,道德修养是人生的最高境界,其次是建功立业,再次是著书立说。树立道德是人生的第一位。学生的品德教育是教育家陶行知身体力行的教育,道德自律的办法是他在教育学生一贯的要求。当人们对自己的罪行或过失负有责任时,就会产生强烈的不安、羞愧和负罪的情绪体验,即内疚。内疚者往往有良心上和道德上的自我谴责,并试图做出努力来弥补过失。适度的内疚感有益于改善人际关系,更好适应社会生活,而过多的或过少的内疚感不利于身心健康发展。因此,个人的道德是社会公德的基础,只有个人的道德建立起来,才有资格谈及社会公德。光有品行没有知识是脆弱的,但没有品行光有知识是危险的,是对社会的潜在威胁。

对丰富高校学生管理理念而言,落实立德树人要坚持一切从培养创新人才出发,将科学精神、思想品德、实践能力和人文素养的培养贯穿于人才培养的全过程,着力提高学生的社会责任感,培养学生的创新精神和实践能力,加强学生的思想政治与思想品德教育。

2. 采用服务型行政事务管理方法

设立完备的学生管理机构服务于学生需求,更直接地为学生学习提供便利,将高校学生事务管理与学术管理结合起来,共同促进学生学习和个人发展。学生与学校的关系是平等对话的关系，学校尊重学生的权利与人格，关心学生的学业进步、品格塑造与心理养成，通过各种服务型事务类的管理，为学生的学习、生活服务及自主发展提供保障。

3.深化学生管理体制改革，促进高校学生管理民主化

我国高校管理制度不断地深化改革，推进民主化。赋予教授在学术事务管理中更大的决策权力，是未来我国高校管理走向民主化的一大表现。而推进高校管理民主化的另一重要表现是在高校学生管理方面，给予学生更多的自主管理权力。高校应从四个方面努力：第一，制定相关制度鼓励学生进行自主管理，在宏观上给予方向性指导；第二，鼓励学生参与高校学生具体事务管理；第三，鼓励学生成立各种社团，如学生会、青年志愿者协会、管理日常学生事务；第四，学校设有主管学生工作的机构，在宏观层次上给予指导，负责审批学生社团，指导学生会的开展。学生管理是以学生发展为导向的教育活动，最终目的是服务于人才培养，学生得以成长成才。

通过学生自我管理从而促进学生自主发展，是高校学生管理的最高目标。高校在学生管理过程中需营造宽松的氛围，让学生自主发展，尊重学生个体选择，充分发挥学生的个人兴趣与特长，挖掘每个学生的优势潜能，这是未来高校学生管理所追求的。而要达到学生自主发展，需要在教育价值取向上确立个体人的生命价值，而不是强调教育的社会工具价值。树立正确的学生观，在学生管理过程中重视学生的需要、兴趣、创造力和自由，充分尊重学生的尊严、潜能和价值，重视培养学生的主体性，使学生成为有进取意识和创造精神的社会主体。

我们要将“思想教育+服务+自主发展”的理念贯彻到高校学生管理工作之中，不仅在观念上重视学生的思想政治教育，最重要的是将学生的思想品德教育落实到实际管理中去。采用服务型行政事务管理方法，满足学生各种服务型需求。高校学生管理者在学生管理过程中只是起着辅导的作用，只有充分发挥学生的自我管理能力，营造宽松的氛围，才能促进学生的自主发展。

第三节　高校学生管理体制的改革策略

一、更新优化学生管理制度体系

制度伦理化和伦理制度化都属制度伦理研究的范畴。制度伦理化是指社会体制的道德性，表现为内在于一定体制的制度、法律、法规、政策、条例等所分配权利和义务的公平性和合理性；伦理制度化是指人们把一定社会的伦理原则和道德要求提升，规定为制度，并强调伦理的制度化、规范化和法律化。无论是制度的伦理化还是伦理的制度化，对实现当代高校学生管理制度体系都有理论意义和指导意义。

制度伦理化与伦理制度化是密切制度与伦理之间关系的两种不同思维路向，前者重在对制度本身进行道德上的评判和矫正，通过内容的建构促使伦理原则和道德观念在制度中的渗透与落实；后者强调将某种社会倡导、公众认可的道德规范转变成为具有强制效力的制度。两者在管理秩序的重整与道德建设中发挥着各自不同的功能。在构建人本化高校学生管理过程中，制度的伦理化更应当成为制度优化、创新的首要选择。制度应该伦理化，不合乎伦理的制度是没有生命力的；同时，伦理也应该制度化，符合人们广泛认同的道德标准和审美取向的伦理通过制度化以后，更有利于发挥其作用。

学生是高校最核心的主体，是高校服务的对象，高校的责任和义务就是帮助学生实现全面发展，现行的高校学生管理在理念和应用中，都不同程度违背甚至超越蕴含在高校学生管理中的伦理，而符合伦理的却还未形成制度。当前，高校正处于全面改革的阶段，在高校学生管理制度创新的过程中要坚持制度的伦理化、伦理制度化"两手抓"。对不符合伦理规范的制度进行调整，补充符合伦理规范的新制度，这本身就是一种重要的创新。

（一）更新学生管理制度体系的建设理念

1.融入文化管理机制

在高校学生管理的实践中，全面提高学生的自我约束能力和理性自主能力是高校管理发展永恒的追求。人类的基本行为是由文化来决定的，由于文化的变化很大，所以对人性唯一正确的判断是它的可塑性很大。人与文化的关系是密不可分的，文化可以塑造人、引导人、管理人。高校人本化学生管理就是要突出学生在学习和生活中的主动性、主体性和自觉意识，高校管理文化不仅包含育人理念，学术发展空间,办学特色等要素,也包含管理人员所形成的管理文化,每一种文化的形成都是多种文化主体互相协调、作用而成的,高校人本化学生管理最重要的目的是唤起学生的文化自觉性,用优秀的文化潜移默化影响学生的行为,最终形成文化管理。以文化来取代制度,当然不是取消制度,而是制度要人文化,具有人文色彩,充满以人为本的文化温情。

因此,高校学生管理制度应该与人文精神,价值观念,行为准则和道德规范融为一体,得到学生对高校的管理理念和管理价值取向的高度认同,提升学生的使命感、责任感与荣誉感,增强学生对学校文化的向心力和凝聚力。刚性的制度管理为文化管理起到了重要的保障和支撑,文化管理使制度管理得到升华,文化管理充分体现了高校作为文化机构管理的科学化、人本化。

2. 建立柔性化管理机制

传统的高校学生管理理念强调的是对大学生的思想和行为进行严格的要求和规范,强制性特征明显,学生管理部门和管理者往往对学生采取"压"这种硬管理的方式,直接导致管理者和被管理者在情绪方面的对立。因此,要把传统的服务于管理的观念向管理服务的观念转变。建立柔性化管理机制,需要做到以下几点。

第一,要建立"以学生为服务主体"的观念,把服务学生作为出发点和归宿点,想学生所想的最主要的问题,关心学生关心的最主要的问题,解决学生最渴望解决的问题。

第二,柔性化的管理机制要把激励引导当作学生管理的主要手段,通过制度上的激励引导学生树立远大理想抱负,专注求学,养成科学的思维方法,特别是在学生的思想"总开关"上下文章,指引学生把个人的成才梦和伟大的强国梦有机地统一起来。

第三,柔性管理机制的建立要把学生的主体创造性放在重要的位置,不能像过去那样,只谈义务不谈权利,要明确告诉学生在校期间享有的合法权利和应当履行的义务,把权利和义务写进制度,在保护学生的权益方面,特别是在针对学生的处分决定,要做到程序正当、证据充足、依据明确、定性准确、处分恰当,避免学生和管理者产生硬性冲突,学校对学生的处分或处理要认真贯彻《普通高等学校学生管理规定》,学生享有陈述、申辩和申诉的权利,学校要有明确的程序并予以确保。

第四,建立柔性化的管理机制要发挥学生主体能动性,变被动管理为自我管理。高校学生管理工作应当充分发挥学生的力量,变被动服从管理为主动参与管理,这种转变是民主理念的要求,也是缓解消除高校学生管理中的矛盾和抵触情绪的重要手段,这种管理不仅促进了高校学生管理的发展,而且培养了高校学生骨干的能力素质,有助于高校学生培养自主、自立的意识,逐步消除对家庭、社会、学校的依赖,使学生在思想上得到进步。学生参与到管理中也是对管理工作理解的过程,通过这种过程,高校学生不仅得到能力素质的锻炼,更是对制度存在的主观情感的转变。

第五,柔性管理机制的建立要与高校文化繁荣发展接轨。近年来,高校文化在社会文化大繁荣、大发展的背景下也日益呈现出多样化发展,这种软的因素对学生心理和思想因素的影响也日益凸显,从正式上讲,这种文化的导向集中体现在大学精神的凝练,非正式来说,就是存在高校各个角落的文化活动。这种蕴含在文化活动中的价值引导力,最容易被学生接受,对学生的作用力不容忽视。因此,在建立柔性管理机制的同时,应当深刻把握文化对学生产生的深远影响,特别是在西方文化大肆腐蚀青年学生的背景下,更要在意识形态领域加强对学生的管理服务。

3. 建立制度反馈机制

及时做好学生意见的处理工作,是新时期制度改革所面临的重要任务。高校要建立健全有效的学生制度反馈机制,在信息交互和反馈的过程中,学生意见的反馈和解释直接关系到制度的合理性、执行力与落实情况。学生与管理者之间可以相互表达自己的想法、倾听他人的意见,有利于达成共识并形成共同的愿景。学校应该设立学生管理制度反馈部门,收集学生对学校管理制度的意见,高校各职能部门将收集的信息进行分析整理,研究并制定改革方案。同时,要做到反馈及时化、经常化、规范化。学校要向学生公开学校工作计划、进程等相关内容,学生应享有对高校各个职能部门的监督权,确保高效管理制度民主化,规范化。高校要从人本化的角度对学生权利制度进行完善和重构。

(二)优化学生管理制度体系实现途径

1. 打破高校各部门横向联合,建立矩阵式管理模式

高校可以发挥自身机制灵活的优势,借鉴企业管理经验,建立矩阵式管理模式,所谓矩阵式管理也称系统式或多维式管理。矩阵式管理即是将管理部门分为两种,一种是传统的职能部门,另一种是为完成某一项任务而由各职能部门抽调人员临时组成的专项工作组,确立工作组负责人,任务完成后,小组成员返回原部门。如果这种专项工作组出现多个,自然形成一个为完成专项工作而形成的横向系统,原来的垂直领导系统与横向系统就组成了一个矩阵,因此称矩阵管理。矩阵式管理作为一种组织结构的管理模式,具有两个维度:横向维度和纵向维度。

这两个维度的管理优势比较明显,可以实现分权和集权问题,打破分散在各个小单元的独立职能,授权予矩阵组织的领导,简化决策程序,增强决策效率,在更大

范围实现资源共享,使各个管理部门之间相互协调和相互监督,更加高效地实现单位的工作目标。根据矩阵式管理理论,高校可成立学生服务中心,建立学生服务大厅,学生服务中心接受校学生工作委员会领导,高校内部各处(室)将有关学生管理工作中涉及的事务性工作集中到学生服务中心大厅办理,提供“一站式、窗口式”服务,从而实现构建综合服务型的学生管理体系。

2. 实行党政适当分离的运行方式

从调研情况来看,我国高校普遍按照《高等教育法》等法律法规规定,实行的是党委领导下的校长负责制,而党委主要充分行使政治上的领导权、管理上的监督权和决策上的参与权,逐步形成了“一个地位、三个作用”的党建工作思路,即党组织在学校处于政治核心地位,在学校的党建、思想政治工作和德育工作中起领导作用;在学校的发展方向、改革发展和维护各方权益中起保证作用;在学校的依法办学和民主建设中起监督作用。因此,党委在学生管理工作上主要是监督其是否坚持正确的政治方向,是否依法依规进行,在此基础上,党委和行政在学生管理上可适当分离,以行政领导为主,即学生工作由副校长分管或学生工作委员会主任由副校长兼任,而党委副书记不再与副校长共同领导学生工作,这样可化解多头领导的矛盾,减少政治气候对学生管理工作的影响,充分发挥高校在学生管理工作上的自主权和学生在学生管理工作上的自治作用。

3. 弱化行政化色彩

提高高校学生管理的积极性和主动性,充分发挥学生管理工作的指导和服务功能。一方面,高校的上级主管部门,包括国家有关部委、地方教育主管部门等,减少对高校学生管理工作的行政干预,少搞检查、评估,多提供政策指导和服务,提高高校学生管理的积极性和主动性。另一方面,高校发挥自身的优势,对内部机构进行改革,在内部各部门中,少设或不设行政科室,可将面向学生的管理工作,按职能设中心,如学生工作部(处)可设立学生发展指导中心、学生住宿服务中心、学生工作研究中心、学生资助服务中心、心理健康咨询与服务中心等,建立多中心的服务型学生管理模式,从而弱化行政色彩,充分发挥学生管理工作的指导和服务功能。

4. 落实和扩大学校的办学自主权

围绕《高等教育法》规定的七个方面的办学自主权,以转变职能和改变隶属关系为重点,加强高校在办学方面的选择。具体来说,要自主开展教学活动、科学研究、技术开发和社会服务,自主设置和调整学科、专业,自主制定学校的规划并组织实施,自主设置教学、科研、行政管理机构,自主确定学校内部收入分配,自主管理和使用人才,自主管理和使用学校财产和经费。同时,要大力支持高校开展国际交流合作,提高国际化水平。

5. 完善学校内部治理结构

完善党委领导下的校长负责制,形成科学有效的决策方式。完善大学校长选拔任用办法;发挥学术委员会在学科建设、学术评价、学术发展中的重要作用。探索教授治校的有效途径;加强教职工代表大会、学生代表大会建设,激发学生参与管理的内在动力,发挥群众团体的作用,积极借助社会力量加强学校的学生管理。

6. 加强大学章程建设

教育主管部门要积极落实对大学章程的审批工作。及时出台相应的大学章程报送审批制度,制定各类学校的办学标准或按学校类别出台不同类型学校的章程样稿。多种形式宣传大学章程的价值和相关理论知识,提高相关主体对大学章程的认识和建设大学章程的自觉性。大学内要提高对大学章程的认识,成为学校章程建设的表率。学生管理的相关主体通过多种形式加强对大学章程的认识。

7. 扩大校企合作

探索建立高等学校理事会或董事会,健全社会支持和监督学校发展的长效机制。一是在学校建设的物质投入方面和项目研发上,加强和企业合作促进知识的价值实现,二是在人才输送和学生就业方面,通过和企业的合作,帮助学生树立正确的目标和价值观念。

8. 推进专业评价

鼓励专门机构和社会中介机构对高等学校学科、专业、课程等水平和质量进行评估,通过定量、定性的指标和不确定性指标的综合衡量,包括学生和家长的满意程度,学生的就业、发展情况,形成中国特色学校评价模式。

二、建立健全以学生为主体的管理制度体系

(一)确立学生在管理制度建设中的主体地位

确立高校学生在管理制度建设中的主体地位,充分发挥学生的主体作用,既是符合高校学生管理特征的现实需要,也是推进高校学生管理制度确实服务学生发展的必由之路。

传统的高校学生管理制度建设无论参与者还是制度本身的理念、内容,更多体

现着校方意志和管理需要。随着现代高校管理理念被普遍接受和高校学生群体的自主性不断增强,传统的由管理者主导的制度建设越来越难以适应管理的现实需要。当前,高校学生管理必须根据新时期大学生的年龄特征和心理特征,充分调动和激励学生的内在积极性、主动性和创造性,确立大学生在对于自身管理中的主体地位,发挥大学生在管理制度建设中的主体作用。以生为本的管理理念在制度建设中的体现就是要尊重学生的主体地位,尊重学生的主体地位首要就是承认学生的主体价值,学生作为社会上的人,除了要致力于实现社会的整体价值,还要实现自我的价值,这种自我价值通常表现为对其自身生存和发展需求的满足,以及对学生人权的尊重等。因此,在管理制度建设中,要充分认清并尊重这样的现实状况,不能像过去那样片面放大集体价值的实现,过分抵制高校学生的自我价值实现,要在制度建设上尊重学生的主体地位,首要的就是要反映高校学生价值的实现。

首先,应该推进依法治国在高校学生管理领域的落实,从法律上确定高校学生参与学生管理制度制定的权利,特别是让高校学生在涉及切身利益、敏感问题,如收费、处分等方面有充分的参与权和自由的发言权。

其次,可以依托学生这个被管理群体,实现学生自主化管理,有效地减少管理主体和客体之间的冲突。陶行知说过,最好的教育是教育学生自己做好自己的先生。因此,最主要的是要在制度的内容上,多给予高校学生自主管理的权限范围,确实把学生看作一个可以信赖的、能动的主体,在尊重学生意愿的基础上,实现学生的自我管理和自我发展。

最后,还应当依靠学生构建制度建设的矫正机制。实践是检验真理的唯一标准, 人本化高校学生管理制度建设中,必须在管理实践中不断发挥学生的主体作用,及时收集反馈制度建设存在的不足,坚持以学生的发展作为出发点。学生主体也应当在矫正机制中起到主要作用。

当前,高校在学生管理过程中最重要的任务就是要增强其管理服务意识,传统的高校学生管理制度的影响还长期存在,要真正体现学生的主体意识还要彻底解放思想,要从传统的社会价值向注重学生的全面发展转变。学生实现自我管理的意识,学生地位由传统的管理客体向管理主体转变。特别是在制度建设中充分唤醒学生的主体意识,激发他们的积极性和创造性。

(二)推进学生管理的差异化与个性化

高校学生群体多样化已经成为高校最主要的特征之一,集中体现在每个学生的成长环境差异、发展需求上的差异等方面,要求在高校学生管理制度建设中正确把握其共性和个性,特别是对特殊学生群体的政策在制度建设上应当进一步完善。主要针对特困生群体、关系不良的学生群体、成绩落后的群体、不被重视的学生群体、待就业的学生群体、情感受挫的学生群体、意志薄弱的学生群体、适应能力差的学生群体、少数民族群体等应当有相应、具有针对性管理的制度和措施，这些群体中存在不同程度对待高校学习生活消极被动，容易焦虑和自卑，不愿和同学相处甚至极易受到高校环境中负面因素的影响并产生悲观、绝望、无助、空虚等心理，在制度构建和管理实践中必须突出这些管理的重点和难点。全面开展大学生特殊群体普查工作，了解和掌握他们的真实情况。在加大日常管理力度的同时，还要特别注重以下几点。

1. 更新高校学生思想政治教育的内容和体系

传统的高校学生思想政治教育还存在着少数人对教育的认识不到位，教育的针对性不足，资金投入不够，政治理论课的时效性不强、感染力不够等问题，部分高校认为评定学生培养质量的唯一标准就是学生的学习成绩，严重制约了学生的全面发展。人本化高校学生管理要求高校必须把思想政治建设摆在各项工作的首位，贯穿在高校育人的全过程，成立专业的高校学生思想政治工作队伍，探索完善适应新形势和高校学生新特点的学生思想政治教育领导机制和工作机制。帮助高校学生特别是特殊学生群体树立正确的人生观、价值观、世界观，树立崇高的理想和道德追求，特别是要提高高校学生辨别是非的能力、忍受挫折和逆境的能力，学会正确地对待和处理学习和生活中出现的实际问题，学会融入环境实现发展。

2. 要健全高校学生心理疏导工作机制

高校学生中的特殊群体往往是心理问题多发的群体。当面对理想和现实的差距时，或多或少会出现失望、焦虑等负面情绪。如果自我调节无法消除这些负面情绪就容易发展成为心理问题。因此，高校学生的心理疏导工作必须立足帮助学生解决实际、现实的困难，消除心理的困惑，使其心理和人格向健康的方向发展。高校一方面应当建立完善心理咨询机构，并且让这种咨询机构流动起来，服务在高校学生特别是特殊群体之间，主动靠上去做工作。另一方面，应当对教师、学生管理者甚至是学生干部开展广泛的心理疏导相关培训，把心理疏导能力作为衡量高校学生工作者的重要指标。最主要的是要形成常态化的学生交心、谈心制度，及时了解学生的真实情况和实际想法。尊重每个学生的个性思想，立足尊重和促进学生的全面发展，做好心理服务工作。

3. 创造良好的人际氛围

高校有自己独特的文化和环境，人际氛围是由学生群体创造的，也影响着每一个高校学生。和谐、友爱、平等的人际氛围，不仅能陶冶学生的情操、开阔学生的胸怀,而且能消除或缓和人际交往上的矛盾。随着西方文化思想不断涌入,特别是个人主义理念不断冲击学生的思想和多年来构筑的精神世界,不良的社会风气在慢慢腐蚀部分学生的心灵,消磨高校学生的意志。一些特殊群体,特别在融入高校学生群体中出现问题的学生,如果受到不良风气的影响,将会使其思想态度形成恶性循环。高校必须从思想上宣扬主旋律,把提高学生的道德水平作为基础,营造互帮互助、民主平等、宽以待人的人际交往氛围,消除学生群体之间的隔阂,消除特殊学生群体的孤立感。

(三)完善大学生的维权机制

由于高校学生的利益纠纷往往局限在校内,因此高校学生的维权机制也应当立足于校内。在高校学生维权机制的构建中,虽然各个要素的地位和作用不同,但是整个机制运行过程中,每个要素之间都存在着非常紧密的联系,每个要素都体现着整个维权机制的综合作用和功能,都是为了最大限度地保护高校学生的合法权益。

1. 高校要明确大学生维权机制的主体

进一步明确高校学生的权益由谁来维护,最要紧的就是要明确高校学生在高校中的地位及学生和高校之间的关系。高校应当主动承担维护学生合法权益的义务,不能像管理企业、教师、军人那样去管理高校学生,也不能把学生作为社会中的一般群体对待,更不能忽视、小视高校学生的任何一项权益。作为学生管理者,不把学生的管理当作简单一种制度维护,必须时刻记住自己是学生的服务者,是学生权益维护的第一责任人,高校的各个部门对学生的权益都有保护的义务,特别是不能因为学校的利益忽视学生的利益,为了部门利益侵犯学生的利益。学生是权利的主体也是维护自身权利的维护者之一,既要明确、正确对待自己的权利和义务,不能容许权益被侵害,也不能因为维护自己的权益侵害学校或者其他学生的合法权益。

2. 对相关制度进行维权

高校学生维权制度的建立是完善高校学生维权机制的关键。制度是高校学生维护合法权益的硬件,维权机制是高校学生维护合法权利的软件,只有软硬件相结合才能确实保护好高校学生的合法权益。只有建立维权相关制度,高校学生的维权工作才有依据,才能有根本的保障,才能长期坚持下去。从现实上看,目前大学生的维权仅停留在学生代表会,校长信箱之类的反馈上,而不是在涉及学生权益时介入型,特别是在维权制度建设上基本处于空白,大学生维权制度建立的迫切性远远超过其他群体的维权制度。我国高校应当参考国外高校做法,在坚持完善原有内容的基础上,建立学生参与高校管理制度,让学生作为一个独立的群体参与高校各项规章的制定,特别是在涉及学生相关利益的问题上,保证学生的全过程参与。建立监督制度,赋予学生权利来监督高校方方面面的建设,必要时应当建立社会舆论媒体监督高校的渠道。特别是在高校处分学生的时候,让学生充分介入。此外,还应当建立相关的保护性、援助制度。保证学生在接受处理的过程中有依据为自己辩护,有地方为自己寻求帮助。

3. 要建立维权的传感体系

信息之间的有效传递是维护高校学生利益重要保障。不但能在侵犯学生利益的行为发生时采取有效的措施制止,而且能够在必要的时候给予帮助和挽救。此外,高效的传感体系能够将种种矛盾逐步反馈,避免量的积累达到质的变化。在维权机制尚未健全的过程中,高效的传感机制的作用是不可替代的。既要在学校的党政组织内建立传感体系,又要在学生组织中建立,并且要实现两个系统之间的有机结合。一方面,高校要努力形成以学生为主、为学生服务的意识,让学生有地方说出自己的想法。另一面,要加强高校学生维权的意识和责任,不但能大胆说出自己的想法,而且要保证信息的真实性和客观性。有效信息的传递是维权工作变被动为主动的重要途径,也只有一个高效的传感体系,维权工作才能落实到每个学生的身上。

三、加强大学生德育工作

大学生是新生代的力量,是未来社会的生力军。大学生的道德状况如何,将直接关系到中华民族的整体素质。因此,做好大学生德育工作,了解大学生德育现状,分析产生问题的原因,找到解决对策,是摆在我们面前的重要课题。

(一)大学生道德现状

大学生的整体道德水准在全社会范围内处于较高层面,呈现积极、开放的特点,他们热爱祖国,认同党和政府方针政策,能够主动融入社会,体现自己的价值。但其道德状况也存在着一些不容忽视的问题。

1. 注重智育,忽略德育

在就业压力下,学生们把专业知识和技能的学习放在首位,忽视了个人自身道德修养的提高。他们普遍表现出对专业课、英语、计算机等课程的偏爱,对德育课程不够重视。他们在德育课上聊天、睡觉,在考试前通过突击学习来获得好成绩,由于没有把德育课的理论吸收内化，使学生自身的道德水准没有真正提高。

2. 急功近利，不讲诚信

社会环境对大学生的影响是巨大的，他们的道德观、价值观正处于形成期，社会上的不良现象容易使大学生产生急功近利的心理。例如，为了顺利通过考试，作弊、找人代考；为了评优，请客送礼。在这个过程中，他们凸显自我意识、缺乏集体观念，这种道德状态使他们在走出校门后很难成功融入社会中，削弱了其自身竞争力。

3. 信仰迷惘，乐于享受

信仰是人对人生观、价值观和世界观等的选择。大学生的信仰缺乏会导致他们失去理想，失去目标、没有追求，出现混日子的状态。有的学生追求享受、热爱网络购物、沉迷于网络游戏，不仅不利于自身的成长，还给家庭造成了沉重的经济负担。

4. 漠视政治，缺乏责任

过分地追求经济利益，受社会不良思潮的冲击，使大学生对建设中国特色社会主义事业缺乏理解。他们对马列主义理论掌握不够扎实，识别能力不够敏锐，思维方式简单，不能全面、客观分析问题，忽视自己对社会的责任，使其不能将自己对社会的价值最大化。

（二）大学生德育存在问题的原因

大学生的德育状况与其成长环境密不可分，周围的任一条件都对其产生重要影响。因此，造成大学生德育问题的原因主要在于以下几方面。

1. 社会的影响

人是各种社会关系的产物，个人的成长必然会受社会大环境的影响。我国目前处于社会主义初级阶段，随着社会转型和体制变革，我国社会结构、价值观念都在发生巨大变化。一些大学生受市场经济滋生的唯利是图、拜金主义等现象的影响，道德观念取向趋于功利化、世俗化。这种利益至上的观念使大学生放弃为祖国和社会做贡献的理想，转而把财富、地位作为个人的追求目标。这就使学生在忽视集体和国家利益，追求个人利益时出现种种道德问题。

2. 家庭的影响

家庭对学生道德水平的影响体现在物质和精神两个方面。在物质方面,较差的经济条件可能会使学生产生自卑感,不利于其与集体的融合,在人际交往和协作方面产生问题;优越的经济条件可能使学生产生攀比、享受的心理,当家庭经济条件不能满足学生的消费欲望时,就可能会出现各种社会问题。在精神方面,有不少父母关心孩子的学习和物质生活,远远超过对孩子精神、意志品德的关心与培养,这是导致大学生素质失衡的一个重要原因。父母的过度溺爱,又往往导致学生产生依赖、任性、懒惰等性格缺陷。此外,父母的人生观、价值观、择业观、消费观都在潜移默化地影响学生。

3. 教师的影响

教师对学生的影响,既包括教育方法的影响,也包括教师个人素质对学生的影响。在教育方法上,“我传授,你接受”的传统德育教育模式,不能体现出德育教育的实效性,甚至制约了德育教育者的主导性作用和受教育者的主体性作用。另外,教育者的道德素质、人格力量也紧密影响着德育教育的实效性。教育者的人生观、消费观、价值观决定了其对学生进行道德教育的出发点,其对社会现象的认识角度和程度、对政治形势的分析和判断、对各种不良思潮的认识和抵御方面都会对学生的道德成长产生影响。

4. 同学的影响

同学作为学生生活中重要的角色,他们之间的相互影响也十分显著。同学之间的交流往往成为学生们获取信息、讨论问题、分析社会现象的重要渠道。这种开放自由的交流环境在促进学生提高信息甄别能力的同时也增加了学生受影响的概率。在这个过程中,个别同学的德育缺失,不仅影响到自己,还会对身边同学造成较大影响。

(三)加强大学生德育工作的对策

1. 营造良好的德育环境

营造良好的德育环境需要社会、学校、家庭多方面共同努力。

首先,国家、社会要大力宣传符合民众需求的主流道德,建立良好的舆论环境,同时要加强法律法规对公民行为的引导和约束,对不道德的行为加大打击力度,保证社会的公平正义。

其次,学校要重视德育教育,营造良好的校园精神环境,开展丰富多彩的校园文化活动,让大学生在参与活动中受到潜移默化的影响,达到环境育人、活动育人的目的。

再次,家庭要树立良好的榜样,父母是孩子的第一任老师,父母的言传身教对孩子的道德品质有着深刻的影响,因此取得家长的支持与配合,发挥家庭教育作用,对大学生的道德培养具有重要意义。

2. 加强理想信念教育

理想信念教育主要是指马列主义、毛泽东思想和邓小平理论的教育。理想信念教育是思想政治工作的“灵魂”,是我们党带领全国人民团结奋斗的思想基础。大学生正处于人生观、价值观形成的关键时期,用社会主义核心价值体系引领其价值观的塑造,对于培养社会主义事业合格建设者和可靠接班人,具有重要的时代意义和现实意义。

3. 德育教育要紧跟时代步伐

德育的内容不是一成不变的,必须随着社会时代的变化而变化,随科技的进步、经济的发展、教育的改革而吐故纳新容。例如,新时期大学生的人生观、价值观,市场经济条件下的道德规范等,都必须从新的视角、新的内容有针对性地进行施教,从而提高德育教育的效果。

4. 德育教育要贴近生活

著名教育家陶行知先生曾提出“教育即生活”的生活教育理论,其真谛是教育从生活中来,教育服务于生活。因而德育教育要想深入人心,被学生所理解接受,就必须要深入到大学生的生活中去,使之符合大学生的社会生活实际,从吃穿住行到为人处世,从技能培养到择友就业等方面给以指导和帮助,走出德育教育过于理想化的误区,使他们真正感受到德育教育的威力,由被动学习变为主动接受教育,这样的德育教育才有强大的生命力。

5. 德育教育要重实践

古人云:“读万卷书,行万里路”。只有将德育与实践相结合才能使学生知行统一,将德育的理论内化为与之相匹配的行为。因此,学校和社会要为大学生提供更多的体验生活、增长见识的机会。如建立社会实践基地,组织社会调查、开展科技文化活动、公益活动、志愿服务等让学生在实践中实现自我教育。

四、开展专业性社会实践提升大学生综合素质

新时期开展高等教育学的学生改革，除了在制度体系上下功夫，还要在提高大学生自身能力上不断努力。大学生自身综合素质的提高，除了学习成绩，最重要的就是要有丰富的社会实践能力，从而为以后顺利走向工作岗位奠定基础。

（一）大学生参加社会实践的重要意义

大学生社会实践是以大学生作为实践的主体，依托于地方和社会资源，通过大学生自身的体验和认知，实现由知识到能力、由理论到实际、由接收到创造、由学习到生活的目标，使学生在实践中丰富理论知识，对理论知识有更深刻的认识。在当前理论知识与实践能力并重的人才培养背景下，社会实践已成为高等教育的重要组成部分，实践的内容已经远远不能满足于简单的参观访问、赚钱打工、政策宣传等，也不是可有可无的一种“学生活动”，而是课堂教育教学的延伸，是完善专业学习的重要过程，是素质教育和人才培养的重要途径。

面对更高的人才培养要求，大学生的社会实践内容更应结合社会实际需求和学生成长、成才的需要，特别是要结合学生的专业特点，开展相关的科学试验、科技创新、社会调研、教师的助理研究等方面的专业性社会实践，在实践中加强学生对专业知识的渗透和运用，强化专业意识，培养学生专业兴趣，提升学生的专业学习和社会认知，发挥最大的育人功效。

（二）专业性社会实践的重要作用

对学生而言，专业性社会实践强化了学生对专业理论知识的理解和掌握，完善了知识结构，提高了专业能力，并在实践中加深了对自己所学专业的社会价值的认识，并能结合实际实践效果，发现自身在专业学习上的问题和欠缺，明确今后的学习方向。此外，专业性社会实践不仅能够让学生运用自己的专业知识去分析、调研、解决实践难题，同时学生在实践中又必须去面对、处理、克服、解决在实践中遇到的许多事务性工作和程序等，这极大地锻炼了学生综合能力的提升，学生在其中经受的行为、思想、意识等方面的转变、解决的思想困惑以及领悟到的为人处世的道理，是学生今后步入社会的宝贵财富，对学生成长成才起到关键作用。

对教师而言，专业性社会实践提供了一个学生科研能力培养的平台，专业教师要指导学生结合专业，带着问题和科研任务去实践，开启学生的学习研究兴趣，引领学生学会学习学会分析和解决问题，有助于提升专业兴趣和学习效果。同时，学生的学习过程、情况以及学习成果又为教师的课堂教学提供了丰富的教学案例。此外，教师在指导过程中，还能够不断紧贴社会实际，总结教学经验，不断充实和改

进教学方法,教学效果和教学能力得到不断的提升。

对于学生培养而言,专业性社会实践不仅能够使学生的专业知识得以巩固和加深,学生还能够大胆涉猎和交互其他专业和综合性学科的知识系统,对挖掘学生学习潜能、促进学生专业成长有极大益处。让学生在专业性社会实践中真正体会到研究学习的兴趣和乐趣,增长知识和才干。

(三)目前高校社会实践开展情况以及存在的问题

1.开展情况

一般来说,目前大学生社会实践活动主要由学校学生工作部门负责策划,各学院、各系的学生工作部门的老师、思想政治辅导员,以及部分专业课教师具体负责组织和指导。大学生参加社会实践活动的形式很多。以我校为例,通常将社会实践划分为以下几个类别,分别是:社会调查,社会服务与生产劳动,科技、文化、卫生"三下乡",社区服务,科技创新实践,学习参观,挂职锻炼与预就业实习等。学校通常提倡学生组队立项进行社会实践,而学生则可以根据自己的需要选择不同类型进行实践活动,可组队也可以自行开展调研,并撰写心得。

2.存在问题

部分高校对社会实践的认识不到位,对社会实践的理解过于狭窄,仅仅把它当做是思想政治教育的一种形式,仅仅局限于是一种"学生活动",这就导致开展的社会实践内容空泛,与学生专业知识脱节,没有针对性和创新性。

目前参与大学生社会实践组织指导的主要力量多为思想政治工作辅导员。辅导员熟悉学生管理工作,对社会实践活动的策划、组织、实施进行指导是能够胜任的。但是,作为思想政治工作者,在指导学生做科学试验、科技创新、社会调研等工作的时候往往缺乏专业技术知识和专业指导能力,因此造成社会实践多偏重"空泛式"和"活动式",与专业结合较少。

社会实践没有在高校培养方案中充分体现,社会实践与专业实习之间未能统筹协调。高校对社会实践在人、财、物的投入上明显不足,导致社会实践缺乏经费保障,可操作性和实际效果差。

专业教师在学生社会实践中的作用发挥不明显,对社会实践的认识同样存在误区。部分教师认为这社会实践只是学生工作部门一家的事,没有认识到社会实践同样也是一个应该面向全体学生的必需的教学环节。导致参与活动的专业教师太少,缺乏对学生的专业指导,难以迅速提高社会实践活动的层次和水平。

重视不足、内容空泛、指导不够,再加上在学校学习的知识内容和实践的距离很大,导致部分学生对如何开展社会实践不知所措,不知如何选择社会实践对象和题目,不知如何开展调查工作,不懂如何撰写实践报告和论文,对实践过程中的事务性工作处理、人际交往技巧还没有把握,使得学生盲目参与、不爱参与或者收获甚微。

(四)解决建议

1. 建立社会实践保障体系

高校应重视社会实践的开展,建立完善的组织、管理、实施、保障、评价体系,组织开展更多针对学生成才需求的高水平专业性社会实践活动,全面提高学生综合素质。将大学生社会实践纳入教学计划,纳入学校学生专业培养方案中统筹规划和设计,规定学时学分,给予必要的制度保障,不断推动高等院校的教育教学改革。

2. 提高教师参与的积极性

专业老师是大学生社会实践活动中不可或缺的一个组成部分。要正确运用专业教师在社会实践活动中的引导作用,提高专业教师的参与和指导力度,争取在课时、课酬、职称晋升等方面健全制度,对专业教师指导社会实践予以认可和评价。加强社会实践对促进教师教学以及学生专业成长方面重要性的宣传,把社会实践教学作为课堂教学的重要组成部分和巩固理论教学成果的重要环节,提高教师的参与积极性。

3. 做好社会实践活动的策划和宣传

思想政治工作者、辅导员应加强对学生社会实践工作的研究,掌握社会实践工作的组织程序、工作方法、上级要求等,做好社会实践的策划、组织和引导工作。同时,对于社会实践的研究热点、当年相关大学生科技创新工作和活动安排,以及社会实践后续成果转化工作都应该进行很好的研究。注重宣传和组织,不断调动学生和专业指导教师的参与积极性,为他们的顺利对接创造有利条件、搭建好平台,并对优质的社会实践项目进行经费支持、条件创造和跟踪培育。

总之,专业性社会实践的开展是培养高素质专业人才的基础,是培养社会发展需要的合格人才的重要环节,新时期高校应不断推进学生专业性社会实践活动的开展,培养适应社会发展的综合素质全面的人才。

第八章　新时期高等教育学的课程改革

高校的教育目标是培养适合社会需要的合格人才，而课程设置是教学过程中的重要环节，大学教育目标只有通过课程教学才得以实现。众所周知，高校课程是决定高等教育质如何的关键性因素，也是决定其人才培养目标能否实现的核心。尤其是在当前世界范围内人才激烈竞争的背景下，如何通过改进、完善高校课程设置体系，培养出全面的新时代接班人显得尤为重要。此外，高校课程设置是一个复杂而精细的系统，它必须能够准确反映出对社会发展、科技进步和职业需求的适应性。课程设置的科学合理与否直接决定着高校毕业生的知识、能力与综合素质。

目前国内很多学者已经关注到高校课程设置的重要性，并对当前的高校课程设置现状、改革的必要性及改革方向等诸多问题进行了探讨。新世纪以来我国高校不仅在数量上而且在办学规模和办学形式上都有了快速的发展。

一方面，在校大学生数量的急剧增加，使得毕业生就业市场竞争日趋激烈。另一方面，高校的课程设置往往重视专业知识的传授，忽视人文素质的培养、道德价值的教育导致很多大学生在精神修养、道德品质等方面的整体素质并没有达到相应的水准。此外，大学生面临各方面的压力，部分人心理处于亚健康状态，在处理各种问题时他们可能会走极端甚至出现悲观、厌世等行为。对此，我们提出关于新时期高校课程设置的若干想法，以期为高校课程改革指引方向。

第一节　高校课程改革的目标与价值取向

课程是人才培养目标实现的具体化，课程管理的最终目标能否实现会落实到人才培养质量上。因此，我国高校课程设置是高校教学改革的首要突破口；课程管理制度改革应坚持人才培养质量为中心、学生为本以及实现多元主体利益诉求的价值取向，进而实现课程设置目标明晰、管理过程规范以及多元协同管理的目标。

一、课程设置对高校教学改革至关重要

在讨论多年的高校教学改革中，往往把专业设置放在重要位置，以专业定课程，以严格教学管理来“管学生、管老师”，以此来保证提高教学质量，其结果并不乐观。学生老师在“量身定做”的羁绊束缚下，使教学失去了活力。学生不愿学，老师被动讲，课堂教学无自由少快乐，气氛沉闷，何来教学质量的提高？但在教学实践探索中，也出现了令教学管理者意想不到的现象，那就是很少的自由选修课，

学生听课众多火爆,老师讲课激情四溢,课堂随时掌声响起,快乐教学洋溢校园,甚至有的学生只怕耽误选修课。深刻反思这一现象,绝非偶然,它既反映出学生对课程设置自由选择权的渴望,也反映出学生对强制性课程设置的压抑情绪,老师也有同样的感触。另外,在跟踪调查一些已工作的毕业生时,发现约有 60% 的人并不在意专业对口,而真正注重的是自己兴趣和特长的发挥;在谈到学校教学时,他们印象最深刻的是自己喜欢的课程和老师。

反过来我们了解国外大学的课程设置情况,大多实行学分制,专业只是一个发展方向。基础课、专业课、各种选修课琳琅满目,一般必修课所占比例较少,选修课所占比例较大。如美国倡导"通识教育",在大学开设的课程中,规定必修课不得超过所学课程总量的 1/3,其余 2/3 为选修课程,鼓励学生跨学科选修。世界著名的哈佛大学,是学生、学术自由翱翔的天堂,尤其在新学期开学第一周被称为是选课的"购物周",学生享有选择课程的宽松环境,被允许有反复选择或退选的权利。英国、德国高校也摈弃了过去专业过细、知识面过窄、只培养专业人才的传统模式,进行大刀阔斧改革,向国际先进的文、理、工多科融合主流趋势靠近;法国大学本科四年的选修课比例也达到 50% ~60% ,强调特色创新。

中外大学虽然文化、制度等背景有所不同,但这都不是影响培养人才质量的直接原因,而我国高校教学与国外高校教学最大的差异之一是课程设置。由于国外高校课程设置必修课比例低选修课比例高,这就对学生的学习限制性低自由度高,给自主学习自由选择的空间很大,学生犹如畅游在大海里的鱼儿,可自由取食成长;同时,教师也接受学生的选择,优胜劣汰,不用扬鞭自奋蹄,必然教学相长。而我国高校的课程设置恰恰相反,必修课占到 80% 以上,而选修课仅占 20% 以下,这就对学生的学习限制性高自由度低,给自主学习、自由选择的空间很小,学生犹如饲养在鱼缸里的鱼儿,不具备自由取食成长的环境;同样,教师也很少接受学生的选择,难以优胜劣汰,从而也就失去了竞争的活力,自然会导致教学质量下降。

由此可见,高校课程设置对整个教学改革至关重要。只有以课程设置为首要突破口,进行大刀阔斧地改革,以此扩散推进,才会自然理顺教学关系,校园文化、学习氛围油然而生,制度建设、素质教育、特色人才培养,也就会顺理成章。

二、高校课程管理制度改革的目标选择

要实现人才培养目标的使命,课程管理制度改革是关键。而课程管理制度改革的目标选择,则是保证制度改革成效的具体目标定位。科学合理地选择目标定位,既是实现最终价值的重要中间过程,也是课程管理制度改革顺利开展,人才培养目标实现的关键因素。

（一）课程设置与人才培养目标相适应

高校课程管理制度改革最终服务于人才培养目标的实现。通过高校课程管理制度改革，明确课程设置，实现人才培养目标。创新人才培养前提条件是不同学科之间的融合与交叉。学科的融合与交叉，不但是创新人才培养的重要途径，而且是新知识发展的有效方式。高校应依据自身办学特色及学生兴趣进行课程设置，以此与人才培养目标相适应，满足人才培养需求。课程设置需打破原有的"条块分割"模式，以学科群定专业代替以专业定学科群，使课程知识结构更具结构化和创新化，更容易与学生认知结构体系相关联，促使学生创新思维与价值理念的形成。

随着社会经济发展，高校课程设置与人才培养目标不相匹配的特征凸显，影响人才培养目标的实现。为此，高校应以通识教育为基础，使专业与通识相结合、理论与应用相结合、科学与人文相结合、基础与前沿相结合，突破了学科之间、专业之间的界限，拓宽专业设置口径，形成综合化的课程结构体系，进一步加强专业调整，完善专业调整机制。这样不仅深化专业知识，而且丰富了课程内容，为实现人才培养目标打下坚实的基础。

在世界不同国家的课程改革实践中，表明追求人文教育与科学教育的整合，有利于促进不同知识结构体系的融合与发展，而综合性和基础性的强化始终是设计课程的基本选择。

（二）完善课程实施过程的支持体系

创新人才的培养应渗透于课程实施的全过程，而不应游离于课程实施之外。以学生为本的课程管理制度改革应遵循现有的教学规律和学生的发展规律。在课程实施过程中，构建以学生为本的课程教学创新体系，把以教师为中心、以灌输式教学为主的课程教学模式转变为以学生为本、以参与互动式教学为主的课程教学模式，给予学生一定的参与权，激发学生学习的积极性，让学生能够畅所欲言，积极思考，促进学生发展。

同时，课程实施的顺利开展，离不开完善的教学资源支持体系。在以学生为本的理念指引下，通过高校课程管理制度改革，整合教学资源，使教学融入科研，形成教学与科研资源的共享平台，促进人才培养。例如，清华大学提出了综合型、研究型的课程教学模式，将实践教学和科学研究引入课程实施过程中，鼓励学生参与实践活动和科研活动。通过实践教学和创新实践，使第一课堂贯通第二课堂，校内结合校外，实现教学与科研的资源互补与共享，促进学生的思维能力、实践能力以及创新能力等方面的全面发展，从而为创新人才培养注入新血液。当然，要实现创新人才培养目标，课程实施效果是基础。因此，需建立课程评价制度体系，对教师教学效果与学生学习成果进行评价，并给予学生应有的课程权力，让学生也参与到课程评价中，以此提升课程教学水平，实现人才培养目标。

（三）实现多元主体的管理目标协同

第一，随着社会市场经济的发展，政府的作用与职能日益显著。政府出资办学是高校发展的主要动力，对高校的课程质量具有间接影响。因此，政府的利益诉求需要通过自身参与高校课程管理制度改革来实现。通过参与高校课程管理制度改革，转变自身的角色定位和职能，成为课程管理的"掌舵者"，制定课程管理的宏观政策，促进课程管理制度改革，实现人才培养目标，以此获得政府宏观效益。

第二，伴随着市场经济的转型，高校逐渐拥有了办学自主权，可以自主进行课程管理。实际上，高校发展离不开教育资源的支撑。因此，高校通过课程管理制度改革，对课程资源加以整合和优化，充分利用和调动一切教学资源，制定科学的教学计划，并推行完全学分制，制定弹性选课制，确保课程的多样化和丰富化，满足不同层次人才培养的需求，实现人才培养目标，促进高校自身发展。

第三，学生是学校培养的对象，是学校的最终"产品"，而这种"产品"是学生生产自己。因此，学生的特殊身份，使其成为高校课程教学中重要的利益主体。高校应给予学生充分的重视，并为学生提供利益表达渠道，如让学生参与高校人才培养方案制定、教学内容选择、课程教学过程，使学生充分表达自己的想法和见解，以此发挥他们的主体作用。同时，高校教师是课程教学主体，对高校课程和学生的需求最为了解，是人才培养模式设计不可或缺的利益主体，所以高校也应给予教师充足的课程权力，让他们参与课程方案制定、课程教学实施以及课程评价等，发挥教师的作用，提升课程教学水平，促进学生和教师的共同发展。

最后，随着高校逐渐拥有办学自主权，开始面向社会开放办学，这将要求高校课程管理制度改革应顺应社会发展，满足社会发展的需求。社会力量也成了课程管理的利益主体之一。通过课程管理制度改革，让社会力量切实参与到课程编制和课程评价及监督等过程中，为制度改革及时提供反馈意见，促进课程发展，实现人才培养目标，满足社会的利益所需。

三、高校课程管理制度改革的价值取向

高校课程管理是高校教学运行的核心，而高校课程管理制度改革的价值取向则是高校教学运行机制的方向和灵魂。不同历史阶段，高校课程管理制度改革的价值取向有所不同。在计划经济时期，高校课程管理制度改革秉持以社会本位为中心、人才本位为辅助的价值取向。随着计划经济向市场经济转型，传统的价值取向已不再适应社会经济发展，也与课程改革目标不相符合。社会市场经济发展对

高校课程管理制度改革的价值取向提出了新的要求,即要求高校课程管理制度改革应倡导"以学生为中心"的管理理念,提升人才培养质量,并实现多元利益主体参与的利益所需。

(一)提高人才培养质量

人才培养既是高等教育职能之一,也是高等教育的主要任务。从本质上来看,人才培养质量能具体体现高等教育质量的优劣程度。提高人才培养质量,不但需要改观人才培养理念,培养学生的创新精神,而且需要改革课程教学方式,提高学生的实践能力,促进创新人才培养。然而,无论是人才培养理念的改观,还是课程教学方式的改革,都需通过高校课程管理制度改革得以实现。一般而言,高校课程管理制度改革是提高人才培养质量的重要途径,是教育理念转化为教学实践的运作范式。

一方面,需从理念入手。高校应树立先进的理念,引领高校人才培养,把提高人才培养质量放到首位,坚持质量至上、内涵发展的质量观,围绕"培养具有实践能力、创新能力和动手能力的高素质应用型人才"的目标,以提升课程教学质量为基准,建立课程教学质量监控体系,健全课程教学评价机制,使人才培养过程更加规范化和科学化,以此保障人才培养质量。

另一方面,需从实践着手。一是学校应以"培养具有较强的创新意识、良好的人文、科学素质以及较强的独立学习能力的人才"作为培养目标,转变传统的课程教学方式,探索新的课程教学方式。在课程教学过程中,打破机械式、被动式的"传授-接受" 教学传统方式,采取课程研讨式、案例分析式的"问题-发现" 创新型教学方式,激发学生学习的创造力,培养学生的思维能力。二是学校应以强化学生的实践能力和创新能力作为培养目标,进行课程实践教学。例如,通过创建实践教学的良好环境,完善实践环节的教学体系,鼓励学生参加各种实践活动,提高学生的实际操作能力。另外,通过构建专业课程与通识课程相结合、课内与课外相结合、人文素质与科学素质相互渗透的教学体系,使课程体系趋于综合化和多元化,从而为学生提供多样化选择,促进学生个性化发展及创新能力的提升,保证创新人才培养目标的达成。

(二)以学生发展为本

从理论而言,高校课程管理是"以学生发展为本"的实践活动,其中学生既是课程作用的客体,也是课程建设的主体,理应在课程管理过程中扮演重要角色。而课程教学实践活动需要制度加以规范,以此实现学生发展。因此,以学生发展为本既是课程管理制度的出发点,也是课程管理制度的归宿点。

1. 尊重学生的个性化需求,创建以学生发展为本的课程教学体制

一方面,改革课程教学模式。以学生发展为本,把学生看作是教学活动的主体,通过开展启发互动式课程教学模式,让每一个学生都参与到课程教学活动中,充分调动学生学习的主动性。启发互动式课程教学模式实质上是在教师的正确引导和启发下,学生自主创设学习情境,自己提出问题、探索问题、研究问题,最终寻求结论。教师在进行课程教学时,应以学生为本,充分考虑学生的感受,并为学生提供自由发表见解的机会,给予学生充足的学习空间,促进学生自由发展。通过开展启发互动式课程教学模式,打破了“一言堂”的传统课程教学,鼓励学生参与其中,提高学生主体地位,促进学生自主学习、自主思考能力的提升。另一方面,创新课程教学内容。课程内容创新是培养创新人才的基本要素。通过课程内容创新,使课程以标新立异的姿态展现于学生面前,促进学生创造力发展。当然,教师自身应具备较高的审美观和创新思维,能站在学生的角度与立场实施教学,满足学生不同的个性需求,促进学生个性化发展。

2. 把以学生发展为本的理念融入课程管理全过程,创建为学生服务的有效机制

首先,把以学生发展为本的管理理念贯穿于整个课程管理过程中。一是课程决策方面。一般而言,高校课程决策是一个民主开放、自下而上的决策过程,其不仅包括高校行政管理人员和教师,还涉及学生的参与和互动。如果课程决策缺乏民主性,导致学生无法参与,那么校本课程开发工作就会难以开展,进一步阻碍学生发展。因此,应创造机会让学生参与到课程决策中,使其体会到自身在其中的主体地位,激发学生学习的热情,促进学生发展。二是课程实施方面。课程实施的前提是课程实施方案的制定。而制定课程实施方案除了需遵照课程文件有关规定外,还必须依据学生的身心发展特点。同时,在教学实施过程中,教师的教学着眼点要放在促进学生发展上,并把教学主动权分给学生,促使学生主观能动性的发挥。三是课程评价方面,学生是课程的实践者与体验者,对高校课程有不同的感受,能对课程能做出客观的评价。因此,在课程评价方面应把学生视为评价主体,引导学生对课程进行自主评价,形成以学生为本的评价机制。这样,既调动了学生学习的积极性,促进学生发展,也使课程评价功能得以实现。

其次,人才培养是高校有关人员参与课程管理运行的系统工程。在高校课程管理过程中,每个成员都应秉持以学生发展为本的理念,为学生服务。一是高校行政管理人员在课程管理制度制定上,应祛除“自上而下”的管理理念弊病,保障学生课程权力,满足学生发展的需求;二是高校教师在课程教学设计上,应根据学生

多元化和个性化需求,设计不同的模块化课程教学方案,为学生实现个性化发展服务。此外,其他人员在提供课程教学资源上,也应以为学生服务为前提,从实践出发有效引导和整合教学资源,把有助于学生发展的教学成果引人课程管理中,建立课程教学资源多元化。例如,某高校通过校企合作,将前沿项目引入大学生毕业设计和工程实践中,促使前沿行业知识与学生所学课程相融合,为学生掌握前沿知识服务,并在专业人士和教师的指导下,利用此平台开展各式各样的教学实践活动,促进学生实践能力和创造力的提高。

(三)实现多元主体的利益诉求

就实践方面而言,课程不仅是高等教育活动的核心,也是高校课程教学的基本单元,直接影响人才培养质量。随着高等教育大众化发展,人才培养质量问题引起了教育界及社会人士的广泛关注,并期望通过课程管理制度改革提升人才培养质量。课程管理制度改革是否有效将会决定人才培养目标的实现程度,进一步 影响多元主体的利益诉求。

1.实现政府政治与经济价值的利益诉求

我国高校主要由政府出资办学,政府不仅作为主要出资人,而且是高校办学的监督者和管理者,他们希望高校能履行其职责,以获取自己的利益诉求。一方面政治利益诉求。即通过高校培养高层次人才,促进政治社会化的实现,进一步推动国家民主政治的发展;另一方面经济利益诉求,即通过与高校、社会的互动与合作,促进区域经济的发展,提升劳动者的综合素质,提高工作效率,进步开发服务技术,培养所需的高端技能型人才。

2.实现高校教职员工自身价值的利益诉求

就管理者而言,不仅包括校长,还包括院长、系主任以及其他教学管理人员。他们是课程教学管理的组织者和服务者,在课程管理过程中起到组织、领导和协调作用,他们希望用较少的课程资源和较低的教学成本,实现高水准的教学质量和课程质量,实现人才培养质量提升。对教师而言,教师是教育产品的生产者和创造者,会直接影响人才培养质量,因此教师是核心的利益诉求者。他们希望有权力参与课程管理,给予其应有的社会地位和人格的尊重,并以身作则完成教书育人使命,得到组织对其课程教学能力和成果的认可,实现个人自身价值。

3.实现学生人力资本增值的利益诉求

高校之所以存在,学生是主要原因,无论是课程教学质量提升,还是人才培养目标实现,毫无疑问学生具有实质上的合法性。他们希望有权力参与课程管理,获得所需的知识和技能,提高综合素质和就业能力,以此满足自身发展需求,从而使个人资本增值的利益诉求得以实现。

4. 企业等社会力量投资回报的利益诉求

他们是课程教学和科学研究的主要合作者和支持者,企业期望高校能为其提供高素质人才,正如知识生产的溢出效应一样,对企业发展起到带动作用。同时,企业也是高校进行课程实践的投资者和提供者,通过为高校提供科研场所和实践基地,让高校能更高效地利用资源,提高办学效益,提升人才培养质量,为企业提供所需的技术和人才,以此实现投资回报的利益最大化。

第二节　当前高校课程管理体制存在的问题

高校课程管理制度是课程管理的主要依据和行为准则,也是人才培养目标得以实现的前提条件。本章节对目前课程管理制度加以现实审视与探析,揭示其中存在的现实困境与问题,为高校课程管理制度改革顺利开展奠定坚实的基础。

一、高校内部课程管理权力失衡

目前,高校内部课程管理体制普遍存在“头重脚轻”的现象,即权力过多的集中于学校行政职能部门手中,而院系课程管理自主权则相对不足,学生和教师参与课程管理的权力更加匮乏,导致院系在课程管理工作上缺乏活力,学生和教师参与课程管理的主动性和积极性也很低。

(一)行政权力泛化限制了院系课程管理权限

相比校级所设的机构,学院机构设置较精简,一般仅设有教学工作委员会,主要由教师和教学管理人员组成,具体负责本学院的教学管理工作。

有些高校的学院下设系、教研室或学科组,教学管理工作主要是在系主任领导下,由专职教学人员负责实施。作为高校最基层组织——教研室或学科组,主要负责完成教学计划规定内的课程教学工作,并适时开展课程改革与教学改革的相关活动。就当前高校内部管理状况而言,学院教学管理工作长期由校长领导下的教学行政管理部门领导和管理,而教学管理工作委员会却有名无实,在教学管理中发挥的作用并不大。

1. 院系课程管理观念比较陈旧

一方面，未确立“课程管理即管理创新”的观念。由于受到高校行政权力泛化现象的影响，院系课程管理观念没有发生实质性的改变。在传统观念的束缚下，教学管理人员习惯于墨守成规，乐于长期从事一成不变的工作模式，如在人才培养方案的修订上，仅是对原有教学计划包括指导思想、培养目标、基本要求与原则等内容做简单修改，而没有突出创新和改革的理念。另一方面，未确立“课程管理即服务”的观念。高等教育目标是促进学生发展，理应把为学生服务放到课程管理的首位。但实际上，高校课程管理重心仍停留于行政部门的监督和控制上，忽视了课程管理的服务功能，从而无法满足学生发展的需求。

教育部在《关于进一步深化本科教学改革全面提高教学质量的若干意见》中具体指出“通过采用学分制等措施，加大选修课比例的同时将必修课比例降低，扩大学生自由学习的空间，增加学生自主学习的时间，使学生的知识面拓宽的同时，学生的学习兴趣也随之不断增强，从而促进学生自主性的发展。”鉴于此，各大高校普遍开始实施学分选课制，并增加选修课比重。学生逐渐拥有了选课权，可以根据自己的特点和兴趣选择课程。然而，受传统管理观念的影响，高校行政管理人员仍十分注重对人才培养采取整齐划一的僵化式管理，而对学生个性化和自主化发展的需求没有给予足够的重视。例如，某高校颁布的有关本科人才培养方案制定的相关原则意见中，在课程体系的学分与学时分配中，体现出选修课设置不足的现象。可见，为学生服务的观念仍没有得到有效落实，致使服务功能不能充分发挥。

2. 院系课程管理自主权受到了限制

随着政府权力下放，高校逐渐拥有了办学自主权，然而新的管理势力却又在高校内部组织中骤然形成，学校行政管理部门掌握着课程管理权，院系课程管理权力则相对不足，在很大程度上其地位和作用受到了影响。

尽管学校下达的任务比较明确，但在实际操作中，往往手忙脚乱。一是必须在规定时间内完成学校下达的任务，并准时向上级汇报工作，如组织精品课程、优质课程及特色课程等建设项目的立项申报与推荐上报等方面的工作。二是还需进行本学院自身的课程管理事务，如制定适合本学院的课程建设规划和课程管理办法等，导致工作毫无头绪、无从下手。在高校课程决策上，决策程序也十分复杂。本应学院有权管理的课程事务，如学科建设、课程建设等都得经过学校上级的层层审批和备案。因此，完成一项工作时间周期会延续很长，时常顾此失彼，降低了工作效率。

由此可见，高校课程规划、决策、组织等方面的工作仍由高校行政机构——教务处进行管理，而院系课程管理权力受到一定的限制，造成课程管理相关部门之间出现职责分配不明确、管理权限重叠和交叉等现象。其一，院系在课程建设方面缺少自主权。作为办学实体的院系，本应在课程、专业、教材建设等方面最具发言权，但在实际中院系并不能感受到主体地位，在课程管理中发挥的作用也十分有限。其二，院系在课程管理方面缺乏主动权。学院在课程选修管理、教材编写、课程管理工作的检查和评估等方面都缺少主动权，严重影响院系管理工作的积极性。

（二）教师权力在课程管理中的作用得不到发挥

高校教师是课程的实施者，在课程管理中具有诸多优势，可以说是其他利益相关者无可比拟的，因此教师理应成为课程管理主体。但在传统管理体制影响下，教师在课程管理中的作用和主体地位难以得到彰显。

1. 高校内部课程管理制度不规范

一般而言，其他利益相关者在课程管理中同样拥有课程管理权力，但是教师的权力突显出其独特性，因为课程是否能从制度向实践成功转化取决于教师的决策。可见，教师是课程的实践者与创生者，在课程管理中应最具发言权，他们有权力决定"如何教"以及"怎么教"。但由于传统管理体制的"惯性"，高校课程编制管理、课程实施管理和课程评价管理等工作仅被视为行政管理人员的事务，与教师无关，致使从一开始有关课程管理的活动就缺少教师参与和互动。在课程教学过程中，教师基本也没有教学自由，对于教什么以及如何教，几乎没有权力过问。在课程评价过程中，教师就什么样的课程适合学生，什么样的教学方式有利于学生学习等问题也很少有发言权，他们仅以服从"教学信条"的方式去执行。久而久之，教师成了课程实施过程中忠实的执行者，在课程规划上也无法体现其应有的主体地位，导致教师的作用无法发挥。

2. 高校内部缺乏良好的民主氛围

目前，高校课程管理体制体现为典型的"内控式管理"，对于行政管理人员而言，管理是"控制"；对于教师而言，服从是"宗旨"。恰恰就是"控制""服从"的管理方式，使教师与行政管理人员之间形成了服从者与命令者的关系，严重妨碍了两者之间的沟通与合作，导致高校内部缺乏良好的民主氛围。具体体现如下。

一方面，在课程管理过程中一旦出现问题，高校行政管理人员只会按照自己的意愿进行商讨，或者独断的咨询课程专家，以此寻找解决课程问题的策略，却把教师置于局外；另一方面，教师在课程实施过程中遇到疑难问题，也很难得到行政管理者的关注与反馈。这样的情况加剧了教师与管理者之间的矛盾，也影响了教师参与课程管理的主动性。

(三)大学生自身参与课程管理的权力十分有限

目前来看,我国高校无论是在运行机制上还是在组织结构上都带有浓烈的行政化色彩,凸显出自上而下"金字塔"式的行政控制模式。高校行政管理人员处于最顶层,学生处于最低层,学生学习的自由受到极大限制,在课程管理上体现出学生参与课程管理主体地位和权力的缺失。

1. 学生参与课程管理主体地位的缺失

当前高校在课程管理体制上没有凸显出"以学生为本"的理念,不能让学生从中体会自身应有的主体地位。调查结果显示,大学生在高校课程管理中认为自己几乎没有地位的比例占大多数,有53.06%,认为自己地位一般的占38.78%,认为自己地位非常高仅占8.16%;而针对大学生是否有权力参与高校课程管理,其中表示自己有权力参与课程管理的仅占5.1%,表示自己几乎没有权力参与课程管理的占19.39%,而表明自己没有权力参与课程管理的则占到了75.51%。

同时,就大学生在高校课程管理中是否发挥主体作用而言,学生认为自身主体作用很大的仅占26.53%,认为自身主体作用不大的占到了一半,而认为不起作用也占有23.47%的比例。由此可见,在课程管理过程中,大学生是被严重忽略的主体,无论是权力、地位还是作用,无不凸显出权力的薄弱和地位的低下。

2. 学生参与课程编制权力的缺失

课程可谓是人才培养的一个美好蓝图,它可以将课程教学内容以及课程实施过程转变为便于学生学习的完整教学体系框架。因此,高校课程管理制度改革必须以学生的发展和需求作为基础,学生的课程管理权一旦受到忽视,极易导致课程设置不合理,影响人才培养质量。实质上,在"专制化"的体制下,课程编制仅被视为高校、教师及课程专家关心的事,学生无权参与和过问。

3. 学生参与课程实施权力的缺失

从理论上讲,学生参与课程实施,不仅有助于课程教学的有效开展,而且有利于学生学习能力的提升。如果学生参与课程实施并做出反应,会对课程实施能否顺利开展起到十分重要的作用,但事实并非如此。

据调查,在课程实施过程中,大学生认为自己是课程实施的主要参与者仅占28.57%,而认为自己在课程实施过程中是单纯的知识接受者则占到了71.43%。显然,大学生在课程实施中并不是主动发展者和主要行动者,而仅是课程实施的被动接受者。同时,就课程实施过程是否会根据学生自身兴趣和发展所反映情况,对课程实施做出调整。调查结果显示:有过半的大学生不清楚学校会不会依据自己反映的情况对课程实施过程加以调整,其中,认为学校不会依据自己所做出的反映进行课程实施调整的占33.67%,而认为学校会依据自己反映对课程实施做出调整的仅有16.33%。显然,学生参与声音十分微弱,参与的地位也极其低下。教育部中央教育科学研究所博士后龚波利用"核心—边缘结构"关系模型进行研究,发现高校仅把学生置于"被管理"的地位,而没有把学生放在应有的"校园民主"的位置上,凸显出课程实施过程与学生自身学习进度和兴趣不一致,降低了课程教学效果。

4. 学生参与课程评价权力的缺失

一般而言,学生参与课程评价主要涉及对教师评价、对课程评价以及对自身评价。而根据调查显示,有30.61%大学生参与过对自身评价,有55.1%大学生参与过对课程评价,而参与对教师评价的大学生占到85.71%。可见,学生评价主要集中于对教师的评价,而对自身的评价以及对课程的评价所占比例甚少,体现出学生在课程评价参与维度上的局限性,并凸显出参与课程评价的一种失衡状态。这样,势必会影响学生发展,阻碍课程管理民主化的发展与进程。与此同时,作为学生,就目前自身是否有机会参与课程评价而言,43.88%的学生认为根本没有机会参与课程评价,而认为有机会和不清楚自己是否有机会参与的学生所占比例基本相同,分别占27.55%和28.57%。此外,就课程评价中学生自己是否有话语权这方面,同样显示大多数学生在课程评价中几乎没有话语权。有63.27%的大学生认为没有话语权,有17.35%的大学生不确定是否有话语权,而认为自己在课程评价中有话语权的仅占19.39%。显而易见,学生的课程评价权力十分缺乏,其中也主要体现的是学生对教师的评价,而忽略了学生对课程评价以及学生自评与互评,这样既不.利于促进学生的自我评估与改进,而且也会进一步阻碍课程教学水平的整体提升。

二、社会力量参与高校课程管理的制度不健全

社会力量作为个人、社会、国家结构中重要的组成部分,对课程管理制度改革具有重要的影响作用,它会以监督课程质量和影响课程实施的双重身份参与课程管理,在课程管理领域中的角色不容忽视。随着社会更加趋于民主化,社会力量参与课程管理逐渐备受关注。但由于受到制度缺失与行政化倾向的影响,社会力量的作用无法得到有效发挥。

（一）传统课程管理体制的制约

随着市场经济发展，政府对社会开始从“集权”向“分权”转变。但受到传统管理体制影响，政府仍是课程管理的主要掌舵者，高校则是课程管理的主要执行者，而居于高校与政府之间的“第三方”——社会力量的权力被忽视，导致社会力量参与不足以及参与意识较低。

1. 社会力量参与不足

我国一直沿袭集权式管理体制，在高校课程管理上或多或少保留着以政府为主导的行政管理特征。政府拥有课程管理权，而没有把权力分割给社会人士，这是导致社会力量参与不足的主要原因。就社会学角度而言，目前体现出国家权力的极度扩张、社会权力远远小于国家权力的显著特征，主要源于国家“社会化”不足，使本该属于社会的权力未归还于社会。其结果是社会没有获得国家赋予的充足课程管理权，导致社会力量无权参与课程变革。

2. 社会力量参与意识不强

目前，“人治”仍是管理的主要动力，致使社会所属范围和领域都被置于政府掌控之下。政府的强制化和控制力直接导致社会力量的萎缩，而教育的各个领域基本也是这种状况。在很大程度上，高校习惯于依赖政府的指令，为了满足政府对课程的需求，无论是课程设计，还是课程实施与课程评价都会遵照国家的意志执行，而不会考虑行业企业或用人单位对课程要求和人才需求，从而影响其参与的积极性，导致社会力量参与课程管理的自觉意识缺失。此外，社会力量对自身参与课程管理的主体意识缺乏一种理性认识，加之缺乏政策保障与引导，导致行业企业或用人单位普遍缺乏参与课程管理的动机，其认为高校课程管理是由高校和政府部门负责，与自身利益无关，久而久之逐渐失去了参与课程管理的兴趣与欲望，导致参与意识淡薄，压抑自身参与课程管理的主动性。

（二）参与课程管理制度环境的缺失

从理论上来看，社会力量参与课程管理需要合适的表达机制与参与方式，保障社会力量参与的合理性。目前，有关社会力量对人才培养质量的影响以及对课程管理水平的制约，引起政府及高校对社会力量作用的重视，尤其针对行业企业或用人单位做了一些积极的探索与尝试。例如，通过校企合作，为社会力量提供参与渠道，鼓励行业企业或用人单位参与高校课程管理。然而，制度环境的缺失，使其参与受到了局限。

1. 保障机制的缺失

国家明确提出了要建立行业企业或用人单位与高校合作机制,积极制定鼓励措施的总要求以及创建高技能人才培养制度。而当前这项制度在多个地方仍未建立起来,也没有将相关鼓励措施落实,推行校企合作机制需要政策的支持与制度的保障。高校向社会开放办学已是事实,行业企业或用人单位有权参与高校课程管理,但实际运行中,由于缺乏具体可操作性的法规和政策约束,致使行业企业或用人单位参与课程管理仅以非制度化形式出现,形成了“国家主导、高校参与”的课程管理制度环境。此外,政府引导力度也不太够,还未形成完善的激励机制和管理机制作为保障,导致产学研合作缺乏动力,行业企业或用人单位参与高校课程管理活动也无法持续发展。

2. 公平竞争的制度环境缺乏

社会力量参与课程管理应建立在民主、公平参与的基础之上。由于缺乏公平竞争的制度环境作为支撑,导致社会力量参与积极性和热情并不高。尽管政府为社会力量提供了一些平台,如出资帮助社会人士创办学校,但此类学校仅被视为高等教育的投资“企业”,在教育资源获得等方面无法与公办高校相提并论,在高校课程决策方面也基本没有话语权。加之政府仍未设立真正意义的专门机构,不能为行业企业或用人单位提供参与高校课程管理的有利渠道,因此,无法引领高校与行业企业或用人单位进行深入合作。高校活动不能有效融入行业企业或用人单位,行业企业或用人单位的文化与资源也不能引进高校,阻碍行业企业或用人单位参与高校课程管理活动。这样的制度缺乏直接映射出我国课程管理制度的弊端。如果仍不加以完善,那么社会力量就会游离于高校课程管理活动之外,完善课程管理制度的目标也就很难实现。

第三节 高校课程管理体制的改革策略

针对现阶段我国高校课程管理制度存在的实践困境与问题,本章节提出了课程管理制度改革的具体路径,即健全政府对高校课程的宏观管理机制;完善高校内部课程管理权力制衡机制;以及创建社会力量参与课程管理的协同机制,以此完善课程管理内外部制度环境和运行机制,形成多元主体共同参与的和谐课程管理体制,保障人才培养目标的实现。

一、健全政府对高校课程的宏观管理机制

随着市场经济发展,我国高等教育体制改革随之不断深入,在这样的背景下,政府开始着手调整课程管理方式:从强调对高校课程的微观控制到加强对高校课程的宏观规制。通过完善政府课程管理与评估机制以及转变政府课程管理行为与方式,实现政府的宏观规制功能。

(一)完善政府课程管理与评估机制

1. 转变高校课程评估管理体制

课程评估是高校课程管理系统中最基本内容,它是提高课程教学水平与课程建设的重要手段。当前,十分强调课程评估的客观性、真实性、全面性以及准确性,因此需多元主体共同参与课程评估,转变高校课程评估管理体制。即转变以政府为主体的单一课程评估管理体制,实现多元主体的共同参与。

在计划经济时期,我国高等教育评估一直沿袭中央集权管理模式,政府独揽高等教育管理、评估、举办于一身,缺乏外部利益相关者的参与。随着市场经济体制的建立,这种"集权式"的课程管理体制已不再适应社会经济发展,课程管理主体也开始从一元主体的单向控制转向多元主体共同参与。政府在评估中将不会一直占据"一家独大"的统领地位,而是让其他利益相关主体也能积极参与其中,保持彼此地位的平等性和权力的协调性,实现政府与民间之间的有效互动。即除了政府以外,学生、教师、社会人士、专家等也应是评估主体。伴随着经济的飞速发展,高校之间竞争愈演愈烈,以学生为中心、为学生服务的观念逐渐确立,学生参与课程评估受到重视,并且其评估的权重也随之加大。教师是课程的主要实施者,对课程问题最为了解,通过对课程进行评估,能及时发现并解决课程问题,推动课程改革与发展。再者,高校开始面向社会自主办学,高校课程质量与人才培养质量直接关乎社会发展,因此,衡量高校人才培养质量是否满足社会需求,社会力量起着关键性的作用。政府应给予社会力量一定的权力,鼓励其参与课程评估与监督工作,这样不但增加了社会力量对高校办学的认可度,而且也激发了社会力量参与的积极性,促进课程管理整体水平的提升。

2. 创建课程分类评估的管理机制

目前由于评估标准的不定性以及指标体系的单一化,导致评估结果没有说服力。因此,应创建课程与专业分类评估管理机制。为了使评估标准更加清晰化,各类高校可以依据学科性质的特点,对评估单位加以进一步划分,并根据不同的课程

分类标准实行分类评估。从评估性质角度出发,教育部将高校划分为两大类:一类是已受过院校评估的高校,另一类是未受过院校评估的高校。未受过评估的院校多数是地方院校和新建院校,基本都面临如何提高课程质量和教学质量,以及怎样成为合格本科院校等问题,所以将其分为一类;已受过评估院校般是211或985国家重点高校,基本都具有较高的科研与教学水平,面临的是如何进一步 提高人才培养质量与课程质量问题,所以将其分为一类。

针对这两类高校,实行不同的课程评估标准和课程评估方案。对于受过院校评估的高校而言,应对课程进行审核评估;对于未受过院校评估的高校而言,则对课程进行合格评估。以此达到评估结果的有效化和科学化,促进高校课程质量提高。当前已受过评估的院校已有上百所,导致院校之间存在条件不同、水平不等以及参差不齐等现象。就此,学者们提出是否将这类院校再进行分类。有些学者认为对这类院校应进一步分类, 并详细设计课程评估标准和指标体系;另一些学者则认为不应再分类,当然不再分类的前提是学校自身对课程的评估效果,即学校在课程评估方面是否获得成效。但无论采取何种类型,分类评估机制的建立有利于高校课程发展已成为不争的事实。

3. 建立办评分离的课程评估管理体制

高校不仅是办学主体,也是课程评估主体,落实高校自我评估是高校拥有办学自主权的根本体现。从评估者角度而言,面临教育环境的多变性、复杂性,高校课程评估除了包括学生评估、专家评估以及校内评估外,还包括社会人士评估。通过建立中介评估机构,使企业等社会力量成了高校与政府之间的“缓冲器”,协调两者之间的关系,同时参与高校课程评价。

实际上,世界绝大多数高校评估都不是由政府直接实施,而是通过建立具有法律授权地位的中介机构来承担,如英国的高等教育质量保障机构、美国的六大区域认证机构等便是如此。我国应借鉴和学习国外经验的基础上,构建适合我国高校课程发展的“官办评分离”体制。

一方面,政府向高校放权。在高校课程评估过程中,政府应作为宏观“指导者”和“规划者”,从整体上统一课程评估的指导原则与指导思想,负责课程评估政策制定、颁布课程评估指标等,如政府每年都会根据高等教育发展状况,定期进行国家精品课程评选与考核,加大对课程评估的宏观管理,而具体的课程评估则由高校实施。

另一方面,政府向社会力量分权。政府应分割权力给社会。通过建立课程评估中介机构,鼓励社会力量参与到课程监督与评估中。社会参与高校课程监督的主要依据,是以高校课程培养的人才质量与人才规格加以判断,并由社会中介机构通过开展课程评估活动得以实现。可见,通过建立官办评分离的评估体制既有助于政府管理职能转变的实现,也能鼓励社会力量参与课程管理,满足社会对人才培养的需求。

(二)转变政府课程管理行为与方式

1. 转变政府的行为,促进高校课程管理民主化

随着高等教育民主化进程的加速,课程利益主体趋于多元化已成为不争的事实。以政府为一元主体的管理体制受到挑战。鉴于此,政府应加大放权力度,赋予高校足够的课程管理权力,并为其他利益相关者提供参与课程管理的多样化渠道,使不同利益主体表达自己的课程意志,实现高校课程管理制度的公平化和民主化。

自《高等教育法》颁布后,高校获得了法人资格,拥有了民主管理权。这也标志着高校办学自主权的确立,高校课程管理权也随之得到了落实。高校拥有课程管理权也意味着高校教师和学生的地位及作用应有所改变。高校课程的具体实施者是教师,教师不仅对课程问题最了解,而且对学生也最熟悉,最清楚学生的需求,理应给予其充分的课程管理权,使教师自身的主体作用得以发挥,促进高校课程教学水平提升。

对学生而言,高校最终目标是促进学生发展,要求高校和政府部门的管理者把学生的需求放到首位,认可学生参与课程改革以及相关高等教育问题的讨论,并把他们视为高等教育改革的主要参与者,在现行规定的体制内,参与高校的管理以及政策的制定工作。因此,赋予学生一定的课程管理权是高校课程管理民主化必不可少的一部分。此外,高校课程管理也需要社会的广泛参与和监督。政府应适当的分权给社会,为社会力量创建参与课程管理的民主环境,提高其参与课程管理的积极性。

2. 调整政府管理的内容和手段

(1)调整管理的内容。

目前,政府对高校课程管理的内容十分细致,具体体现为对本科“专业规范”和“专业目录”修订等做的规定上,如政府要求高校按照统一制定的教学方案实施教学;按照统一. 规定的专 业目录设置课程,在很大程度上限制了高校办学的自由度,导致高校课程改革落后于社会发展的需求。为此,在课程内容管理权限上,政府应减少对高校课程内容的微观干预,适当加大对课程的宏观调控,让高校可以依据自身的条件和发展需求自主调整专业设置,进行课程建设。与此同时,政府应加强课程质量调查和教学质量评估,不定时的发布一些相关的课程评估报告,不断规

范课程管理建设,使其走向优质化;同时,建立教材选用机制,并落实学校在机制中的主体地位,进一步促进高校教材市场的成长与完善。

(2)改革管理手段。

改革开放以来,随着高等教育各个阶段的形势变化,政府对高校课程管理手段也在不断变革。高等教育精英化阶段,高校课程管理方式主要以计划控制为主,到了高等教育大众化阶段,政府管理手段重心开始向宏观管理转变。进入“质量工程”时期,政府主要通过项目管理模式,对高校课程事务加以宏观管理。尽管在课程管理过程中加强了评估、督导以及法规等手段,但事实上,行政管理特征仍很明显,高校课程管理自主权仍十分有限。因此,政府有关高校课程管理手段应从根本上进行彻底改革,即改变对高校课程单一控制的管理方式,综合利用政策规划与指导、信息服务、立法以及拨款等宏观的行政措施,以此减少政府的微观干预。

(3)增强财政支持。

历年来,中央财政专项基金连续支持“质量工程”项目建设,其中就涵盖了课程建设与资源共享、人才培养模式改革以及专业认证与结构调整等项目。

此外,还资助大学生自主开展创新性试验、教师开展对口支援交流、建设人才培养创新实验区等。由此,充分体现出政府希望通过财政投入,对高校教学改革起到辐射作用,激励高校在课程建设方面能发挥其自身优势,保障高校课程管理制度改革。

二、完善高校内部课程管理权力制衡机制

高校的最终目标应是实现所有主体的利益整体最大化,而不仅是使少部分主体的利益得以最大化,否则将会顾此失彼。目前,高校课程管理制度改革的关键是要完善高校内部课程管理权力制衡机制,保障院系、教师及学生的课程管理权力的实现。

(一)保障院系课程管理权力的实现机制

院系是高校教学的实体组织,它对所属专业、学科的实际情况最熟悉,就课程设置、课程实施等微观管理也最具发言权。为了保证高校课程管理的有效性,高校应走出微观管理的误区,完善院系机构设置,赋予院系课程管理权,调动院系工作的主动性。

1. 完善院系机构设置,建立课程管理委员会

反观当前我国高校内部课程管理组织,集中凸显出院、校两级在课程管理中的职责错位、职权重叠等问题,导致在落实教学质量评估、课程建设和课程管理运行

等方面的工作上,难以理清院校两级的职责分工,即本应由教学工作人员负责制定人才培养方案,却由行政管理人员负责计划和实施,致使课程管理运行效率低下。

因此,完善学院机构设置是院、校两级课程管理机制有效运行的基本保障。院系可以单独设立课程管理委员会,明确自身的地位和职责。教学管理人员遵照学院的课程规划和安排,负责本院系的专业课程、学科基础课程的建设和管理,并重视和协调教师和学生在课程管理中的地位和权力。

此外,根据高校教务处的统一要求,各个院系可以按专业成立培养方案制定小组,由各个学院院长作为组长进行领导,并吸纳一些专业骨干教师参与方案制定,以此改变师生与院系行政之间的管理关系,建立一种民主协商制度,提高院系参与课程管理的积极性,促进课程管理的有效开展。

2.理顺院、校两者之间关系,赋予院系课程管理权

在高校中,院、校都是课程管理的主体,都具有课程管理权力,两者的关系与地位应是和谐平等的。但由于受到传统管理体制的制约和观念束缚,院、校两级在课程管理过程中凸显出两者之间关系的不协调、地位的不平等。具体体现为校级对课程事务管的过多、管得过死,并总在微观管理方面下功夫,促使校级行政管理人员走向一个严重的误区。而学院习惯听从于校级指令,使学校与院系之间形成了一种“命令”和“服从”的关系,影响课程管理的正常开展。

可见,在实践过程中,学校应从传统管理模式中走出来,摆脱对课程细枝末节的管理,赋予院系课程管理权力。一方面,改变传统的行政管理体制。在课程管理过程中,高校行政管理部门在课程管理上应通过制度建设,政策指导以及协调服务对院系加以宏观指导,而具体的课程管理事务则应由院系负责管理,因此行政管理部门与院系之间应该是规划指导与操作执行的关系。另一方面,赋予院系课程管理权力。作为课程教学的实践部门,高校应赋予院系一定的课程管理权,让院系走向高校课程管理的“前线”,使其积极地参与课程管理活动,加快对学科、专业的了解,获取学生对课程需求的有效信息,促进高校课程管理制度改革。

(二)建立教师参与课程管理的激励机制

教师是课程的实施者,课程内容的选择与组织、课程实施与评价都离不开教师,教师与课程的关系十分密切。教师参与课程管理积极程度会直接影响课程教学的效果,进一步会影响人才培养质量。因此,应建立教师参与课程管理的激励机制,提高教师参与课程管理的积极性。

1. 实行本科生课程教学质量酬金机制

教师的课程教学效果在课程督导专家、同行教师、学习同类课程的学生综合测评排名位居前列，才有资格申请教学质量优秀评定。申请资格通过后，学院依据制定的考核细则和教学优秀量化考核表，由督导专家、同行教师以及学生对教师教学进行评定。

2. 实行研究生课程教学质量酬金机制

针对负责研究生公共课程教学工作的教师，申请教学质量优秀评定资格除了需满足课程教学效果在管理人员、督导专家、同行教师、学习同类课程的学生综合测评排名位居前列之外，还要求教师所进行的教学实践活动的成效性，即在教学过程中是否提高了研究生创新能力和实践能力作为其考核内容。如果达到申请标准后，即可以提交申请，学院根据条件遴选，并经过研究生院与领导审核和审定后，按照教学质量和效果在学院排名情况，给予教师相应的薪金。

（三）构建学生课程管理权力的实现机制

就当前的教育制度而言，当前中国大学课程设置的主要做法，还是把大学课程看作为制度性的“框架”和“计划”，强调教学计划、教学大纲、教材和教学参考书的地位和作用。基于“框架”和“计划”的课程，只是强调了“教”的侧面的制度性意义，而忽视了“学”的侧面的意义。由此可见，高校学生仅被当作是实现教育目的的“工具”，使学生在课程管理中处于被动的或不利的地位，无法让学生受益。因此，需构建学生课程管理权力的实现机制，赋予学生一定的课程管理权力，保障学生权力的实现。

1. 加大课程设置自主权的必要性

从我国现实中存在的问题来看，我国的大学课程设置十分强调国家权力至上，忽视了学生的主体地位。大学生在选择自己专业的那一天，其学习计划、内容及学习方式就已经被确定下来了，学生们没有选择的余地，这就导致一些大学的个别课程经常出现学生逃课的现象。如此一来，学生不仅没有学到自己想学的东西，而且还会产生厌学的状况。正如捷克教育学家夸美纽斯所说，每个学生应该把全部精力同在适合他的天性的学科上面，所以学生应该参与到课程选择上面来，学习适合于他的课程，而不是被动地接受学校给安排的课程，因为如果这样结果会是我们不愿意看到的。

现实教育活动中，在教育活动开始之前，教师和学生的工作程序在没有师生参与的情况下已经制定完毕。人才培养方案的制定,教学大纲的制定与设计都是在遵循既有的规定下开展的。这样课程的设置未必真正地体现了劳动力市场的需求,而更多的是国家的计划及任务,也体现不出学生的兴趣与志向。学校受到层层限制,没有充分的自主权,无法根据市场的需求信息及时调整专业结构,培养与经济发展需要相适应的人才,由此就造成了现在我国劳动力市场上存在的人才高消费以及过度教育现象,最终导致大量的结构性失业人群的增加。

所以,要想解决目前高校中存在的学生逃课、厌学现象以及劳动力市场上大量失业现象的存在,我国应给予高校课程设置的自主权,使其真正能够为适应社会需要而培养人才。

2. 增强高校自主权的策略

针对目前我国高校课程设置自主权不够的现实,可以从以下几方面着手加大我国高校的自主权。

首先,政府宏观调控与微观管理相结合。随着社会之市场经济的不断发展,高校担负着为社会和市场培育专门人才的任务,服务性越来越强。大学课程设置更应适应社会需求,找到政府宏观和微观管理的切合点。因此,政府要转变职能,把从前对高校的直接行政管理,转变为运用法律、拨款、规划、监督、信息服务、政策指导等手段,进行综合性的宏观调控,促进高校的活力。

其次,建立市场中介组织,增强学校自主权。建立多种筹资渠道,鼓励社会力量参与办学,完善信息网络,强化服务监督,以此来降低信息搜索成本,提高信息搜索效率,有利于劳动力获取全面有效的信息,提高我国劳动力市场的信息化程度,使受教育者找到适合自己的工作,更为学校提供培养人才的依据,使学校能够根据市场需求来提供人才。与此同时,要给予学校充分的自主权,根据学生的就业状况和就业领域来及时调整本校的专业设置和人才培养方案,培养出适合市场需求的专业的人才。

最后,从法律上对大学、教师和学生的课程权利予以保障,通过拨款制度引导大学课程为国家和社会发展服务。切实保障大学、教师和学生在课程中的权利,改变以往三者都是施行国家计划的政治工具,体现教学过程中的人性化,体现人性化教学方式,通过法律保障让学生、教师和学校参与到课程设置的过程中来。另外,在保障大学课程设置的主体地位的同时,还应该在财政上予以保证,引导学校为国家和社会需要服务。

3. 构建“课程共有”模式

为了顺应高校课程管理实践的发展趋势与要求,就理论角度而言,有学者提出

"课程共有"的主张,即政府与高校之间、教育行政管理部门与教育学者之间以及教师与学生和家长之间,在课程权力分配上形成一种平等式的"朋友"关系,而不是单向控制式的"命令—服从"关系。高校课程共有模式的建立是基于高校内部管理地位平等化以及权力分配上的民主化,即高校教师、行政管理人员以及学生之间形成种"参与—合作"关系,以"分权"代替"集权",以"共有"代替"独占",扩大学生权力,削弱行政权力。实质上,无论课程内容的选择还是课程编制与实施,都需要学生的参与和互动,并需聆听学生的"声音"。在课程管理过程中,教师应合理引导学生的"声音"加入其中。这样的课程才能符合学生的兴趣,才会有利于学生的发展。著名课程专家戈兰·哈斯认为,可以把当前课程的不足以及课程的优点进行解释的最佳主体则是学生,因为他们反应与想法对课程起到十分重要的作用。有些研究也表明,只要学生有机会参与课程管理,其学习成绩必将有显著提高。因此,"课程共有"模式的构建,不仅有助于推动高校课程管理的民主化,同时也有利于学生课程权力的实现与共享。

4. 构建师生沟通交往机制

构建师生沟通交往机制前提是给予学生一定的权力,使学生能向教师清晰地表达自己对课程的期望与需求,同时,教师也应向学生详细阐明课程安排、高校课程管理的意义以及评教内容与目的等。在此基础上,教师与学生双方之间形成一种平等、和谐的关系,互相交流并共同商讨个性化的评教方案,决定具体的评教标准和指标,最终达成共识。从理论上讲,彰显学生权力重要手段就是以生评教。但实际中,以生评教运行效果并不佳。高校评教工作主要由高校行政人员负责,而作为主要评价者和被评者——学生和教师则无权参与,导致教师不了解学生对课程和教学的需求和期待是什么,学生也不清楚评教的具体作用是什么,这样的信息不对称导致师生之间产生不必要的隔阂和误会,也使学生对评教机制产生一种抵触心理。因此,要解决这一实践矛盾,应赋予学生一定的权力,使其积极参与其中,并与教师形成有效的沟通和交流,促进课程质量和教学水平提升。

三、健全社会力量参与课程管理制度

就利益相关者理论而言,政府、高校、教师、学生、社会力量都是大学利益相关者,理应参与高校课程管理。从某种意义上说,任何一类利益主体缺失,都会对高校课程管理成效造成影响。目前,社会力量在高校课程管理中被视为边缘群体,无法实现其自身的利益。因此,需健全社会力量参与课程管理制度,实现社会力量参与的权力及其作用的发挥。

(一)增强社会力量参与高校课程管理意识

从利益相关者角度出发,社会力量也是高校课程管理主体。既然是课程管理主体,就应自觉地对自身在课程管理中拥有的权力和地位有清晰的理解和充分的认识。目前来看,社会力量参与课程管理意识并不强。因此,需通过激发权力意识及构建组织机构,增强社会力量参与意识。

1.激发并实现权力意识

随着高等教育体制改革,利益主体趋于多元化,社会力量的角色也从边缘群体向中心主体转移,逐渐拥有课程管理权力。在这样的背景下,社会力量应认识到自己具有课程管理权力,并相信自己能充分利用此权力推动课程管理制度改革,以此激发自身参与课程管理的内驱力。与此同时,社会力量应强化自身的课程管理权力,了解参与课程管理的途径和内外部环境,从而制定适当的参与策略,促使自己能积极参与其中,实现参与课程管理的权力意识与责任意识。

2.建构并整合组织机构

既然社会力量是课程管理主体,就必有表达课程的意愿和表达意愿的途径。但就目前而言,与完善的组织机构相比,社会组织机构相对比较分散,参与课程管理能力十分有限,课程权力表达渠道也并不畅通,导致难以正确认识到自身所具有的课程管理权力。因此,社会力量应自觉进行组织建构和整合,保障权力表达渠道的畅通,如利用媒体、协会等媒介建立一个由个体或者社会人士组成的课程开发协会或服务机构,使社会力量通过所组建的机构表达课程意愿,并通过整合强、弱组织机构,实现社会力量的结构化和组织化。当然,为了保证管理制度的合理性与科学性,应对社会力量参与课程管理的权限和义务进行一定的规范 与约束,促进社会力量参与课程管理的有效性,实现其参与意识的提升。

(二)创建社会力量参与课程管理的合作机制

随着社会市场经济的发展,高校开始面向社会开放办学,社会力量也可以自主参与高校教学活动。但是,当前社会力量参与高校课程管理制度仍不完善,导致参与渠道匮乏,高校与社会之间的交流与合作少之又少。为此,需建立社会力量参与高校课程管理的合作机制,鼓励社会力量参与其中。

1.建立产学研结合机制

校企通过订单式培养的方式,使行业企业或用人单位参与到高校人才培养中,为高校提供教学实践场所和科研基地,并在行业企业或用人单位的专家帮助和指导下,鼓励学生积极参与教学实践与科研活动,提高人才培养的综合素质,以满足行业企业或用人单位对人才的需求。高校应作为主动方,加强与行业企业或用人单位之间的交流与合作,深入了解行业企业或用人单位的利益需求,为他们提供多种参与途径和多样化服务,使行业企业或用人单位在获得自身利益基础上,积极参与课程管理,以此将行业企业或用人单位的课程项目资源改造成为高校课程的有效资源,共同促进课程质量提高,实现人才培养目标。

2. 建立"共同愿景"模式

"共同愿景"即以可持续发展为目标,以高校和社会力量的合作为基础,使双方就课程管理问题进行有效沟通和交流,使高校了解社会对高校课程的需求和渴望,以此引导高校对课程设置进行适当的调整,使课程内容更贴切于行业企业或用人单位实际需求,最终在课程价值方面达成共识。例如,通过构建会议、讲座、网络、现场调研或咨询等多种沟通方式和渠道,营造良好的交流合作环境,使社会力量参与高校课程管理的作用得到充分发挥。同时,为了能保证高校和行业企业或用人单位可以互惠互利、长期稳定的合作,双方应秉持实现彼此利益原则,共同遵守合作的规章制度。

实践证明,在教育系统内部,仅靠高校单一的力量进行改革,是难以实现理想的效果,唯有打破高校与社会之间的"隔离墙",加强两者之间的联系,赋予社会一定的权力, 使社会力量也成为参与者,才能为高校的有效治理提供发展空间。

(三)建立社会力量参与课程管理的保障机制

一般而言,作为高校利益相关者,社会力量也有自己的利益诉求,特别是以营利为目的的企业,为了获得自身的利益,会试图通过多种途径和方式主动参与高校课程管理。但由于保障机制的缺失,难以实现社会参与。因此,需加强政府支持力度,建立社会力量参与的保障机制。

1. 创建专门的中介服务机构

为了能保证社会力量参与课程管理,满足社会力量参与的需求,政府应创建专门由研发机构、高校以及企业组成的中介机构,在职能上发挥其协调和支撑的作用。一是设立评估机构和学术机构,其主要由社会精英、学者以及专家组成并参与,为政府与高校在课程管理方面提供更加合理化和科学化的建议,使高校和政府能更科学的对课程质量进行微观评价与宏观评估,促进课程质量的整体提升。二是提供实践活动场所,如校企参与课程项目设计研发场所等,让学生能更贴近社会,融入实践工作中,为其就业做准备。同时,协助企业委托高校进行课程开发和人才培养,并协调解决校企合作中出现的问题和矛盾,以此发挥其优质的服务职能。当然,为了能使行业企业或用人单位参与高校课程管理趋于合理化,需加强其参与的程序化建设,让其依照既定程序进行合理操作,促进机构的专业性和权威性,使中介机构逐渐形成公共自觉的价值诉求,确保高校课程管理顺利进行。

2. 建立多元化的投资体系

一方面,应加大政府的投入。政府可以针对课程建设设立专项基金,为行业企业或用人单位和高校合作提供充足的资金支持,如制定产学研合作项目计划基金。政府也可以采取专项贷款和财政补贴等税收优惠措施,鼓励社会力量参与课程管理。例如,通过专项拨款,建立实践基地、大学城或者科技园,让高校与行业企业或用人单位进一步合作,提高课程实践教学和课程质量,促进当地经济与高校发展。

另一方面,加大行业企业或用人单位的投入。社会力量凭借自身拥有的文化资本参与课程管理,如一些课程研发机构会直接参与课程决策制定,或会利用机构的研究成果转化,对高校课程管理改革施加影响。此外,高校是依据社会对人才培养需求设置课程,如果要与社会发展接轨,高校课程开发项目需要行业企业或用人单位能为其提供资源,如实践场所、课程项目、企业专家咨询、专题讲座等。因此,应在满足行业企业或用人单位利益诉求基础上,进一步鼓励行业企业或用人单位加大对课程管理资源的投入。

参考文献

[1][美]伯顿·克拉克.探究的场所——现代大学的科研和研究生教育[M].王承绪,等译.杭州:杭州大学出版社,2001.

[2][美]乔纳森·科尔.大学之道[M].冯国平,郝文磊,译.北京:人民文学出版社,2014.

[3][美]威廉·克拉克.象牙塔的变迁:学术卡里斯玛与研究性大学的起源[M].徐震宇,译.北京:商务印书馆,2013.

[4]戴玉纯.基于战略的大学绩效管理[M].合肥:中国科学技术大学出版社,2007.

[5]郭念锋.心理咨询师(基础知识)[M].北京民族.出版社,2005.

[6]郭泉.人力资源管理理论对高校学生管理工作的启示[J].管理视野,2011(1)35-36.

[7]李工真.大学现代化之路[M].北京:商务印书馆,2013.

[8]李明恩.基于创新人才培养的高校学生管理研究[J].企业改革与管理,2017 (2):190.

[9]李明忠.高校学生管理工作的后现代转向[J].高校教育管理,2011(1):42-43.

[10]李维安,王世权.大学治理[M].北京:机械工业出版社,2013.

[11]刘诚程.现代高校人力资源管理创新分析[J].现代企业教育,2014(24):36-36.

[12]刘复兴.国外教育政策研究基本文献讲读[M].北京:北京大学出版社,2013.

[13]吕宏玉,张菁,齐辉.提高高校办公室管理工作效能探讨[J].河北农业大学学报(农林教育版)农林教育版,2014(4):27-29.

[14]乔玉婷,鲍庆龙,曾立."互联网+"时代高等教育管理模式创新及启示[J].高等教育研究学报,2015,38(4):83-87.

[15]秦晓慧,庞炜,王明贤.浅析高等教育背景下提高新进学生工作人员综合素质的有效途径[J].改革与开放, 2015(10):123-123.

[16]商兰芳.风险管理视域下高校教育经费管理探析[D].教育财会研究,2014, 25 (5):38-42.

[17]隋瑶.浅析高校学生管理中的非权力领导力[J]长春教育学院学报,2013(18):128-129.

[18]万释薇. 基于人性化视域下高校教育管理探究[J]. 科学大众:科学教育,2017 (4):148-149.
[19]汪丁丁. 新政治经济学讲义:在中国思索正义、效率与公共选择[M]. 上海:上海人民出版社,2013.
[20]王昊. 人力资源管理教程[M]. 北京:北京出版社,2006.
[21]王建华. 多视角的高等教育质量管理[M]. 广州:广东高等教育出版社,2010.
[22]王莉莉. 大学教育管理的可持续发展策略研究[J]. 教育现代化,2017(15):83-85.
[23]王赞赞. 浅谈新时期高校学生管理工作的创新[J]. 神州旬刊, 2013(23):281-281.
[24]吴稼祥. 公天下:多中心治理与双主体法权[M]. 桂林:广西师范大学出版社,2013.
[25]吴敬琏,马国川. 重启改革议程:中国经济改革二十讲[M]. 北京: 生活·读书·新知三联书店,2013.
[26]徐复观. 青年与教育[M]. 北京:九州出版社,2014.
[27]薛二勇. 中国高校科研经营制度改革的政策分析[J]. 北京社会科学,2014 (3):20-26.
[28]杨国枢. 现代化的心理适应[M]. 台北:巨流图书公司,1978.
[29]杨汉清,韩骅. 比较高等教育概论[M]. 北京:人民教育出版社,2003.
[30]佚名. 高等教育管理[M]. 广州:中山大学出版社,2014.
[31]张红. 新时期高校人性化管理策略[ ]. 教育界:高等教育研究,2016(3):21-22.
[32]张平海,现代化视野下的中国教育[M]. 昆明:云南大学出版社,2006.
[33]张应强,高等教育现代化的反思与建构[M]. 哈尔滨:黑龙江教育出版社,2000.
[34]赵静. 浅谈人力资源管理理论对学生管理工作的启示. [J]. 人口与经济,2007 (4):23-24.
[35]赵婷婷. 大学何为——理想与现实间的冲突及协调[M]. 北京:高等教育出版社,2006.
[36]赵卫平,等. 欧美高等教育思想史论稿[M]. 杭州:浙江大学出版社,2010.
[37]朱维究,刘永林. 高等教育管理体制改革的核心与途径[J]. 中国机构改革与管理,2014(2):43-45.